글쓰기의 유혹

움베르토 에코의 즐거운 상상 03

글쓰기의 유혹

움베르토 에코 지음
조형준 옮김

새물결

옮긴이 조형준

서울대학교 인문대학 영어영문학과 졸업, 동대학원 수료.
대표적인 번역서로는
안토니오 그람시의 『그람시와 함께 읽는 문화: 대중 문화/ 언어학/ 저널리즘』
움베르토 에코의 『열린 예술작품』, 『포스트모던인가 새로운 중세인가』 외 다수
프랑코 모레티의 『근대의 서사시: 괴테의 <파우스트>에서 마르케스의
  <백년의 고독>까지』
얀 아르튀스-베르트랑의 『하늘에서 본 지구』, 『발견: 하늘에서 본 지구 366』(공역)
발터 벤야민의 『아케이드 프로젝트』 등이 있다.

글쓰기의 유혹

지은이 움베르토 에코 | 옮긴이 조형준
펴낸이 홍미옥 | 펴낸곳 새물결출판사
1판 4쇄 2005년 9월 5일 | 등록 서울 제15-52호(1989.11.9)
주소 서울특별시 마포구 연남동 481-18 1층 우편번호 121-868
전화 (편집부) 3141-8696 (영업부) 3141-8697 | 팩스 3141-1778
E-mail sm3141@kornet.net
ISBN 89-5559-162-4(03880)
ISBN 89-5559-159-4(세트)

이 책은 한국 내에서 보호를 받는 저작물이므로 무단 전재와 복제를 금합니다.

차 례

서문을 대신하여 9

예술과 매스미디어 우주의 시리즈 문제 13

새로운 중세를 꿈꾸기 53

1부 세계를 얼마나 다양하게 서술할 수 있을까? 91

거짓말의 전략 ─ 닉슨의 서사전략과 TV의 영상전략 93

글쓰기의 유혹 109

마르코 폴로 ─ 미지의 세계에 대해 글쓰기 120

표정의 언어 131

조악한 회화에 대해 149

리얼리즘 환상
 ─ 나치 예술, 사회주의 리얼리즘, 극사실주의에 대해 159

연극과 기호 169

2부 실험과 소비 사이에서 185

『몽테크리스토백작』을 찬양함 — 대중문학과 번역에 대해 187

63그룹 — 실험예술과 아방가르드 예술 213

예술에서의 시간 234

3부 세계에 대해 요모조모 생각해보기 253

우크바르에서의 유괴

　— 보르헤스의 공상과학 소설과 새로운 글쓰기 255

공상과학 소설의 세계 276

플리니우스 2세의 초상으로서의 플리니우스 1세의 초상

　— 어떻게 명성을 쌓을 것인가 288

피란델로 리덴스 — 웃음에 관해 320

　옮긴이 후기 340

〈일러두기〉

이 책에 실려 있는 글들의 출전은 다음과 같다.

「예술과 매스미디어 우주의 시리즈 문제」
1983년 7월 우르비노(Urbino)에서 열린 "영화와 TV의 반복적 성격과 시리즈적 성격"이라는 학술대회에서의 발제문을 일부 수정했으며, 1983년 12월 25일에 레지오 에밀리아(Reggio Emilia)의 이스티튜토 방피(Istituto Banfi, 방피연구소)에서의 강연을 위해 일부 내용을 보충했다.

「새로운 중세를 꿈꾸기」
1983년 11월 12일 산 지미냐노(San Gimignano)에서 열린 "일 소노 델메디오에보"(중세를 꿈꾸기)라는 학술대회에서의 발제문을 일부 수정했다.

「거짓말의 전략 — 닉슨의 서사전략과 TV의 영상전략」
마셜 블론스키(Marshall Blonsky)가 편집한 『기호론. 기호학 독본』, 바질 블랙웰, 1985에 들어 있다.

「글쓰기의 유혹」
1982년 6월 20일자 『레스프레소』지에 실렸다.

「마르코 폴로 — 미지의 세계에 대해 글쓰기」
1982년 11월 28일자 『레스프레소』지에 실렸다.

「표정의 언어」
1984년. 『거울에 관해』, 밀라노, 봄피아니, 1985년에 처음으로 실렸다.

「조악한 회화에 대해」
1984년. 『거울에 관해』, 밀라노, 봄피아니, 1985년에 처음으로 실렸다.

「리얼리즘 환상 — 나치 예술, 사회주의 리얼리즘, 극사실주의에 대해」
1982년 10월 27일자 『레스프레소』지에 실렸다.

「연극과 기호」
1972년 9월 23일 베네치아에서 열린 "연극기호학을 위해"라는 학술대회에서의 발표문.

「63그룹 — 실험예술과 아방가르드 예술」
1984년 5월 19일 발렌차 포(Valenza Po)에서의 강연.

「예술에서의 시간」
『예술과 시간』이라는 논문모음집(브뤼셀, 소시에테 데 엑스포지숑 뒤팔레 데 보-아르[미술관 박람회], 1985)에 실었던 논문 「예술에서의 시간」을 축약했다.

「『몽테크리스토백작』을 찬양함 — 대중문학과 번역에 대해」
1984년. 『거울에 관해』, 밀라노, 봄피아니, 1985년에 처음으로 실렸다.

「우크바르에서의 유괴 — 보르헤스의 공상과학 소설과 새로운 글쓰기」
보르헤스와 비오이 카사레스의 추리소설, 『돈 이시드로 파로디의 여섯 가지 과제』, 뮌헨, 한저, 1983의 독일어 번역판의 후기.

「공상과학 소설의 세계」
1984년 5월 2일 밀라노에서 "과학과 공상 과학 소설"을 주제로 열린 대회에서 발표한 발제문을 일부 수정했다.

「플리니우스 2세의 초상으로서의 플리니우스 1세의 초상 — 어떻게 명성을 쌓을 것인가」
1979년 6월 텔아비브-예루살렘에 있는 포터 연구소(Porter Institute)가 개최한 심포지움 "시놉시스 2. 서사이야기와 소설시학"에서의 발제문, 영어로는 일부 확대된 형태로 『버서스Versus』지 35/36, 밀라노, 봄피아니, 1983에 다시 실려 있다.

「피란델로 리덴스 — 웃음에 관해」
1969. 원래는 영어로 『대극對極. 이탈리아 연구논문집』, 시드니 대학에 들어 있다. 얼마 후 이탈리아어로 번역되어 『이탈리아 연극평론』 9/10, 1978에 다시 실렸다.

서문을 대신하여

 이 책이 통일적인 면모를 가졌고 따라서 통일적인 담론을 이루고 있는지를 살펴보려면 이 책의 제목대로 이 책을 거울에 비추어보아야만 하리라.
 이 책에는 미학 논문, 대중문화를 분석하고 있는 글, 텍스트비평 논문 그리고 철학 논문과 기호학 논문이 들어 있다. 대부분의 글은 이런저런 기회에 발표한 글로, 주제 또한 외부의 청에 의해 미리 정해진 경우가 대부분이다 ― 예를 들어 강연 초청이나 학술대회의 참석 요청, 서문이나 후기를 써달라는 청탁이나 논쟁에 따라 쓴 의무적인 글 또는 내가 좋아서 서평을 썼던 여러 책에 붙이는 서문이나 후기가 주류를 이룬다. 일부 논문은 전문 학술적 성격을 강하게 띠는 반면 일부 다른 논문은 원래 잡지에 실었던 글을 부분적으로 개작했다. 그 외 대부분의 글은 그 중간적인 성격을 갖고 있다. 주제는 제법 무게가 실린 글이 많지만 읽기 편하게 전문학술 논문처럼 각주 등을 일일이 달지는 않았다. 모든 글이 똑같이 무난히 읽히기만을 바랄 뿐이다.

다양한 기회에 발표했던 여러 텍스트를 한 권의 책으로 묶으면서 비슷한 정식이 너무 빈번히 나오고, 똑같은 논지를 그대로 반복하고 있는 경우도 자주 있으며 주제 또한 비슷하다는 생각이 들었다. 하지만 똑같은 사람의 손으로 그것도 똑같은 시공간에서 씌어졌을 뿐만 아니라 통상 회의나 대회, 토론회나 심포지엄에 참가해 이러저러한 발언을 하고 다양한 경험을 쌓게 되는 필자는 자신에게 절박하게 보이는 논지를 새로운 정식으로 바꾸어 확대 심화시키기 마련이기 때문에 나는 전혀 놀라지 않았다.

따라서 나는 독자들에게 일정한 방향을 제시하기 위해 논문을 주제군에 따라 나누었다. 그래서 부(部)로 나누어보았는데 나름대로 읽는 데 도움이 되리라 생각된다. 물론 서로 다른 부에 실려 있는 두 개의 텍스트 간에 긴밀한 연관관계가 있는 경우도 어렵지 않게 볼 수 있을 것이다.

나는 각각의 담론이 연속적으로 이어지도록 각 부를 엄밀한 순서에 따라 배치할 생각은 전혀 없었다. 물론 그렇다고 하여 이 책에 실린 논문들이 아무런 연관도 없는 두루뭉술한 모습을 하고 있다는 이야기는 아니다. 아무튼 독자들이 편리한 대로 일정한 방향에 따라 읽어나가도 큰 무리는 없을 것이다.

문체상의 불일치는 내 책임이 아니다. 씌어진 때에 따라 어떤 글은 엄밀하고 다소 현학적인 문체로 씌어졌고 다른 글은 주해서나 대화체의 형태로 되어 있다. 하지만 전반적인 색조에서는 일정한 통일성을 찾아볼 수 있을 것이다. 논문들 간의 통일성을 유지하기 위해 나는 다른 논문에서도 그대로 반복되는 내용은 삭제하고 새로운 내용을 첨가했으며, 동일한 주제를 다루고 있는 다양한 논문은 하나로 합쳐버렸다.

이 책에 모아놓은 각각의 논문을 쓸 당시 내가 가졌던 생각은 지금 와서 생각해보아도 아주 소중하다. 이를 단서로 나는 다른 많은 생각을 발전시킬 수 있었다. 그리고 이 책에 실려 있는 대부분의 논문들은 이젠 쉽게 구할 수 없기 때문에 이처럼 책으로 묶어서 다시 내놓는 것도 많은 도움이 되리라.

밀라노, 1985년 6월

예술과 매스미디어 우주의 시리즈 문제

매스미디어의 시리즈 문제

"현대(modern)"* 미학은 통상 "일회적이고" (따라서 반복될 수 없는) "독창적으로" 보이는 작품만을 "예술 작품"으로 간주해왔다. 독창성 또는 혁신이라는 말은 예상했던 기대와는 전혀 다른

---

* 현대. modern이라는 용어의 역어인데, 이 말에서 파생되는 Modernism이라는 용어와 다시 여기서 파생되는 Post-modern이라는 용어와 마찬가지로 우리말로 옮기기가 여간 난감하지가 않다. 에코는 이 글에서는 기본적으로는 낭만주의 이후의 예술과 미학의 기본 경향을 가리키는 광의의 의미로 이 용어를 사용하나 3절 「미학적으로 온건한 또는 "모더니즘적" 해결책」에서는 분명히 20세기 초에 등장한 특정한 문예사조로서의 '모더니즘'이라는 협의의 의미로도 사용하고 있다. 특히 이 modern 또는 Modernism이라는 용어를 근대(또는 근대주의)로 옮길 것인가 아니면 현대(또는 현대주의)로 옮길 것인가는 여전히 논란의 여지가 많다. 특히 이 문제는 용어나 문예사조 상의 문제만이 아니라 제국의 주변부에서의 근대(또는 현대)의 체험이 갖는 특수성 때문에 한층 복잡하게 된다. 여기서는 앞에서 언급한 3절 이외에서는 전부 '현대'라고 옮겼으며 Post-modernism은 그냥 '포스트모더니즘'으로 옮긴다.

결과를 가져오고, 전혀 새로운 세계의 모습을 제시해줌으로써 경험을 확대해주는 기법을 의미해왔다. 이것이 바로 매너리즘*과 함께 등장해 낭만주의가 맹위를 떨치던 동안에 한층 발전하였고, 20세기 초에는 아방가르드운동을 통해 새롭고도 도발적으로 정식화된 "현대" 예술의 미학적 이상이었다.

그런데 매스미디어 작품과 부딪히게 되자 현대 미학은 "반복될 수 있고" 또 수신자들이 고대하고 요구하는 내용만을 전달해주기 위해 언제나 똑같은 모델을 기준으로 구성되는 작품에 대해서는 도대체 예술적 가치를 인정할 수 없다는 태도를 취해왔다. 현대 미학은 이러한 작품을 시리즈 제품, 정해진 모델에 따라 대규모로 생산되는 자동차와 같은 공업제품으로 치부해왔다. 당연히 매스미디어의 "**시리즈적 성격**"이 공업의 시리즈적 성격보다 훨씬 부정적으로 평가된다. 매스미디어의 이러한 부정적 성격을 다른 공업생산과 관련하여 올바로 이해하려면 "대상 자체의 시리즈적 생산과 외견상 서로 달라 보이는 표현형태의 시리즈적 생산"을 구분해야 한다.[1]

미학과 예술사 그리고 문화인류학도 이미 오래 전부터 시리즈 문제를 인식하고 있었다. 예를 들어 예술이라는 말 대신에 "공예작품"이라는 말을 사용하면서, 도자기나 비단 또는 작업도구의

---

* mannerism. 대략 예술사적으로는 르네상스와 바로크 사이의 기간인 1550~1640년 사이에 등장한 예술 사조를 가리킨다. 르네상스의 고전 예술의 몰락 이후 거장을 노예적으로 모방한 기계적인 예술창작 태도를 가리키는 부정적인 개념으로 사용되어 왔으나 현대에 들어서는 현대 예술의 선구적 흐름으로서 달리 평가되기도 한다.

제작과 같은 소위 "하찮은 기술(Kunst 또는 art ─ 옮긴이)"에는 기본적인 미학적 가치를 부여하는 것조차 거부해왔다. 예술사나 미학은 어떤 식이든 "위대한" 예술과 "소소한" 기술, "아름다운" 예술과 "역겨운" 기술을 구분하려고 시도해왔다. 실용적인 목적에서 고안된 특정 유형이나 모델의 완벽한 복제품은 후자에 속한다. 그리스와 로마인들은 테크네(techne) 또는 아르스(ars)라는 말을, 완벽하게 기능하는 제품을 솜씨 있게 만들 수 있는 능력으로 이해했다. 질(質)에 대한 평가는 그러한 모델을 근거로 내려졌다. 모델의 복제품은 독창적으로 보일 필요 없이 원래의 모델이 아름답고 균형이 잡혀 있을수록 아름답고 멋진 작품으로 인정되었다. 물론 현대 미학도, 독창적인 많은 예술 작품 또한 "시리즈적" 요소를 이용하고 있으며 따라서 시리즈 작품 속에도 독창성이 들어 있을 수 있음을 인정해왔다. 예를 들어 건축뿐만 아니라 (6운각 시구나 단테의 『신곡』의 시형처럼) 이미 확고하게 굳어진 시형을 이용하는 시를 보라 ─ 이때 수신자가 작품 안에서 특정한 모델의 존재를 간파해낸다 해도 작품은 얼마든지 혁신과 새로운 창조의 경험을 불러일으킬 수 있다.

  하지만 형태의 경우는 이와 다르다. 형태는 항상 새롭고 전과 다른 "척하지만" 실제로는 항상 동일한 내용만을 표현하고 있다. 예를 들어 매스미디어 분야의 상업 영화, 만화, 댄스 뮤직, 그리고 특히 TV의 연속극이 그렇다. 결국 언제나 똑같은 이야기를 반복하는데도 사람들은 항상 뭔가 새로운 내용을 읽고, 보고, 듣는다고 생각한다.

"고급" 문화의 입장에서 보면 매스미디어의 이러한 시리즈적 성격은 공업과 공예에서 보이는 공개적이고 나름대로 귀중한 시리즈적 성격과는 달리 타락한(또 악성종양과 같은) 성격을 갖고 있다.

물론 사람들은 이러한 논박에만 정신이 팔려 시리즈적 성격은 예술이 등장하기 훨씬 이전부터 나타나고 있다는 점을 쉽게 망각하고 만다. 위에서와 같은 의미로 보자면 대부분의 원시예술은 시리즈적이었으며 오락용으로 작곡된(사라반드, 지그 또는 미뉴에트와 같은) 수많은 음악 형태 또한 시리즈적이었다. 그리고 수많은 위대한 작곡가들도 전혀 주저하지 않고 이미 틀이 정해져 있는 도식에 따라 조곡(組曲)을 작곡하거나 잘 알려진 대중적 멜로디를 변주해서 곡 안에 넣기도 했다. 또한 배우들이 미리 정해져 있는 틀에 최소한의 변주만을 가하면서 언제나 똑같은 이야기를 반복하며 즉흥연기를 하는 코메디아 델라르테(commedia dell'arte)만 생각해보아도 충분할 것이다.

그런데 현대의 매스미디어는 시리즈물을 홍수처럼 쏟아내고 있기 때문에(주말 연속극, 시트콤, 또는 대하드라마Saga와 같은 TV 장르를 생각해보라) 우리는 시리즈와 관련된 문제 전체를 근본적으로 재구성해야 한다. 매스미디어의 시리즈적 성격은 과거의 수많은 예술형태의 시리즈적 성격과 얼마나 다를까? 이러한 시리즈적 성격은, "모더니즘" 미학에 의해서는 거부되었지만 소위 "포스트모던" 미학을 통해 그와는 전혀 다른 해결책을 모색하고 있는 새로운 예술형태와 어떤 관계를 맺고 있을까?

반복의 유형

시리즈와 시리즈적 성격, 반복과 차용(借用) 또는 재탕(再湯)이라는 개념은 오늘날 인플레이션이라도 만난 듯하다. 철학과 예술사는 이러한 개념을 다양한 의미의 기술 용어(Termini technici)로 사용해왔지만, 가급적 이 논문에서는 그러한 의미를 무시하기로 하겠다. 여기서는 이 말을 키에르케고르적인 의미의 '반복'이나 들뢰즈(Gilles Delueuze)식의 "레피티송 디페랑"(차연差延의 반복 — 옮긴이)이라는 의미로 사용하지는 않겠다. 현대 음악사에서 시리즈라는 용어는 지금 여기서 검토하고 있는 내용과는 다소 대립적인 의미로 사용되어왔다. 12음 음렬(또는 12음 연작)은 미디어 세계에서 전형적으로 나타나는 시리즈적인 반복성과는 정반대이며, 12음 이후의 음렬은 이보다 한참 더 거리가 멀다(이 두 음렬은 방식은 다르지만 한 번의 작곡을 위해서만 그리고 그 과정에서도 단 한 번만 사용될 수 있다).

우리가 흔히 사용하는 사전을 펴보면 "반복하다"라는 표제어 아래에는 "어떤 것을 처음부터 다시하거나 말함" 또는 "이미 말한 내용을 다시 새로 말하거나" "단조롭게 언제나 똑같은 일을 되풀이함"이라는 설명이 붙어 있다. 따라서 이 "새로"라는 말과 "똑같은 일"이라는 말을 어떻게 이해할 것인가가 문제다.

"반복한다"라는 말의 첫번째 의미는 대략 "동일한 추상적 유형의 모사체를 복사해낸다"라는 의미로 규정할 수 있다. 두 장의 타이프 용지는 동일한 유형의 복사본이다.

이러한 의미에서 "똑같음"이라는 말은 대략 다른 것과 동일한 속성을 가지고 있음이라는 뜻으로 이해할 수 있다. 두 장의 타이프 용지는 대상의 분자 구조에 관심을 갖고 있는 물리학자에게는 전혀 달라 보이겠지만, 대상의 구체적인 기능에 관심을 갖고 있는 사람에게는 "똑같다". 공업적인 대량생산이라는 관점에서 보자면 동일한 유형의 복제품인 두 개의 "개별 상품"(예를 들어 토큰)은 별다른 결함이 없는 한 평균적인 소비자에게는 이것을 고르든 저것을 고르든 별 차이가 없다. 예를 들어 영화나 책도 동일한 유형의 복제품을 무수히 만들어내지 않는가?

하지만 이와 달리 우리의 관심사인 예술에서의 반복성이나 시리즈 문제는, 언뜻 보기엔 전혀 그렇게 보이지 않는다.

예를 하나하나 들어가며 이 문제를 살펴보기로 하자. 뭔가 독창적인 새로운 내용과 기법을 제시하는 듯하지만(그래서 구매하지만), 실상은 이런저런 방식으로 익히 잘 알고 있는 내용을 반복하거나 그런 식으로 팔려하고 있다는 사실을 간파할 수 있는 사례를 하나하나 살펴보자.

재탕하기

반복의 최초의 유형은 재탕이다. 이미 대성공한 이야기의 몇몇 특징을 새롭게 각색하거나 후속편을 만들어낸다. 이러한 재탕의 가장 유명한 예로 『삼총사』의 후속편인 뒤마의 『20년 후』와 영화의 경우 <스타워즈>나 <슈퍼맨> 시리즈를 들 수 있다. 재탕 여부나 그 방식은 전적으로 상업적 결정에 따른다. 첫번째 이야기를 약간만 변형시켜 두번째 에피소드로 내보낼 것인지, 아니면 기본 성격은 비슷하게 만들더라도 전혀 다른 이야기로 만들 것인지는 특정한 법칙을 따르지 않는다. 물론 재탕한다고 해서 언제나 똑같은 이야기를 반복할 필요는 전혀 없다. 결국에 가서는 언제나 다시 랜슬롯이나 파르치발의 삶에 대해 이야기하면서 이들의 영고성쇠를 묘사하는 아서왕 연작이 이러한 재탕의 좋은 본보기다.

베끼기

이전에 성공을 거둔 이야기를 형태만 살짝 바꾸어 다시 내놓지만 소비자들이 전혀 눈치 채지 못하는 경우가 있다. 구식의 제작방식을 그대로 따르고 있는 거의 모든 싸구려 서부영화, 또는 여러 판으로 수없이 나온 <지킬 박사와 하이드>나 <보물섬> 혹은 <바운티 호의 반란>처럼 이미 대성공을 거둔 원형을 그대로 복사하는 작품을 이러한 유형으로 분류할 수 있다.

이처럼 베끼고 있음을 공개적으로 분명하게 선언하고 있는 작품이 바로 개작(remake)으로, 앞에서 예로 든 <지킬 박사와 하이드> 또는 <보물섬>이 이러한 예에 속한다.

예술사나 문학사는 이러한 베끼기로 가득 차 있다. 그리고 정교한 표절뿐만 아니라 분명히 이전과는 다른 식으로 해석하려는 의도에서 만들어지는 "짜깁기" 또한 이러한 베끼기의 범주에 든다.

시리즈

1. 본래적 의미의 시리즈는 앞의 여러 현상과는 전혀 무관하다. 서사적 상황만이 아니라 양식상의 기법도 얼마든지 베낄 수 있는데, 시리즈는 직접적으로 그리고 오직 서사구조와만 관련된다. 시리즈는 이미 정해진 상황과 마찬가지로 성격이 이미 정해진 주인공을 중심으로 구성되며, 이들의 주변을 부차적인 인물과 우연히 등장하는 인물들이 둘러싸게 된다. 이러한 인물들이 매 회마다 바뀌기 때문에, 이야기의 주제는 사실상 전혀 변하지 않는데도 새로운 이야기가 전개되고 있는 듯한 인상을 받게 된다. 이러한 시리즈의 전형적인 예로 대중소설의 우주에서는 렉스 스타우트(Rex Stout)의 추리소설(네로 울프와 그의 요리사인 아키굿윈, 검사 크레이머, 경찰 스테빈스가 고정 등장인물로 나오며 매 편마다 다른 부차적인 인물이 등장한다)을 들 수 있고 TV 우주에서는 <우리 가족*All in the family*>, <스타스키와 허치> 그리고 <형사 콜롬보> 등과 같은 시리즈를 들 수 있다(그 외에도 주부들 대상의 주간연속극부터 시트콤과 탐정물 시리즈에 이르기까지 다양한 장르가 있다).

이러한 시리즈에 대해서는 이미 충분히 연구된 바 있다. 그리고 "반복되는 구조"나 '매스커뮤니케이션의 반복적인 유형"이라는 말은 시리즈물의 도식이라는 의미로 이해되고 있다.[2] 이러한 시리즈물을 보는 소비자들은 이야기의 새로움(하지만 이야기는 언제나 비슷하다)을 즐기고 있다고 믿지만, 실제로는 언제나 변함없는 이야기 구조가 반복되는 것을 즐기게 되며 아주 특징적인 외모나 말투 그리고 문제를 해결하는 방식 등 익히 알고 있는 인물이 똑같은 동작을 반복하는 것을 다시 확인하면서 즐거워한다. …… 이러한 의미에서 시리즈는 똑같은 이야기를 계속 반복하여 듣고 또 단지 외양만 살짝 바꾼 채 진행되는 "동일한 것의 반복"에서 위안을 얻고 싶어 하는 우리의 어릴 적 욕망(이를 어찌 허물이라 할 수 있으랴)을 충족시켜주고 있는 셈이다.

시리즈물이 소비자들에게 위안을 주는 또다른 이유는 예언자적 자질을 충족시켜주는 데서 찾을 수 있다. 우리는 예견한 일이 그대로 벌어지는 걸 보고 흡족해 하며, 이처럼 멋진 결과는 이야기 구조의 뻔한 속성 때문이 아니라 사건을 예견할 수 있는 우리의 능력 때문이라고 생각한다. 우리는 "작가가 이야기의 결말을 뻔히 예상할 수 있도록 이야기를 다 꾸며 놓았다"고 생각하지 않고 오히려 "난 너무 재기발랄해서 말이야, 작가는 끝까지 속이려고 온갖 술수를 다 부렸지만 결국 내가 결과를 알아맞혔지"라고 생각한다.

2. 회상의 구조 속에서도 시리즈의 변형태를 찾아볼 수 있다. 예를 들어 주인공의 모험이 연대기적 순서에 따라 전개되지 않고 새로운 이야기를 늘어놓기 위해 매 회마다 끊임없이 그의 삶의 다양한 단계를 종횡으로 왔다 갔다 하는(『슈퍼맨』과 같은) 만화를 생각해보라. 막상 화자(話者)가 이전 회에서 이야기하지 않은 새로운 사실이 "재발견"된다고 해서 영구히 굳어진 주인공의 면모가 변할 리 만무하다. 시리즈의 이러한 아종(亞種)을 수학적 용어로는 나선(螺線)으로 규정할 수 있다.

나선적 구조를 가진 이러한 시리즈물은 통상 장삿속으로 끊임없이 제작되고 있다. 생로병사할 수밖에 없는 주인공들은 이러한 자연적 순환의 논리를 피해나가야 한다. 따라서 새로운 모험을 하게 하는 대신(어쩔 수 없이 이것은 무정하게도 사람을 죽음으로 이끌고 갈 수밖에 없다) 끊임없이 과거를 새롭게 체험하도록 해야 한다. 이러한 해결책은 패러독스를 산출하며 흔히 이러한 패러독스가 패러디*된다. 이러한 인물의 미래는 전혀 예측할 길 없지만 과거의 이야기는 어마어마하게 쌓여 있다. 물론 이러한 과거는 독자에겐 처음부터 제시되는 신비로운 현재를 전혀 변화시킬 수 없다. 고아 소녀 애니가 태어난 첫해 동안 체험하는 일을 겪도록 하려면 수십 명의 삶을 동원해도 부족하다.

3. 시리즈의 또다른 변종으로는 연속적 변주곡이 있다. 『찰리 브라운』이 그렇다. 외견상 언제나 똑같은 이야기가 반복되며, 따

---

* 패러디(Parody). 일반적으로 패러디는 한 작가의 스타일이나 특징적인 관습을 흉내 내 원작을 우스꽝스럽게 개작하거나 변형하는 기법을 가리킨다. 이러한 패러디는 풍자와 위트 그리고 아이러니를 내포하고 있다. 따라서 이러한 기법 속에는 전대의 또는 당대의 지배적인 신념체계 속에 들어 있는 억압적 속성이나 허위의식을 폭로하고 풍자하는 성격을 갖고 있다. 이를 위해 패러디는 특정 텍스트나 특정 시대의 지배적 담론을 회화적인 기법으로 흉내 내어 조롱하거나 아이러니컬한 장치를 통해 재현하면서 그러한 지배적 담론에 대한 반성을 유도한다. 예를 들어 제임스 조이스의 『율리시즈』는 형식적으로 『오디세이아』를 차용하며, 내용적으로는 고대의 영웅의 장대한 모험담과 달리 단 하루의 의식세계가 모험세계의 전부이며, 정숙한 아내가 기다리고 있는 고향으로의 희망찬 항해와 달리 아내의 간통 때문에 괴로워하는 현대의 율리시즈를 그려냄으로써 현대 서구 문명에 대한 반성을 시도한다.

라서 자세히 보면 아무 일도 벌어지지 않는다. 그렇지만 매번의 연재분마다 찰리 브라운의 성격은 이전보다 훨씬 풍부하고 심오하게 나타난다. 『네로 울프』나 『스타스키와 허치』에서는 전혀 그렇지 않다. 우리는 항상 이들의 새로운 모험을 즐기려 하지만 이들의 심리상태나 습관 그리고 능력에 대해 이미 모든 걸 훤히 알고 있다.

4. 마지막으로 서사 구조보다는 배우의 성격에 의존하고 있는 시리즈 형태도 있다. 존 웨인(John Wayne. 또는 제리 루이스Jerry Lewis)은 똑같은 표정연기와 정형화된 행동방식과 함께 모든 영화에서 거의 그대로 반복되는 영화주인공의 몇 가지 본질적인 특징을 그대로 갖고 있기 때문에, 아주 엄격한 감독이 연출하지 않는 한 그가 등장하는 영화는 어쩔 수 없이 언제나 똑같아 보이게 된다. 대본 집필자가 아무리 이전과 다른 새로운 이야기를 고안해내도 관객은 언제나(흡족해 하며) 이전과 똑같은 이야기로 받아들일 뿐이다.

사가(Saga)

사가는 외견상 언제나 새로워 보이는 사건을 연속적으로 들려주면서 시리즈와 달리 한 인물 또는 가족의 "역사적" 성장과정을 이야기해준다. 주인공들은 사가 속에서 늙으며, 사가는 이러한 흥망성쇠의(개인이건 가족이건 또는 민족이건 집단이건 전혀 상관이 없다) 이야기다. 사가는 기본적으로는 일직선을 따라 진행된다(주인공이 태어나서 죽을 때까지 그리고 그 다음 그의 아들 그 다음에는 손자까지 쭉 이어지며, 잠재적으로는 무한대로 이어진다). 또는 가계도(家系圖)에 따라 진행될 수도 있다(중심에는 조상이 있다. 이를 중심으로 이야기는 다양하게 갈라져 나가 직계 후손뿐만 아니라 방계傍系 그리고 먼 친척에 관한 이야기까지 곁들이게 된다. 여기서도 역시 이야기는 무한대로 이어진다. 물론 가능한 한 초점은 항상 새로운 조상들에게 모아진다. 아마 가장 잘 알려진 예는 <달라스>일 것이다).

원래는 의식(儀式)용으로 등장했지만 매스미디어에서는 다소 타락한 아바타르스(홍망성쇠 — 옮긴이)가 되어버린 사가는 본질적으로는 위장된 시리즈라고 할 수 있다. 사가에 나오는 인물들은 전형적인 시리즈물의 등장인물들과 달리(서로를 대체하고 늙는 가운데) 변화한다. 그리고 역사적으로 다양한 형태를 취하고 외견상으로는 시간의 흐름을 축하하는 듯하지만 언제나 똑같은 이야기를 반복한다. 따라서 자세히 분석해보면 철저하게 비역사적이며 무목적적이다. <달라스>의 등장인물들은 약간의 변화가 없진 않지만 언제나 똑같은 모습이다. 부와 권력을 위한 투쟁, 삶과 죽음, 패배와 승리, 간통과 사랑, 증오와 질투, 사기와 환상. 하지만 켈트 숲 속의 아르투스-원탁의 기사들에게 별일이 있을 리 만무하지 않은가?

상호텍스트적 "대화주의"

1. 몇 가지 형태의 대화주의는 이 논문의 한계를 넘어선다. 예를 들어 양식의 인용이 그렇다. 다소 노골적으로 다른 억양이나

이야기방식 그리고 음조를 인용하는 경우 말이다. 독자도 알아챌 수 없을 뿐만 아니라 저자 자신도 의식하지 못하는 인용문은 정상적인 예술 창조의 역동적 과정의 일부라고 할 수 있다. 스승이 훤히 들여다보이는 셈이다. 저자는 훤히 알고 있지만 독자는 **전혀 눈치 채지 못하게** 만들어 놓는 경우, 일반적으로 우리는 통속적인 의미의 표절과 마주치게 된다.

인용문이, 분명히 그리고 의식적으로 삽입되는 경우가 훨씬 더 흥미롭다. 이 경우에는 패러디 또는 오마주(존경의 표시로 다른 작가의 작품 일부를 모방하는 것 — 옮긴이)에 근접하게 된다 — 또는 포스트모던 문학이나 예술에서처럼 상호텍스트성을 통한 아이러니컬한 유희(소설에 관한 소설, 그리고 소설 기법에 관한 소설, 시에 관한 시, 예술에 관한 예술)가 나타나게 된다.

2. 포스트모던 문학의 전형적인 기교는 최근 매스미디어에서도 자주 이용되고 있다. 아이러니컬한 **토포스**(topos) 인용이 그것이다.

영화 <레이더스>에서 검은 옷을 입은 아랍의 거인이 죽는 장면을 기억해보라. 또는 오데사의 거대한 계단을 인용하고 있는 우디 앨런의 <바나나>를 생각해보라. 무엇이 이 두 인용문을 결합시키고 있는가? 이러한 풍자를 즐기려면 두 경우 모두 관객들은 원래의 **토포스**를(거인의 경우 이 장르의 **토포스**를, 계단의 경우 단 한 작품 속에서 최초로, 그리고 단 한 번만 사용되었지만 곧 관습적인 인용이 되어버려 영화비평과 영화학의 담론의 **토포스**가 되는 토포스를) 알고 있어야 한다. 두 경우 모두 그러한 토포스는 이미 오래 전부터 관객들의 "백과사전" 안에 기록되어 있으며, 집단적 교양세계의 일부로서 인용된다.[3] 그러면 이제 인용방식의 차이를 보자. <레이더스>에서 인용되는 토포스는 논박되고 풍자되면서 인용되는 반면(그러한 경우 의당 그러해야지 하고 기대하지만 아이러니컬하게* 인용은 그렇게 이루어지지 않는다) <바나나>에서 다양하게 변주되는 토포스는 이처럼 원래의 토포스와의 불일치를 통해(일반적으로 해당 장면에 어울리지 않는다) 삽입되고 있다. 앞의 경우에는 원래의 토포스와 일치하지만(논박되지만 바로 그렇기 때문에 효과를 발휘하게 된다) 두번째의 경우에는 일치하지 않는다.

첫번째의 경우는 몇 년 전에 시사풍자 잡지 『매드』에 실렸던 만화를 연상시키는데, 그 잡지에는 매호마다 "다시 보고 싶은 영화"가 게재되었다. 서부영화를 예로 들어보기로 하자. 악당들이 여주인공을 철로 위에 묶어 놓았다. 그런 다음 그리피스(David Wark Griffith)의 영화에서처럼 극적인 장면이 이어져, 멀리서 기차가 달려오는 장면과 기차를 앞질러 그녀를 구출하려고 급히 말을 달려오는 사람들의 모습이 교차해서 나타난다. 하지만 결국(마

---

* 아이러니(Irony). 초기 그리스의 희극용어로, 기본적으로는 '겉으로 드러난 모습과 실제의 모습 사이의 괴리'라는 뜻을 함축하고 있다. 이 글에서의 논지와 관련해 언어의 아이러니와 상황(또는 행위)의 아이러니를 구분할 필요가 있다. 전자는 비유의 일종으로 말하는 사람이 의도하는 바와 겉으로 드러나는 의미가 다른 경우에 그리고 후자는 예를 들어 어떤 사람이 자신도 똑같은 상황에 놓여있는 걸 눈치 채지 못하고 다른 사람의 불행에 대해 떠들썩하게 웃어댈 경우에 발생한다.

침내 기대했던 일이 성취되는 토포스와는 정반대로) 그녀는 기차에 깔려죽게 된다. 희극적인 유희가 이루어지고 있는 셈인데 물론 이러한 유희는 대중들이 이러한 토포스를 알고 있어야 가능하다. 규정상(물론 이러한 규정은 프레임 즉 일반적인 백과사전 안에 편입되어 있는 영화학의 틀 안에 들어 있다) 그러한 토포스가 환기하는 기대의 체계를 떠올리면서 그러한 기대가 좌절당하는 방식을 즐기게 된다. 바로 이 지점에서 소박한 관객들은 당황했다가 좌절감을 극복하고 그처럼 세련된 기법을 즐길 수 있는 비판적 관객으로 변하게 된다.

<바나나>에서는 이와 전혀 다르다. 텍스트는(전혀 앞뒤가 맞지 않는 사건들이 등장하면 당황하는) 소박한 관객들이 아니라 다양한 인용문의 아이러니컬한 유희와 의도적인 불일치를 즐길 수 있는 비판적 관객들과 계약을 맺는다.

물론 두 경우 모두 비판적 독해라는 부수효과를 얻게 된다. 인용부분을 알아채는 관객들은 아이러니컬하게 인용된 사건의 토포스적 성격을 곰곰이 생각하고, 이러한 유희효과를 이용해 자신의 상식이 응집되어 있는 백과사전을 의문시하기 시작한다.

<레이더스>의 속편 즉 <인디아나 존스>에서 이러한 유희는 한층 복잡해진다. 여기서 주인공은 거인 하나가 아니라 두 명의 적대적인 거인을 만난다. <레이더스>의 경우 관객들은 모험영화의 고전적인 전범에 따라 주인공이 아무런 무장도 하고 있지 않으리라 생각하지만 막상 그가 권총을 꺼내 간단하게 적을 해치워 버리자 배꼽을 잡고 웃는다. 속편의 경우 감독은, 앞 영화를 본

관객들이 이젠 주인공이 총을 갖고 있으리라고 기대하리라는 것쯤은 뻔히 알고 있다. 실제로 인디아나 존스는 즉각 총을 찾는다. 하지만 존스는 총을 찾지 못한다(그리고는 잽싸게 도망쳐 버린다 — 옮긴이). 첫번째 영화에서처럼 행동하리라 기대했지만 막상 그러한 기대가 무너지자마자 관객들은 배꼽을 잡는다.

3. 이 두 가지 예는 모두 상호텍스트적 백과사전을 유희상태로 만든다. 우리 앞에는 다른 텍스트를 인용하고 있는 텍스트가 놓여 있는데, 인용된 텍스트를 제대로 알고 있어야 그 텍스트를 즐길 수 있다.

스필버그의 <E.T>에 나오는 한 장면 즉 (스필버그가 고안해낸) 외계인이 할로윈 축제 때 거리를 나돌아 다니다가 루카스(George Lucas)의 <제국의 역습>에서 노움(Gnom)으로 분장하고 나오는 다른 인물과 만나는 장면은 미디어의 새로운 상호텍스트성과 대화의 즐거움을 분석하는 데 아주 흥미로운 예라고 할 수 있다. E.T는 벌떡 일어나 오랜 친구라도 만난 양 노움을 포옹하기 위해 달려 나가려 한다. 이 장면에서 관객들은 많은 사실을 알고 있어야 한다. 당연히 <제국의 역습>을 봤어야 하며(상호텍스트적 지식), 동시에 이 두 괴물은 모두 램발디(Rambaldi)가 만들었고, 두 영화의 감독은 이유는 다르지만 결국 같은 부류에 속한다는 사실을 알고 있어야 한다(더구나 이들은 최근 10년 동안 가장 커다란 성공을 거둔 감독이기도 하다). 결국 관객들은 **텍스트에 관한 지식**뿐만 아니라 세계 또는 텍스트 바깥의 상황에 관한 지식도 갖추고 있어야 한다. 물론 이때 이 두 가지 지식 즉 텍스트와 세계에 관한 지식은 백과사전적 지식의 다양한 장(章) 중의 하나에 불과하다. 텍스트가 이러저러한 방식으로 언제나 그리고 모든 곳에서 똑같은 문화유산을 끌어들이는 것은 바로 이 때문이다.

이러한 현상은 한때 아주 교양 있는 모델-독자를 겨냥하여 등장했던 실험주의 예술의 전형적인 특징이었다. 오늘날에는 이와 유사한 기법이 매스미디어에서도 만연하고 있다. 이를 통해 우리는 미디어가 이미 다른 미디어에 의해 이식된 정보(미디어는 정보 전달을 목표로 한다)를 확산시키지 않나 하고 생각해보게 된다.

<E.T>의 텍스트는 관객들이 신문이나 TV를 통해 램발디와 루카스 그리고 스필버그 사이의 관계를 알고 있다는 사실을 "전제하고 있다". 미디어는 텍스트 외적인 인용문들의 유희를 통해 세계와 관련을 맺는 것 같지만, 실제로는 다른 미디어의 메시지의 내용과 관계를 맺는다. 파티는 말하자면 "확대된" 상호텍스트성의 마당 위에서 벌어지며, 세계에 관한 지식은(이 말은 상식적으로, 즉 텍스트 외적인 경험에서 끌어낸 지식이라는 의미로 이해해야 한다) 이러한 상호텍스트성의 놀이에서는 의미를 잃게 된다.

따라서 앞으로의 논의에서는 개별 작품이나 시리즈 작품에서의 반복 현상뿐만 아니라, 다양한 반복 전략을 생산적으로 만들어주고 이해할 수 있고 또 내다 팔 수 있도록 만들어주는 포괄적인 현상도 염두에 두어야 한다. 달리 말하면 매스미디어에서의 반복과 시리즈적인 성격은 문화사회학의 새로운 문제를 함축하고 있는 셈이다.

4. 대화주의의 다양한 형태 중에는 매스미디어에서 널리 애용되고 있는 "임베딩"(embedding) 즉 장르를 환기하는 기법도 있다(이 기법은 연극과 영화에서도 애용된다). 브로드웨이 뮤지컬을 생각해 보라. 이 뮤지컬은 일반적으로 브로드웨이 뮤지컬의 생산에 관한 이야기에 다름 아니다. 이러한 유형 또한 포괄적인 상호텍스트적 지식을 요구하는 것 같다. 브로드웨이 뮤지컬의 제작방식에 대해 이야기하는 모든 영화는 한 편의 뮤지컬을 이해하는 데 필요한 장르상의 모든 연관 지식을 제공해주기 때문에, 이 뮤지컬은 이 장르를 이해하기 위해 반드시 알아야 할 지식을 만들어내고 제도화시킨다. 뮤지컬은 청중들에게, 실제로는 뮤지컬을 보고 있는 바로 그 순간에 처음으로 체험하게 되는 것임에도 불구하고 자신들이 이미 알고 있는 것이라는 인상을 준다. 어마어마한 생략이 이루어지고 있는 셈이다. 이러한 의미에서 뮤지컬은 자신의(이상적인) 생산법칙을 보여주는 교육학적 작품이라고 할 수 있다.

5. 결국 스스로 이야기하는 작품이 나오게 될 터인데, 물론 이 작품은 자신이 속한 장르가 아니라 자신의 고유한 구조와 기교에 관한 이야기를 들려줄 것이다. 일반적으로 이러한 기법은 단지 아방가르드 작품에서만 찾아볼 수 있을 뿐 매스미디어에는 이질적으로 보인다. 미학도 오래 전부터 이 문제를 인지해왔으며, 이 문제에 **예술의 죽음**이라는 명칭을 하나 부여했다. 최근에 도처에서 스스로를 아이러니화할 수 있는 매스미디어 작품이 등장하고

있는데, 앞에서 언급한 몇몇 예는 이러한 점에서도 아주 흥미로워 보인다. 여기서도 역시 고급예술과 저급예술 그리고 하이 브로우(high brow. 대략 지적이고 교양 있는 문화 — 옮긴이)와 로우 브로우(low brow. 교양 없고 지적이지 못한 문화 — 옮긴이) 간의 경계선은 아주 좁아지는 것 같다.

미학적으로 온건한 또는 "모더니즘적" 해결책

그러면 이제 앞에서 열거한 몇 가지 현상을 "모더니즘적" 미학관에 따라 다시 살펴보기로 하자. 이러한 미학관에 따르면 미학적으로 제대로 형성된 모든 메시지는 무엇보다 먼저 두 가지 특징을 갖는다.

a) 질서와 혁신, 도식과 혁신 간의 변증법을 통해 구성되어야 한다.
b) 이러한 변증법은 수용자에 의해 실현되어야 한다. 수용자는 메시지의 내용을 감지해야 할 뿐만 아니라 이 메시지가 어떤 방식으로 내용을 전달하는지도 파악해야 한다.

이 경우 아무것도 위에서 이야기한 반복을 통해 미학적 가치가 실현되는 것을 방해할 수는 없으며, 예술의 역사는 분류방법의 올바름을 입증해주는 수많은 예를 갖고 있다.

재탕: 아리오스토(Ludovico Ariosto)의 『광란의 오를란도』는 기본적으로 보이아르도(Matteo Maria Boiardo)의 『오를란도 인나모르타토Orlando innamortato』〔광란의 오를란도 — 옮긴이〕의 재탕이다. 게다가 브르타뉴 지방에서 널리 회자되던 주제를 재탕한 보이아르도의 이야기가 이미 커다란 성공을 거두었기 때문에 비로소 성공을 거둘 수 있었다. 보이아르도와 아리오스토는 매우 "진지하고" 모든 사람이 "진지하게 받아들이고 있는" 이야기를 소재로 삼아 신랄한 아이러니를 가미한다. (신비롭고 극히 진지한) 첫번째 <슈퍼맨> 영화와 비교해보면 세번째 <슈퍼맨> 영화도 아이러니컬하게 보인다. 이 세번째 <슈퍼맨>영화는 복음서에 나옴직한 원형을 재탕하면서 살짝 프랭크 타쉴린(Frank Tashlin)의 영화를 베끼고 있다.

이러한 재탕은 무미건조할 수도 있지만 동시에 아이러니컬할 수도 있다. 우리는 아이러니가 어떠냐에 따라 은근슬쩍 해대는 재탕과 미학적으로 정교한 재탕을 구분할 수 있다. 물론 아리오스토의 재탕이 레스터(Lester)의 영화의 재탕보다 얼마나 풍부하고 복잡한지를 판단할 수 있게 해주는 비평적 척도(예술 작품이라는 개념)를 얼마든지 마련할 수 있다.

시리즈: 모든 텍스트는 언제나 두 종류의 모델-독자를 요구하며 또 만들어낸다.[4] 첫번째 모델-독자는 작품을 순수하게 의미론적* 구성물로 받아들이며, 독자들을 점점 더 초조하게 안달이 나기대하도록 만드는 작가의 서사전략의 희생물이 된다. 두번째 독

자는 작품을 미학적 생산물로 평가하며, 자신을 첫번째 종류의 독자로 만들기 위해 텍스트가 구사하는 전략을 평가한다. 시리즈의 시리즈적 성격을 즐기는 사람은 바로 이 두번째 종류의 독자이다. 물론 그는 언제나 되풀이되는 똑같은 내용(조야한 독자는 언제나 그것을 다른 것으로 간주한다)을 즐기는 것이 아니라 똑같은 것을 매번마다 전혀 다르게 보이도록 하는 변주전략을 즐기게 된다.

물론 까다롭고 섬세하게 짜여진 시리즈에서만 이러한 변주를 즐길 수 있다. 우리는 텍스트와 (첫번째 종류의 소박한 독자와 정반대되는) 두번째 종류의 독자 즉 비판적 독자 간의 독해-계약의 연속적 단계에 따라 시리즈적인 서사물을 분류할 수도 있다. 아무리 통속적인 서사물이라도 독자들이 스스로를 비판적 독자로 즉 극히 미세한 혁신전략을 평가하거나 거꾸로 이러한 혁신의 결여를 간파해낼 수 있는 독자로 구성할 수 있도록 해준다. 물론 비판적 독자와 분명한 협약을 맺은 다음 텍스트의 혁신적 힘을 해방시킬 것을 촉구하는 시리즈 작품도 있다.

일부러 살인자가 누군지를 미리 밝혀놓고 시작하는 TV물 <형사 콜롬보> 시리즈가 그렇다. 시청자들은 추리소설의 뻔한 수수

---

* 의미론. 퍼스의 기호학 이론을 행동주의 심리학 방향으로 확장 발전시킨 찰스 모리스(Charles Morris)에 따르면(『기호, 언어, 행동』의 8장을 보라) 화용론(pragmatics)은 한 단어의 의미가 그 단어를 듣는 사람의 심리적 반응에 의해 결정되는 측면을 가리킨다. 그리고 기호와 데노타툼(denotatun. 이는 상징과 지시체의 대응관계로 이해될 수 있다)의 관계는 의미론(semantics)적 측면에 해당되고, 특정한 담론 안의 단어들의 조직화 방식은 통사론(syntax)적 측면으로 볼 수 있다.

께끼 놀이에는 마음을 빼앗기지 않는다. 하지만 한편으로 형사가 멋진 수사 기법(이것은 이미 널리 알려져 있고 따라서 그만큼 애호되는 일종의 아리아 곡의 다 카포〔처음부터 반복하기 — 옮긴이〕라고 할 수 있다)을 보여주는 것을 즐기고 다른 한편으로 작가가 이번 게임에서는 어떤 수법 — 즉 뻔한 기법을 반복하고 있는데도 시청자가 전혀 눈치 채지 못하도록 하는 — 을 써먹는지를 찾아내려고 안달하게 된다.

비판적 독자와의 계약에 모든 걸 내맡기고 소박한 독자는 그저 핑곗거리로나 이용할 뿐 전혀 염두에 두지 않는 극단적인 시리즈 작품도 있다. 변주곡과 같은 고전적인 예를 생각해 보기로 하자. 물론 변주곡은 소박한 소비자들이 언제나 똑같은 음이 되풀이되는 걸 즐길 수 있도록 해주는 — 거의 감추어지지 않은 — 배경음악으로 이해될 수도 있다(그리고 실제로도 흔히 그렇게 이용되어 왔다). 하지만 기본적으로 작곡가는 비판적 감상자들과의 계약에만 관심을 쏟고 있다. 따라서 혁신적 상상력을 동원해 익히 알려져 있는 주제를 변주하는 이유는 당연히 이들 비판적 감상자들의 동의를 얻기 위해서다.

이러한 의미에서 시리즈가 반드시 혁신과 대립된다고는 할 수 없다. 넥타이만큼 "시리즈적인" 것도 없지만 동시에 넥타이만큼 한 사람의 인격을 드러내주는 것도 없다. 이러한 예는 상투적일지는 모르나 결코 넥타이에만 해당되는 통속적인 이야기는 아니다. 넥타이의 기본적인 미학과 이미 널리 인정받고 있는 골드버그 변주곡의 "높은" 미학적 가치 사이에는 다양한 방식으로 비판적 소비자와 관계를 맺으려는 시리즈화 전략의 단계적 연속성이 존재한다. 매스미디어에서 대부분의 시리즈화 전략은 단지 무비판적 소비자에게만 관심을 기울이고 있다는 — 어마어마한 반복 가능성에 반해 혁신의 여지는 거의 없는 매스미디어의 이러한 전략을 자세히 검토할지의 여부는(이것도 흔히 수사학에 그치고 만다) 순전히 사회학자들과 기호학자들의 자유다 — 이야기는 이와는 전혀 다른 문제다. 네덜란드 거장들의 정물화 또한 에피날의 판화만큼이나 시리즈적이다. 물론 후자는 철저하게 비판적으로 연구하고, 전자에 대해서는 정감 어리고 향수 어린 눈길을 보낼 수도 있다 — 하지만 두 경우 모두 작품 속에 시리즈적인 성격이 들어 있다는 점을 간파하고 인정하는 것이 중요하다.

한쪽에는 "고급"(즉 독창적이며 시리즈적이지 않은) 예술의 미학이 있고 다른 한쪽에는 시리즈물의 순수한 사회학이 있는 건 아니다. 오히려 문제는, 시리즈적 형태의 미학은 다양한 형태(다양한 시대와 나라에서 진행되는 반복과 혁신의 변증법은 다양한 형태를 취한다)에 대한 역사적이고 인류학적인 감수성과 분리될 수 없다는 점에 있다. 시리즈에서 아무런 혁신도 찾아볼 수 없는 것은 텍스트 구조보다는 우리의 기대지평과 감수성의 구조 때문은 아닌지 자문해보지 않으면 안 된다. 예컨대 유럽 바깥의 많은 예술은 우리 유럽인들에게는 언제나 똑같아 보이지만, 원주민들은 그 속에서 무수히 많은 변형태를 간파해내며 그들 나름대로 혁신이 주는 매력을 즐긴다. 다른 한편 막상 우리는 유럽의 과거의 시리즈적 형태 속에서 혁신적 성격을 발견하지만 과거의 수신인들은 도대체 이러한 측면에 대해서는 아무런 관심도 없었으며 단지 도식의 반복만을 즐겼을 경우도 많다.

사가: 우리의 이러한 유형학은 결코 미학적 질이라는 문제는 해결하지 못한다. 이 점을 확인하려면 발자크의 『인간희극』 또한 계보도의 형태로 된 사가의 멋진 — 최소한 <달라스>만큼은 멋진 — 예라는 점을 살펴보면 된다. 미학적으로야 분명히 <달라스>의 저자보다 발자크가 흥미롭다. 왜냐하면 발자크의 소설은 당대 사회에 대해 뭔가 새로운 이야기를 들려주지만 연속극으로 방영된 <달라스>는 매 회마다 미국사회에 관해 똑같은 이야기만을 늘어놓기 때문이다. 하지만 양자 모두 똑같은 이야기수법을 사용하고 있다.

상호텍스트적 대화주의: 여기서는 굳이 대화주의의 미학적 결과를 상세하게 설명할 필요는 별로 없어 보인다. 왜냐하면 대화주의라는 개념은 소위 고급예술에 관한 미학적이고 기호학적인 논의의 틀 안에서 발전되었기 때문이다. 매스커뮤니케이션 우주는, 상호텍스트적 대화주의의 여러 형태가 그동안 대중적 생산의 영역으로 옮겨가 버렸다는 점을 입증하기라도 하듯 앞에서 예를 든 여러 기법을 도발적으로 차용하고 있다. 소위 포스트모던 문학과 예술에서는 다른 텍스트의 내용을 인용하는 기법이 전형적으로 사용되고 있다(그런데 이미 이러한 기법은 스트라빈스키의 음악에서 전형적으로 사용되지 않았던가?). 따라서 독자들은 인용문의 내용보다는 오히려 새로운 텍스트를 만들어내기 위해 인용문이 다른 텍스트의 조직 속으로 삽입되는 방식 자체에 더 주목하게 된다. 하지만 레나토 바릴리(Renato Barilli)가 지적하고 있듯이[5] 이러한 기법은 인용부호를 분명하게 드러내지 못해 소박한 독자들이 인용문 — 흔히 이것은 예술이 아니라 키치로서 인용된다 — 을 인용되는 내용에 대한 아이러니컬한 경의(敬意)로 파악하지 않고 독창적인 고안으로 오해할 위험을 갖고 있다.

다시 앞에서 살펴본 세 가지 예를 토포스의 인용으로 보기로 하자. 영화 <레이더스>, <바나나> 그리고 <E.T>가 그것이다.

먼저 세번째 예부터 살펴보자. 앞의 두 영화(전자는 후자를 인용하고 있다)의 생산의 역사에 대해 아무것도 모르는 관객들은 스크린 위에서 무슨 일이 벌어지는지 이해하지 못한다. 멋진 개그가 이루어져야만 미학적으로 향유할 수 있다면(따라서 개그는 자기반영적인 초상화로 이해되어야 한다 — 최소한의 의미에 그치지만 아무튼 분명히 그렇다고 할 수 있다. 수단手段의 경제를 위해서는 놀라울 만큼 효율적인, 폐부를 찌르는 농담이나 위트도 마찬가지다) <E.T>의 여러 장면은 "인용부호"를 간파하자마자 포복절도하도록 만든다. 물론 인용부호를 거의 감지할 수조차 없게 지독히 난해하게 만들어놓았다고 감독을 비난할 수도 있다 — 관객이 이러저러한 장면에 인용부호가 들어 있다는 걸 알 수 있도록 해주는 장치는 하나도 없으며, 영화는 전적으로 이 영화 밖의 지식에 기대고 있다. 관람객들이 그러한 지식에 통달하지 못했다면? 영화 줄거리에 문제가 있는 게 아니라 단지 관람객에게 억세게 운이 따르지 않았을 뿐이다. 영화는 관람객들의 동의를 끌어낼 수 있는 수단을 얼마든지 갖고 있다.

이처럼 쉽게 알아챌 수 없는 인용부호는 미학적 기법이라기보다는 사회적 기법에 가깝다. 이것은 행복한 소수(물론 이들이 백만 명이 되었으면 하고 바란다)를 골라낸다. 영화는 소박한 관객들에겐 이미 충분한 내용을 제공해주었으며, 이처럼 은밀하게 즐길 수 있는 권리는 비판적인 관객들에게만 돌아간다.

<레이더스>의 경우는 이와 다르다. 이 작품의 경우 비판적 관객들조차도 인용되는 토포스를 간파해내지 못하고 좌절하고 말지만 소박한 독자들은 많은 것을 향유할 수 있다. 영웅이 악당을 물리치는 장면이 한두 번 나오는 게 아니니 말이다. 이 영화의 구조는 <E.T>보다 단순하며, 가능하면 많은 사람들에게 작품을 팔아먹길 원했던 제작자의 요구를 기꺼이 받아들였다. 물론 인용문이 사방에서 길길이 날뛰고 있는 사실을 제대로 알 길 없는 사람들이 <레이더스>를 어떻게 보고 즐길지는 의문인데, 이 작품은 그러리라고 충분히 예상하고 있는 것 같다. 나는 여기서 두 영화 중 어느 영화가 미학적으로 더 고귀한 목표를 추구하고 있는지를 판단하진 않겠다. 기능 방식과 텍스트 전략상의 차이는 미학적 평가와는 전혀 다른 비평적 판단을 요구한다는 점을 지적하는 것으로 그치겠다(지금 이 순간에는 이 정도의 언급만으로도 충분해 보인다).

그러면 이제 <바나나>를 살펴보기로 하자. 그 유명한 거대한 계단 위에서 우리는 유모차가 굴러 내려오는 장면뿐만 아니라 한

무리의 승려를 볼 수 있는데, 그 밖에 또 무엇이 나오는지는 모르겠다. 이 장면을 <전함 포템킨>에서 인용했다는 사실을 모르는 관객들은 어떤 식으로 반응할까? 계단에 이어 사방으로 흩어지는 대중들을 비추는 열광적인 에너지 때문에 소박한 관객들도 이러한 브뤼겔(Brueghel)풍의 대목 장(場)에서 풍겨 나오는 교향악적이고 팽팽하게 긴장된 분위기를 간파할 수 있으리라 믿는다. 아주 소박한 관객들조차도 리듬과 기발한 장면을 감지할 수 있으며, 어쩔 수 없이 형태와 기교에 시선이 끌리게 된다.

마지막으로 미학적 관심의 가장 바깥 극점에 현대의 매스미디어에서는 전혀 찾아볼 수 없는 작품을 하나 세워놓아 보기로 하자. 이러한 작품은 결국 상호텍스트적 대화주의의 명작으로, 자신의 형태와 제작방식에 대해서 뿐만 아니라 자신의 장르까지도 유희상태로 만들 수 있는 고차원의 메타 언어적 자질을 갖고 있다. 아마 이것이 이제까지 검토해온 유형론의 마지막 사례가 될 것이다. 아마 『트리스트럼 샌디』가 이에 해당될 것이다.

이 소설이 소설 형태를 아이러니화하고 있다는 사실을 알지 못하면 로렌스 스턴(Laurence Sternes)의 이 반(反)소설적-소설을 읽고 즐길 수 없다. 텍스트 또한 이러한 사실을 너무 정확히 알고 있는 것 같다. 이 소설을 읽다가 스턴이 아이러니 기법을 구사하기 위한 핵심적인 전제조건인 프로눈티아티오(pronuntiatio. 말투 또는 이야기투 — 옮긴이)라는 수사학적 기법을 미학적 해결책으로 밀고나가면서 다양한 인용기법을 분명하게 제시하지 않는 풍자적 구절은 단 한 군데서도 발견할 수 없을 정도다.

이리하여 점점 복잡해져가는 일련의 인용문의 삽입 기법을 하나하나 살펴보았다. 이를 통해 우리는 많은 측면에서 미학적 가치와 그러한 가치가 주는 만족감의 현상학을 드러내 보여줄 수 있었다. 이러한 사실은 이전의 내용을 그대로 반복하지만 사람들을 깜짝 놀라게 하고, 또 새롭다는 인상을 심어주기 위한 전략은 자체로서는 기호학적이며 중립적 전략이지만 미학적 차원에서는 다양하며 따라서 다양하게 평가할 수 있는 해결책을 끌어들인다는 점을 분명하게 보여주고 있다.

따라서 다음과 같이 요약할 수 있다.

— 우리가 연구한 반복의 유형 중 매스미디어에 국한된 유형은 하나도 없었으며, 모든 유형은 예술 창조의 역사 전체에서 찾아볼 수 있다. 표절과 인용, 패러디, 아이러니컬한 재탕, 상호 텍스트적 유희.

— 이 모든 기법은 예술과 문화의 모든 전통에서 전형적으로 나타나고 있다.

— 따라서 많은 예술은 시리즈적이었으며 지금도 그렇다. 이전의 작품이나 장르의 규칙과 아무 관련도 없는 절대적 새로운 창작품이라는 개념은 낭만주의와 함께 등장한 현대적 개념이다. 고전주의 예술은 대부분 시리즈물이었으며 역사적으로 등장한 여러 아방가르드(콜라주, 그리고 모나리자에 콧수염을 다는 등의 기법을 통해) 등등은 다양한 방식으로 절대 새로운 창조라는 낭만주의적인 창작 이념을 위기에 몰아넣었다.

— 시리즈 기법의 기본유형 자체는 질을 높여주기도 하지만 동시에 통속성을 가져올 수도 있다. 수신자 자체뿐만 아니라 상호텍스트적 전통 전체를 위기에 몰아넣을 수 있다. 따라서 값싼 위안, 투사, 동일시를 제공할 수 있다. 소박한 수신자나 아니면 비판적 수신자하고만 계약을 맺을 수 있다. 또는 우리가 검토해온 유형학으로 환원될 수 없는 다양한 해결책이 연속적으로 이어지는 다양한 단계에서 이 양자와 동시에 계약을 맺을 수도 있다.
— 따라서 반복의 유형론은 미학적 가치차이를 규정할 수 있는 아무런 기준도 제공해주지 못한다.
— 하지만 이처럼 서로 다른 종류의 반복이 예술적 기법의 특징적인 상수(常數)라는 점을 원칙적으로 받아들인다면 얼마든지 가치척도를 규정할 수 있다, 반복의 미학은 텍스트적 반복 기법의 기호학을 전제한다.

미학적으로 급진적인 또는 "포스트모던한" 해결책

앞에서 검토한 모든 내용은 질서와 혁신의 "현대적" 변증법이라는 개념을 통해 매스미디어에서 나타나는 다양한 형태의 반복을 반성적으로 검토해보려는 하나의 시론에 불과하다.

이러한 주제에 관한 최근의 연구들은 시리즈 성격의 미학에 대해 논하는 경우 뭔가 보다 근본적인 것 즉 — 만약 당착어법(撞着

語法)이 허용된다면 — 더이상 전통적이며 현대적인 미학의 범주로 환원될 수 없는 새로운 미학관을 제시하고 있다.

예컨대 TV-연속극과 함께 "텍스트의 무한성"이라는 새로운 개념이 생겨났다는 지적을 살펴보기로 하자.[6] 텍스트는 자신도 그 안에서 움직이게 되는(그리고 추구하는) 일상성의 리듬과 시간을 그대로 넘겨받는다. 따라서 시리즈적 텍스트가 기본 도식을 무한대로 변주한다는 사실을 인식하는 것은 별로 중요한 문제가 아니다(이러한 맥락에서라면 얼마든지 텍스트를 "현대" 미학의 관점에서도 평가할 수 있다). 진짜 문제는 다음과 같다. 오늘날에는 도식의 변주가능성 그 자체가 아니라 도식을 무한대로 변주할 수 있는 가능성이 문제다. 그리고 이러한 무한대의 변주는 반복의 거의 모든 특징을 갖고 있지만 혁신적 성격은 거의 갖고 있지 않다. 예술에 대한 삶의 승리가 찬미되지만, 전자매체 시대는 충격과 간섭, 새로움과 기대의 좌절과 같은 현상을 강조하는 대신 "순환적인 것, 주기적인 것, 정기적인 것의 연속성으로의 회귀"라는 역설적인 결과를 낳았다.[7]

오마르 칼라브레세(Omar Calabrese)는 이 문제를 한층 심도 있게 진단하고 있다. 반복과 혁신 사이의 "현대적" 변증법이라는 관점에서 보면 — 예를 들어 <콜롬보> 시리즈에서 — 미국 영화의 최고 수준의 일부 대본집필자들이 기존의 도식을 어떻게 변주하는지를 분명하게 간파할 수 있다. 따라서 이러한 작품의 경우 반복만을 찾아볼 수 있다고 말할 수 없다. 형사의 수사 방식이나 심리구조가 아무리 고정불변이더라도 이야기 방식은 매번마다 바뀐다. 특히 "현대" 미학 관점에서 볼 때 이러한 사실은 적잖이 중요하다. 칼라브레세는 바로 이처럼 새로운 양식개념에 주목하고 있다. 그는 다음과 같이 쓰고 있다. "이러한 반복의 형태 속에서 우리는 반복되는 내용이 아니라 오히려 여러 상수로 이루어진 체계를 확립하기 위해 텍스트의 구성요소를 분절화하고 약호화하는 방식에 더 커다란 관심을 갖게 된다. 이때 이러한 체계 속으로 편입되지 않는 모든 요소는 '독립변수'로 규정된다."[8] 그리고 특히 전형적이고 따라서 외견상 "가장 타락한 듯이 보이는" 시리즈적 형태 속에서 이러한 독립변수는 가장 두드러진 변수가 아니라, 역으로 약제의 입자의 휘발성이 강할수록 치유력도 강해지는 유사치료법에서처럼 극히 미시적인 요소가 되어버리고 만다. 칼라브레세가 콜롬보 시리즈를 케노(Raymund Queneau)식의 『문체 연습』이라고 규정하는 것은 이 때문이다. 이 지점에서 우리는 "신바로크 미학"에 직면하게 된다. 이 미학은 문화적인 생산물뿐만 아니라 타락한 작품 속에서도 완벽하게 기능하고 있다. <달라스>에 관해서도 "의미론적 대립과 기본적인 이야기구조의 분절은 다양한 등장인물을 둘러싼 극히 비개연적인 요소들 간의 결합과 함께 진행된다"고 말할 수 있다.

조직적인 분화, 다중심성, 규칙적인 변칙 ― 이것이 바로 신바로크 미학의 기본 특징으로 바흐의 변주곡이 이 미학의 정수를 보여준다.

그런데 매스커뮤니케이션 시대에는 "가부키 극(劇)에서처럼 이미 이야기되고 이미 씌어진 내용만을 들을 수 있기 때문에 텍스트에 대한 만족감을 불러일으킬 수 있는 변주는 극히 드물며, 따라서 익히 알고 있는 내용과 형식을 그대로 반복하는 수밖에 없다".

이러한 주장이 어떤 결과를 가져올지는 자명하다. 연구의 이론적 초점이 바뀌게 된다. 현대적인 매스미디어의 이데올로그들에겐, 도식과 혁신의 전통적 변증법의 가능성(당연히 이때에는 혁신이 예술적 가치의 핵심적인 구성요소가 된다 — 또는 작품이 타락하지 않고 가치를 추구할 수 있도록 구원해줄 수 있는 출구가 된다)을 드러냄으로써 시리즈물의 가치를 구하는 것이 과제였다. 이제 강조점은 난마처럼 뒤엉킨 도식-변주라는 실타래로 옮겨지며, 변주는 도식을 높이 평가하는 것이 아니라 평가절하하게 된다. 하지만 "신바로크"라는 개념에 미혹되어서는 안 된다. 매우 고대적인 동시에 실로 포스트모던한 새로운 미학적 감수성이 탄생했음을 주장하더라도 말이다.

그런데 이 지점에서 조반나 그리나피니(Giovanna Grignaffini)가 지적하고 있듯이 "TV에 의해 또는 TV를 위해 만들어지는 다른 작품과 달리 TV-시리즈는 위에서 설명한 원리(그리고 그에 필연적으로 따르게 되는 부수효과)를 어느 정도 순수한 상태 그대로 이용하는데, 이때 이러한 원리는 결국 생산의 원리에서 형식적 원리로 전환된다. 그리고 이처럼 점진적으로 진행되는 이탈 과정에서 독창성이라는 개념은 뿌리까지 철저하게 파괴되어버리고 만다."9)

이리하여 "소일거리"의 요구조건에 부합하는 소품(小品)의 구조(바로크음악도 이러한 구조를 갖고 있다)가 승리하게 된다 — 이것은 처음에는 가공할 만한 일로 혹평되다가, 곧 현실의 논리에 따라 기정사실로 인정된다. 그리고 결국에 가서는 미학적 가치의 새로운 조건으로 선언된다.

하지만 위의 저자들은 언제나 똑같은 이야기를 하며 결국에는 원환의 형태로 스스로에게 귀환하는 이야기가 얼마나 상업적으로 위안이 되고 "입과 귀를 즐겁게 해주는지"에 대해서도 관심을 기울이고 있다. 내가 보기에 이들은 이러한 이야기의 내용이 표현하고 있는 교육학과 이데올로기를 철저하게 꿰뚫어보고 있다. 동시에 이들은 이러한 작품에 형식주의적인 기준을 엄밀하게 적용할 뿐만 아니라, 순수한 형태에 초점을 맞추어 이러한 작품을 즐길 수 있는 능력이 있는 청중을 상정하고 있다. 왜냐하면 이러한 조건이 충족되어야만 시리즈물의 새로운 미학이라는 이야기를 할 수 있기 때문이다.

이러한 조건이 충족되어야만 시리즈물은 예술의 가난한 친척이 아니라 새로운 미학적 감수성을 충족시켜주는 예술 형태 — 또는 포스트모던한 형태의 고대비극이 될 수 있기 때문이다.

그러한 기준이 미니멀 아트*의 작품, 또는 그와 정반대되는

---

* 미니멀 아트(Minimal art). 개념 예술(Conceptual art) 그리고 팝 아트(Pop art)와 함께 반예술적 사조가 맹위를 떨쳤던 지난 1960년대 미국을 중심으로 크게 유행했던 미술 사조를 가리킨다. 이러저러한 이념(ism)이나 모든 개념규정이 그러하듯 미니멀 아트에 대한 규정 또한 평균적이며 일반적인 수준을 넘지 못하는데, 이 용어는 "ABC 예술"이라고 불리듯 대략 최소한의 조형수단만으로 작품을 만들려는 경향을 가리킨다. 이때의 미니멀(Minimal)이라는 단어는 환상의 극소화를 의미한다. 회화의 감동성이나 질감(質感)의 풍부함이 곧 예술이라는 전통적인 신화를 거부하며 또

추상예술 작품에 적용되더라도(실제로 그러한 경우가 많다) 전혀 놀랄 필요가 없다. 실제로 매스커뮤니케이션의 작품에도 적용되는 "미니멀 아트"의 새로운 미학을 분명하게 확인할 수 있다.

하지만 그렇게 되려면 첫번째 종류의 소박한 독자들은 사라지고 두번째 종류의 비판적 독자만이 남아야 한다. 그렇더라도 추상화나 미니멀 아트의 조형물을 이해할 수 있는 소박한 독자는 하나도 없을 것이다("도대체 무슨 소리야?"라고 묻는 사람은 소박한 독자도 아니고 그렇다고 비판적 독자도 아니다. 도대체 이러한 작품들을 어떻게 읽는단 말인가). 추상화나 미니멀 아트 작품은 언제나 단지 비판적으로만 읽힐 뿐이다. 그리고 작품 안에 녹아 있는 내용이 아닌 오직 작품의 형성 방법만이 흥미를 끈다.

TV의 시리즈물에서도 이와 똑같은 현상을 기대할 수 있을까? 무슨 얘기인지 뻔히 알고 있기 때문에 이야기의 내용은 아무래도 좋고 그저 반복과 미묘한 변주나 즐기려드는 새로운 대중이 탄생한 걸까? 오늘날에는 텍사스의 한 자본가 집안의 여러 영웅들의 고난에 대해 눈물을 흘리지만, 여기서 한 발 더 나아가 우리는 혹시 멀지 않은 미래에 정말 유전자 조작에 직면하지는 않을까?

아무튼 이처럼 과격한 이야기는 특이한 것만을 애호하는 속물근성에서 나온 것처럼 보일지도 모르겠다. 오웰의 『1984년』에서처럼 당원들만이 두번째 종류의 즐거움을 맛볼 수 있고 프롤레타

초자아의 표현을 지향하는 추상적 표현주의나 문명비판적이고 풍자적인 팝 아트와 달리, 극단적인 간결성과 기계적 엄밀성 그리고 비개성적이고 소극적인 화면을 구성하려고 노력한다. 대표적인 화가로는 엘즈워드 켈리, 프랭크 스텔라 등이 있다.

리아는 첫번째 종류의 즐거움이나 겨우 누릴 수 있다는 이야기니 말이다. 시리즈물 생산 산업 전체는, (한 권의 책 속으로 용해되기 위해 창조된 말라르메Stèphane Mallarmè의 세계처럼) 그러한 작품을 미식가처럼 맛볼 수 있는 방법을 알고 있는 소수의 사람들에게 신바로크적인 만족감을 제공하고 그 밖의 다른 수많은 사람들에게는 거짓(타락한) 기쁨을 주기 위해서만 존재한다는 얘기니 말이다.

결론을 대신한 몇 가지 질문

이처럼 극단적인 가정이 가능하더라도(J. R이 겪는 모험의 내용이 아니라 단지 신바로크적인 취향에 따라 그러한 모험의 형태만을 즐기려는 TV-소비자들의 세계) 그러한 전망이 ― 아무리 그러한 전망이 새로운 미학의 등장을 예언하고 있을지라도 ― 제법 연륜이 쌓인 기호학의 동의를 얻을 수 있는지를 끊임없이 자문해보아야 한다.

바로크 음악뿐만 아니라 미니멀 아트 또한 "비의미론적" 예술이다. 아무런 "내용도 들어 있지" 않다. 분명히 논란의 여지가 많은 주장이지만, 여기서 한 발 더 나아가 나는 순전히 통사론적인 예술과 의미론적인 예술을 그처럼 첨예하게 가르는 것이 가능한지 따져볼 생각이다. 어쨌든, 최소한 구상예술과 추상예술이 존재한다는 사실만큼은 분명하다. 바로크 음악과 미니멀 아트는 구상

예술이 아니지만 TV-연속극은 구상예술이다. 그레마스(Algirdas Julien Gremas)의 개념을 인용하자면, TV-연속극은 "세계의 여러 인물"을 유희상태로 만든다.

그런데 우리는 이러한 세계의 여러 인물이 제시하는 가능한 세계에서 벗어나고픈 갈망(그리고 위협)을 느끼지 않고 이러한 인물들의 변주를 과연 어느 지점까지 음악의 변주곡처럼 즐길 수 있을까?

물론 인종주의적인 편견의 포로가 되지 않으려면 이러한 가정을 최종적인 결론까지 밀고 나가지 않으면 안 된다.

따라서 다음과 같이 말할 수 있다. 향유의 첫번째(필연적인) 단계에서 신바로크적인 시리즈는 순수하고 단순한 신화만을 제공한다. 예술하고는 아무 관계도 없다. 언제나 똑같은 이야기만을 내놓을 뿐이다. 아트레우스(Atreus)의 이야기가 아니라, 그저 J. R의 이야기를 반복할 뿐이다. 그래서 안 될 무슨 이유라도 있단 말인가? 모든 시대는 신화 시인과 신화를 만들어내는 중앙집중적인 생산기구 그리고 성스러움에 대한 시대 특유의 감수성을 갖고 있다. 대중이 첫번째 단계, 즉 신화에 대한 "구상적" 묘사나 "열광적" 향유(항상 동일하고 유일한 진리가 반복되는 과정에 정서적으로 강렬하게 동참하면서 즐기며, 눈물과 웃음을 흘리고, 그 결과 건전한 카타르시스를 맛보게 된다)를 벗어나게 되면 두번째 단계로 옮겨가고, 신화적 주제의 변주기술을 미학적으로 평가할 수 있는 가능성이 나타나게 된다 — 마치 묘지에 묻혀 있는 사람이 친한 사람이더라도 묘지가 "아름답다"라고 한마디 하듯이 말이다.

그런데 신바로크 시대는 그렇다 치고 그리스-로마 시대에는 이러한 일이 벌어지지 않았다고 확신할 수 있을까?

아리스토텔레스의 『시학』을 자세히 읽어보면 그리스 비극의 모델 또한 시리즈물의 모델로 보아도 별 무리가 없다는 걸 알 수 있다. 그가 인용하고 있는 문장을 보면 그는 오늘날 우리보다 훨씬 많은 비극을 알고 있었고, 그러한 비극은 모두 한결 같은 도식을 따르고 있다(그리고 그러한 도식을 변주하고 있었다)는 사실을 알 수 있다. 물론 현재까지 전해지는 작품이 다른 작품보다 고대의 미학적 감수성의 기준에 더 부합했다고 가정해볼 수도 있다. 이와 동시에 특정한 문화정책에 따라 수많은 작가가 목숨을 잃었다고 가정해볼 수도 있으며, 또는 소포클레스는 권력에 대해 남다른 관심을 갖고 있었기 때문에 그보다 훨씬 뛰어났을지도 모르는(하지만 어떤 기준에서?) 다른 작가들의 희생을 대가로 살아남을 수 있었다고 추정해볼 수도 있다.

어쨌든, 오늘날 알려져 있는 작품보다 당시에 훨씬 더 많은 비극작품이 있었고 모든 작품이 한결 같은 도식을(변주하면서) 그대로 따르고 있었다고 해보자. 만약 오늘날 우리가 그러한 작품 전체를 보고 읽을 수 있다면 어떠한 일이 벌어질까? 우리는 소포클레스와 에우리피데스의 독창성을 오늘날 세평(世評)으로 굳어져 있는 방식과는 전혀 다르게 평가하게 되지 않을까? 우리는 그러한 작품 속에서 각종 토포스에 관한 기발한 변주를, 따라서 오늘날이라면 인간의 현존재 문제에 관한 독특한(그리고 탁월한) 묘사라고 평가할 수 있는 절묘한 변주를 볼 수 있지 않을까? 우리는 절대적 혁신이라고 생각하지만, 그리스인들은 단지 특정한 도식에 대한 "정확한" 변주라고 생각하고 개별 작품이 아니라 바로 그러한 도식을 작품의 탁월함의 기준으로 생각했을 가능성도 얼마든지 있다(시작詩作에 관해 논하면서 아리스토텔레스가 주로 기본 시형詩形에 관해서만 논하고 개별 작품은 단지 예로만 인용하고 있는 것은 전혀 우연이 아니다).

하지만 여기서 일단 시간의 흐름을 완전히 역전시켜 다시 독창성을 작품의 중요한 가치로 받아들이게 될 미래의 미학의 관점에서 현재의 시리즈물을 검토해보기로 하자. 3000년의 세계를 그려보기로 하자. 여기서 일일이 설명할 순 없지만 여러 이유에서 이 사회에서는 현대의 문화생산품의 90%가 사라지고 모든 TV-시리즈물 중에서 단 하나 <콜롬보>만이 살아남았다고 가정해보자.

3000년대의 사람들은 이 작품을 어떻게 읽을까? 악의 세력, 자본가 세력, 지배계급인 와스프들(미국의 특권계급 — 옮긴이)의 호사스럽고 인종차별적인 사회에 맞서 싸우고 있는 약한 사람을 그리는 데서 작가가 보여준 독창적인 솜씨에 경탄하지 않을까? 공업화된 미국의 도시 풍경을 이처럼 강력하고 홀딱 반하게 그리고 박진감 있게 묘사하고 있는 것을 높이 평가하지 않을까?

모든 내용을 이미 전 회(回)에서 말했기 때문에 다른 회와 거의 아무런 관계없이 이야기를 끌어나가기는 시리즈물에서 우리는 혹시 고급스런 종합예술, 풍자적으로 이야기할 수 있는 숭고한 능력을 볼 수 있지 않을까?

다시 말해 시리즈물의 나머지 부분이 하나도 알려져 있지 않을 경우 시리즈의 한 회를 어떻게 읽을까?

물론 반론도 충분히 예상해볼 수 있다. 하지만 시리즈물을 그런 식으로 읽지 말아야 할 이유가 무엇이란 말인가?

대답은 이렇다. 전혀 없다. 아마 우리는 이미 그렇게 하고 있을지도 모른다.

이제 마지막으로 다음과 같은 질문을 해보기로 하자. 집단적 감수성을 해석하면서 시리즈물의 새로운 미학을 해석하고 규정하려 하는 우리도 다른 사람("보통사람들")과 똑같은 식으로 읽고 있다고 확신할 수 있을까?

만약 그렇지 않다면, 미학은 TV-우주의 시리즈 문제에 관해 뭐라고 말해야 할까?

(1983)

■ 주

1) 매체의 시리즈적 성격과 프로그램의 시리즈적 성격의 구분 문제에 대해서는 A. 코스타(A. Costa)와 L. 콰레시마(L. Quaresima)의 논문「전자매체의 서사 전략 매체, 프로그램, 지속성」,『시네마&시네마』 35~36, 1983, pp. 20~24를 참조하라.
2) 매스미디어의 이러한 반복적 성격을 논하고 있는 문헌은 도처에서 찾아볼 수 있다. 슈퍼맨과 제임스 본드 그리고 19세기의 연재소설에 관한 나의 연구서인『종말론자와 순응론자』를 참조하라.
3) 기호학적 백과사전이라는 개념에 대해서는 나의 저서『렉토르 인 파불라』,『기호학과 언어철학』을 참조하라.
4) "모델-독자"라는 개념에 관해서는『렉토르 인파불라』를 참조하라.
5)「읽을 수 없는 것을 읽기」, L. 루쇼(L. Russo)(편),『문학. 소비와 음미 사이에서』, 볼로냐, 일 뮬리노, 1984.
6) 앞에서 인용한 코스타와 콰레시마의 논문을 참조하라.
7) 앞의 코스타와 콰레시마의 논문을 참조하라.
8)「모사」,『시네마&시네마』 35~36, 1983, pp. 25~39를 참조하라.
9)「J. R. 여기 이야기가 있다」,『시네마&시네마』 35~36, 1983, pp. 46~51을 참조하라.

새로운 중세를 꿈꾸기

어떠한 꿈인가?

프랑크 프라제타(Frank Frazetta)가 그린 니벨룽겐 족의 영웅적 환상곡과 새로운 사탄주의, 엑스칼리버 그리고 아발론의 사가 간에 무슨 관계가 있단 말인가? 프랑코 바티아토(Franco Battiato. 이탈리아의 전자음악가 — 옮긴이)의 <팔라딘>은 자크 르 고프(Jacques Le Goff)의 『연옥의 탄생』과 무슨 관계가 있단 말인가? 그리고 만약 몽텔루 지방의 우푸 근방에서 UFO와 마주친다면 다스 베이더(Darth Vader)와 자크 푸르니에(Jacques Fournier. 아비뇽을 통치한 세 번째 교황 — 옮긴이) 그리고 파르치발은 똑같은 언어로 대화를 나누게 될까? 만약 그렇다면 그 언어는 거대한 복합어일까? 아니면 라틴어일까? 누가복음의 그 라틴어일까?

다른 모든 꿈과 마찬가지로 중세에 관한 꿈 또한, 황당무계하며 온갖 기이한 망상이 무정형의 형태로 표출되는 원천이 될 가능성이 농후해 보인다. 이미 많은 사람들이 이러한 지적을 한 바 있으며, 따라서 원래 동질적이지 않은 것을 동질적인 양 다룰 필요는 전혀 없는 것 같다.

하지만 비동질적인 부분들이 어지럽게 소용돌이치는 내부구조 속에서 동족(同族)에 속하는 것으로 볼 수 있는 유사성이 일종의 망을 이루는 경우에는 이를 통일적인 장(場)이라고 불러도 무방할 것이다. 물론 이 양자를 제대로 구분하는 것이 중요하다.

우린 언제부터 중세를 꿈꾸기 시작했을까? 중세를 하루로 잡는다면, 당연히 낮이 끝나고 밤이 다가와 이런저런 꿈을 꾸기 시작할 때에 비로소 시작되었다고 할 수 있다. 하지만 보통사람의 상식대로 중세가 밤(즉 암흑시대 — 옮긴이)이었다면 새로운 낮이 밝아왔을 때에야 비로소 중세를 꿈꾸기 시작한 셈이다. 오래된 풍자시에 따르면 인류는 아메리카 발견과 스페인의 그라나다 해방 사이에 (과거와 마찬가지로 사람들은 언제나 이 두 이름을 흔히 하나로 묶어서 생각한다) "세 솔리에보, 세 솔리에보, 에 피니토 일 메디오에보!"(이 무슨 빛줄기인가, 이 무슨 빛줄기인가, 중세는 끝났다!)라고 즐겁게 노래하며 잠자리에서 일어났다. 그 이후부터 쭉 사람들은 두 눈을 뜬 채 꿈을 꾸기 시작했다.

아래에서 나는 암흑시대의 기사라도 된 양 현대의 여러 나라를 서둘러 편력하면서 바람처럼 달려가 볼 참이다. 그런 다음 아쉽지만 여기서는 아름다운 나라 이탈리아의 역사만을 주유(周遊)해 볼 생각이다. 왜냐하면 세계의 구석구석에서 이루어지고 있는 중세에 대한 꿈꾸기의 여러 단계를 자세히 모두 견문하기에는 이

내 목숨이 너무 짧고 또 합리적인 결론이라는 성배에는 손도 대보지 못한 채 편력을 끝맺음할지도 모를 위험을 감수해야 하기 때문이다.

우리의 중세

사람들은 정말 중세를 좋아하는 것 같다. 미국의 책방을 몇 분만 둘러보아도 새로운 중세의 물결이 거세게 밀어닥치고 있음을 확인해 주는 흥미로운 실례를 찾아볼 수 있다. 이것저것 비체계적으로 훑어보는 경우에 한 번씩은 부딪히게 되는 페이퍼백을 몇 권만 인용해보기로 하자. 『캐멀롯이라 불리는 세계』, 『왕의 귀환』, 『검은 벼려지고』, 『바실리스크의 응시』, 『용 사냥』, 『용의 도주』, 『숲 속의 돔』, 『캐멀롯의 최후의 수호자』, 『용의 보물』, 『닥터 후와 십자군』, 『마법을 찾아서』, 『이교도 캠버』. 여기다가 켈트족의 사가와 마법, 마법의 성, 유령이 출몰하는 지하 감옥에서부터 돌에 박힌 검, 일각수 그리고 신중세적인 스페이스 오페라(space opera. 우주여행 혹은 우주인과 지구인과의 싸움을 소재로 한 TV드라마나 영화 — 옮긴이)에 이르는 다양한 작품을 첨가해야 한다.

"문학"을 믿지 못하겠다면 최소한 대중문화는 신뢰해야 한다. 최근에 편의점에서 닥치는 대로 골라잡을 수 있었던 만화책을 열거해보기로 하자. 『코난 왕』, 『야만인 코난의 야만의 검』, 『캐멀롯 3000』, 『검과 아톰』(이 마지막 두 권의 책은 암흑시대와 레이저

빔의 복잡한 뒤엉킴을 보여 준다),『엘렉트라 사가』,『수정전사 크리스타』,『멜리 보온의 엘릭』…….

얼마든지 계속할 수 있다. 이처럼 나치적인 향수와 신비주의의 중간쯤에 자리 잡고 있는 유사-중세적인 싸구려 잡지들이 무더기로 쏟아져 나온다고 해서 특별히 경악할 이유는 없다. 여배우에 관한 학문까지 만들어낼 정도인 나라라면 얼마든지 즉석 마술이나 '엄습당한 성궤'를 무수히 내놓을 수 있기 때문이다. 포르노 영화에 마릴린 챔버스(Marilin Chambers)가 라 프린세스 르웽텐(La Princesse Lointaine. 직역하면 '먼 이국의 왕비'라는 뜻이다 — 옮긴이)으로 나온대서 놀랄 일은 없다(로스탕의『수탉』을『환타스틱스』로 변형시켜버린 미국인들이 트리폴리의 왕비가 구레나룻이 잔뜩 난 버트 레이놀즈Burt Reynolds에게 정조대의 열쇠를 내주고 있다고 상상하지 못할 이유가 무엇이란 말인가?). 앞뜰은 농민이나 상인들에게 열어놓고, 철저하게 경비되는 고층 아파트는 영주들의 몫으로 남겨놓는 등 새로운 중세의 기이한 사례를 보여주는 맨해튼의 시티코프 센터와 트럼프 타워처럼 포스트모던한 신중세풍의 성(城)에 대해서도 굳이 언급하지 않기로 하자.

세련된 마조히즘을 은폐하고 있는 미국인들은 허스트 성(城)이나 온갖 수도원의 외부장식을 중세와 똑같게 보이도록 하려고 엄청나게 고투해왔다(내부의 서지학적 엄밀함은 경이로울 정도다). 하지만 이 점도 논외로 하기로 하자(이 점에 대해서는『포스트모던인가 새로운 중세인가』,「현대: 새로운 중세로 나아가는 길 위에서」, 새물결 출판사를 참조하라 — 옮긴이).

새로운 중세에 관한 수많은 연대기를 보면 바바라 투크먼(Barbara Tuchman)을 발견한 독자가 한 둘이 아닌 모양이다. 메트로폴리탄 박물관 관장이 이전에 관람객들이 진품으로 찬탄을 금치 못해온 모든 모조품을 한 곳에 모아 개최한 "진짜 같은" 가짜 작품 전시회를 열은 거나, 몇 년 전 중세 아일랜드 예술 전시회를 보려고 군중들이 구름같이 몰려든 현상 등은 새로운 취향의 등장을 보여주는 분명한 징후이다.

1776년과 끊임없이 맞붙어 싸워온 미국은 진짜 과거(the Real Past)를 게걸스럽게 집어삼키고 있다. 통조림된 서지학이지만 어쨌든 서지학은 서지학이다. 미국인들은(텍스트가 엄밀하게 재구성되고 난 후에야 무책임하게 해체시켜버릴 수 있기 때문인지) 믿을 만한 역사적 재구성을 원하고 또 그걸 정말 좋아한다. 미국인들도 유럽인처럼 『엑스칼리버』를 진짜 중세로 받아들였다. 하지만 아직도 많은 사람들이 뭔가 훨씬 더 진짜 같은 것을 찾고 있다.

그러면 대서양의 다른 쪽에서는 무슨 일이 벌어지고 있는가? 영국과 프랑스의 19세기는 역사소설, 월터 스코트(Walter Scott)와 빅토르 위고(Victor Hugo)의 시대로, 역사소설은 운명적으로 중세의 여러 주제와 연결되었다. 이러한 경향은 소멸되지 않았으며, 런던이나 파리의 모든 서점의 서가는 중세소설이나 로망스의 흥미로운 예로 가득 차 있다. 이 분야에서 이탈리아인들은 별로 뚜렷한 업적을 남기지 못했다. 이탈리아 문학과 중세와의 관계는 항상 불행했다. 프란체스코 D. 게라치(Francesco D. Guerazzi), 칸투(Cantu), 토마소 그로시(Tommasso Grossi), 마시모 다첼리오(Massimo D'Azeglio)

라는 이름은 외국인들에게는 당연히 낯설게 들릴 수밖에 없을 것이다. 아마 유일한 예외가 있다면 다첼리오의 『에토레 피에라모스카Ettore Fieramosca』 정도일 텐데, 지난 19세기에 이탈리아에서 나온 중세물은 터무니없이 지루하며 허풍 투성이다. 그리고 19세기에 나온 이탈리아 민족문학의 고전인 만초니의 『약혼자』에서도 대기사와 황제들이 주역을 맡고 있지는 않다. 17세기를 배경으로 하여 민족 전체가 좌절해 있던 동안 철저하게 억압당하고 있던 농민들의 이야기가 중심을 이루고 있다. 따라서 이탈리아 비평가들은 지난 10년 동안 수많은 중세 소설이 쏟아져 나오고, 일부는 전례가 없을 정도로 엄청나게 팔린 데 대해 놀랄 수밖에 없었다. "중세로의 회귀"라는 주제가 일종의 강박관념이 되다시피 한 이상, 여기서는 최근에 이 문제를 주제로 열린 원탁회의나 심포지엄을 일일이 열거하지는 않겠다. 이러한 부활에 보다 익숙해 있는 다른 나라들도 똑같은 문제에 대해 논쟁하고 있는데, 우리는 일부나마 그에 대해 답변해볼 생각이다.

이처럼 우리는 환상적이고 신비적인 새로운 중세와 엄밀한 서지학적 검증 사이를 끊임없이 왔다 갔다 하면서 중세에 대한 관심이 부단히 부활하고 있는 시대를 지금 유럽과 미국에서 목도하고 있다. 의문의 여지 없이 서지학적 복제 붐이 훨씬 더 중요하다. 따라서 왜 미국인들이 유럽인들과 똑같은 강박관념에 시달리고 있는지 또 왜 미국인들과 유럽인들 모두 뒤비(G. Duby)와 르 로이(Le Roy), 라두리(Ladurie) 그리고 르 고프의 저서를 근거로 그대로 복제해낸 중세를 새로운 형태의 서사물인 양 탐욕스럽게 집어삼키고 있는지를 자문해보아야만 한다.

어떤 식이든 우리는 중세를 꿈꾸고 있다. 미국인들과 유럽인들은 서구 유산의 상속자로서, 서구 세계의 모든 문제는 중세 때 생겨났다. 현대의 여러 언어와 상업도시(은행, 수표, 표준금리를 갖고 있는), 자본주의 경제는 중세사회의 고안물이다. 현대적인 군제(軍制)와 근대적인 민족국가 개념의 등장 그리고(선거인단처럼 기능하는 정식의회에서 선출하는 독일황제의 깃발 아래 이루어진) 초국가적 연방개념은 중세에 등장했다. 가난한 자와 부자의 투쟁, 이단 또는 이데올로기적 일탈이라는 개념, 심지어 사랑은 무서운 결과를 가져오는 불행한 행복이라는 현대적 개념조차도 마찬가지다. 여기에다 교회와 국가 그리고 (동업조합적인 유형이긴 하지만) 노동조합 간의 투쟁 그리고 기술의 발달에 따른 노동의 변형을 추가할 수 있다. 10세기 초에 풍차가 광범위하게 도입되고 박차 그리고 말과 황소를 위한 멍에와 등자뿐만 아니라 현대적 유형의 선미(船尾) 키가 발명되었다(이러한 발명이 없었다면 미국은 발견될 수 없었을 것이다). 나침판이 사용되었으며, 마침내 아랍수학이 수용되었고, 따라서 현대적인 계산 방식과 복식부기가 나타났다. 전통적으로 1492년에 마감되는 것으로 설정되는 이 시기의 마지막에 화약과 '구텐베르크 은하계'가 나타난다.

우리는 여전히 중세기술의 깃발 아래 살고 있다. 예를 들어 기계 방적이나 증기기관만큼이나 중요한 안경은 중세의 발명품이다. 당시 50세면 벌써 눈이 침침해지는 지식인은 (어둠이 깃든 둥근 천장 아래 듬성듬성 켜져 있던 횃불 아래서 제대로 보이지 않는 수서본을 읽을 때 겪어야 했던 어려움을 생각해보라) 40세만 넘어도 적극적으로 활동할 수 없었다. 안경이 발명됨으로써 지적 활동은 엄청나게 증대되었으며, 이후 인간의 재원을 훨씬 더 잘 탐구할 수 있게 되었다.

위에서 언급한 이념이나 현실 그 어느 것도 고대 즉 그리스나 로마시대에 태어나지 않았다. 고대 그리스와 로마에서 우리는 비극론(하지만 우리의 극장은 중세적 모델에 기반하고 있다), 미의 이상, 그리고 기본적인 철학적 개념을 물려받았다. 하지만 이러한 개념의 사용방법은 중세에서 배웠다. 중세는 현대의 모든 "화급한" 문제의 뿌리며, 따라서 우리의 기원을 자문할 때마다 중세로 되돌아가는 것은 전혀 놀라운 일이 아니다. 유럽공동체 시장의 회기 중에 논란거리가 된 모든 문제는 중세시대 유럽의 상황에서 유래하는 것이다.

따라서 중세를 바라본다는 것은 마치 의사가 건강상태를 이해하기 위해 우리의 어린시절에 관해 묻듯이 또는 현재의 노이로제 상태를 분석하기 위해 정신분석의가 유년기의 주요한 사건을 주의 깊게 조사하는 것과 똑같은 방식으로 우리의 유년기를 바라본다는 것을 의미한다.

중세로 되돌아가려는 우리의 욕망은 뿌리 찾기에 다름 아니며, 진짜 뿌리로 돌아가길 원하는 이상 로망스나 환상이 아니라 "믿을 만한 중세"를 찾으려 한다. 물론 흔히 이러한 바람은 오해되고 애매모호한 충동에 이끌려 톨킨(J. R. R. Tolkien)식의 히피주의를 탐닉하기도 하지만 말이다.

중세를 꿈꾸는 것은 정말 현대적인 또는 포스트모던한 유혹일까? 중세가 우리를 서구적인 동물로 만들어버린 것이 사실이라면 — 실제로 그렇다 — 근대가 시작되자마자 중세를 꿈꾸기 시작한 것 또한 역시 사실이다.

끊임없는 회귀

역사학 교과서를 보면 근대는 중세가 끝나는 바로 그 순간부터 중세로 되돌아가기 시작했다. 근대는 인간정신의 몇몇 경이로운 성취와 함께 시작되었다. 미국의 발견, 그라나다 해방(뒤이어 별다른 변화가 없었다면 르네상스와 근대과학의 등장을 훨씬 앞당겼을 수도 있는 아랍의 과학적 유산이 파괴된다), 그리고 유대인들이 스페인에서 추방됨으로써 두번째 디아스포라(바빌론의 유폐 이후의 유대인의 이산離散 — 옮긴이)가 시작된다(유대인 대량학살은 훨씬 이전에 십자군이 고안해냈다. 서구문명은 복잡한 계보를 갖고 있다).

공식적으로 중세가 끝나기 무섭게 유럽은 사방에 만연해 있는 중세에 대한 향수에 시달려야 했다. 이탈리아의 경우 풀치(Luigi Pulci)부터 보이아르도와 아리오스토에 이르는 르네상스기의 위대한 시인들이 벌써 기사들의 사가라는 주제로 되돌아갔다. 테오필로 폴렌고(Teofilo Folengo)는 존재 유무가 확실하지 않은 라텡 디 퀴진(형편없는 라틴어 — 옮긴이)으로 『발두스*Baldus*』를 썼다. 이탈리아 매너리즘의 위대한 시인인 토르콰토 타소(Torquatto Tasso)는 십자군의 영광을 찬미했다. 스페인의 세르반테스는 현실의 강요 때문에 중세문학에 대한 애정을 포기해야 했던 어느 기사의 이야기를 들려주고 있다.

영국의 르네상스가 만개했을 때 존 디(John Dee)와 로버트 플러드(Robert Fludd)는 중세 유대신비주의의 상징과 표상을 재발견했다. 심지어 갈릴레이나 뉴턴의 새로운 패러다임이 근대과학을 지배하는 듯이 보였던 바로크 시대에조차도 반종교개혁을 추진하고 있던 교회는 은근슬쩍 스콜라 철학자들의 철학을 개선 또는 오히려 오염시키고 있었다. 프랑스의 마비용(Mabillon)은 중세의 수서본이라는 보물을 재발견해냈다. 기호학자로서 나는 기호이론의 가장 탁월한 업적 중의 하나가 아퀴나스와 성 토마스의 요하네스(Johannes a Sancto Thomas) 또는 현대식 이름으로 말하자면 장 포왕세(Jean Poinset)의 혁신적인 계승자들에 의해 이루어졌다는 사실을 잊을 수가 없다. 이성의 시대에 프랑스의 '백과전서'파는 외견상 암흑시대의 유물에 맞서 싸우는 듯이 보였지만, 곧 이 암흑시대는 귀족주의자들을 매료시키기 시작했다. 이리하여 고딕소설과 오시아니식의 낭만주의가 등장한다. 오틀란드 성(城)과 심리적으로는 멀리 떨어져 있었지만 지리적으로는 아주 가까웠던 루도비코 안토니오 무라토리(Ludovico Antonio Muratori)는 『레룸 이탈리카룸 스크립토레스*Rerum Italicarum Scriptores*』에서 중세적 장엄함에 따라 고대의 연대기를 집대성해놓았다. 그후 얼마 지나지 않아 샤토브리앙(François René de Châteaubriand)은 켈트 숲 속에 고딕성당이 등장하는 것을 축하한다. 그리고 월터 스코트와 빅토르 위고 그리고 비올레-르-뒥(Viollet-le-Duc) 덕분에 19세기 인들은 내내 이 시대에 고유한 중세를 꿈꾸면서 황제의 행차행렬이 노트르담 성당을 지나갈 수 있도록 이 성당의 팀파눔(박공 따위의 삼각면 부분 — 옮긴이)을 잘라낸 나폴레옹의 계몽군주적 몸짓에 앙갚음을 할 수 있었다.

검은 통회자들(Black Penitents)의 고해록에서 풀턴의 증기선이 의기양양하게 항해하는 장면을 보는 것은 기이하기 짝이 없어 보인다. 나는 직조기나 기계방적기가 신-고딕적 기계였는지, '수도사 그레고리의 악몽의 수도원'이 고딕적 꿈속에서 지어낸 공장이었는지 정확히 모르겠다. 이탈리아의 리소르지멘토(Risorgimento. 19세기의 이탈리아 통일운동 — 옮긴이)는, 오페라는 두 말할 필요도 없고 트루바도르(유랑시인들 — 옮긴이)가 사방에 넘쳐나고 있었을 뿐만 아니라 중세에 대한 레페사주(건져올리기 — 옮긴이)가 성행하던 시기였다. 그리고 마지막으로 독일에서도 바이에른 지방의 루트비히 성이나 우주를 파르시발화(化)한 바그너(Richard Wagner)처럼 새로운 중세가 현기증을 일으킬 정도로 넘쳐났다.

중세의 재발견이 20세기의 매스미디어의 업적이라는 이야기를 듣는다면 러스킨(John Ruskin)과 모리스(William Morris) 그리고 라파엘전파(1848년에 사실적 화법을 주장한 영국화가 D. G. 로제티, W. H. 헌트, J. E. 밀레이 등이 결성한 조직 — 옮긴이)의 성원들은 뭐라고 할까?

4백 년이나 된 꿈

선두에는 풀치, 보이아르도 그리고 아리오스토처럼 왠지 끼워 맞춘 듯한 아이러니를 동원해가면서 팔라딘의 모험담을 새롭게 읊고 있는 르네상스기 시인들이 자리 잡고 있다. 물론 이들 이전에도 아이러니는 덜 하지만 기사로망스 『이 레알리 디 프란시아 *I Reali di Francia*』와 『빈자 게리노』가 나와 있었다. 인문주의자 로렌초 발라(Lorenzo Valla)도 (신화를 찬미하거나 꿈꾸기 위해서가 아니라 파괴하기 위해서지만 아무튼 지나가버린 시대에 대한 기억을 환기시키는 서지학적인 냉철함을 갖고) 중세의 뿌리와 위대함에 대해 충분히 숙고한 바 있었다.

(중세 후기에 수도원이나 대학에서 사용된 — 옮긴이) "변칙 라틴어" 산문 서사시인 『발두스』는 언어적으로 중세를 환기시키고 있으며 고트 족으로부터 해방된 이탈리아를 읊은 지안 G. 트리시노(Gian Giorgio Trissino)는 고대 말기와 중세시대에 시선을 돌리고 있다. 베르나르도 타소(Bernardo Tasso) 신부는 아마디스 디 가울라(Amadis di Gaula)에 대해 읊었으며, 그의 아들 토르카토는 매너리즘풍의 설화시를 중세 말기의 십자군 참가자의 입으로 옮겨 놓았다(물론 그는 위대한 선행자들과는 달리 십자군을 아이러니컬하게 다루지 않고 전혀 다른 맥락에서 이용하고 있다). 그리고 비극을 쓸 때도 고트 족의 왕인 토리스몬도에게나 관심을 기울일 뿐이다.

17세기에는 트리엔트 종교회의를 통해서도 결코 이룰 수 없었던 종교개혁의 꿈을 바로크풍의 의상으로 감출 수밖에 없어서 그랬는지 중세의 복구에 별반 관심이 없었던 것 같다. 하지만 단순히 문사들에게만 시선을 제한해서는 안 된다. 이미 이 시대의 신학자들은 그 이전부터 중세 철학을 새롭게 정식화해오고 있었다. 16세기 초의 카예타누스 추기경(Thomas Cajetanus)(그는 너무 멀리 나갔기 때문에, 만약 주의해서 읽지 않는다면 사람들은 결코 토마스가 어디서 글쓰기를 그만 두었고 또 어디서 시작했는지를 제대로 파악할 수 없다), 그리고 그 다음에는 페드로 다 폰세카(Pedro da Fonseca)와 페트루스 라무스(Petrus Ramus) 그리고 바로크 시대에는 프란시스코 수아레즈(Francisco Suarez), 그리고 마지막으로 위대한 장 포왕세를 생각해 보라. 사람들이 생각하는 것처럼 그렇게 아둔하지만은 않았던 갈릴레오의 적대자들은 두 말할 필요 없고 포왕세보다도 훨씬 유명했던 이들 모두 중세에 관한 꿈을 너무나 생생하게 체험했기 때문에, 후손들 즉 우리 시대의 가장 저명한 스콜라 철학자들조차도 이들의 반종교개혁적인 스콜라 철학을 왜곡되지 않은 순수한 스콜라 철학으로 간주할 정도다. 그리고 이들이 그보다 훨씬 나중에 등장한 스콜라 철학자들보다 어딘가 한 구석은 나은 데가 있다고 착각하고는 바삐 책장을 넘기며, 그 나름대로 미래를 예견한 당대의 사상가로서 이들을 숭배하고 있다.

그러면 합리주의와 계몽주의 정신이 지배했던 19세기는 어떠했을까? 루도비코 안토니오 무라토리의 『레룸 이탈리카룸 스크립토레스』와 함께 중세의 서지학적 재구성이 시작되며 사베리오 베티넬리(Saverio Bettinelli)는, 비난하는 말투지만 아무튼, 단테에 대해 이야기하기 시작했다. 이후 그 시대 사람들은 계속 ― 그리고 베티넬리의 견해에 따르면 너무 빈번히 — 단테에 관해 이야기하게 되었다. 아무리 봐도 단테는 마음에 차지 않고 또 그에 못지않게 중세도 마음에 들지 않았지만 「이탈리아의 리소르지멘토」라는 논문에서 베티넬리는 무라토리의 연구를 단서로 하여 10세기 후의 여러 사건을 새롭게 평가하려 하고 있다.

한편, 같은 시기에 가스파로 고치(Gasparo Gozzi)는 단테를 옹호하는 글을 쓰고 있다. 그리고 유럽의 다른 모든 나라에서와 마찬가지로 이탈리아에서는 오시아니카 폰 체사로티(Ossianica von Cesarotti)와 함께 계몽의 세기가 끝난다. 낭만주의가 문전에 와 있으며 영국 문학은 고딕식 궁궐과 수도원을 쏟아낼 채비를 하고 있었다.

이 시기에 리소르지멘토에 들어가 있던 이탈리아에서는 중세에 대한 온갖 회고가 난무하는데, 이러한 중세는 다종다양한 방식으로 그리고 자유롭게 운용할 수 있는 기호체계 속에서 탐지되고 묘사되고 있다. 펠리코(Silvio Pellico)는 프란체스카식으로, 만초니는 아델키풍으로 글을 쓰며, 그로시는 제1차 십자군에 나선 롬바르디아인들을 위한 진군가를 불렀으며, 베르세는 풍티다를 걸고 맹세하며 게다치는 베네벤트를 거들며, 프라티는 국왕 알보인의 향연에 대한 관심을 환기하며, 아마리는 시실리 섬의 학살 사건(1282년에 성무 일과의 만종晩鐘을 신호로 일어난 폭동 — 옮긴이)을 폭로한다. 그리고 위대한 문학비평가 데 상티스(Francesco De Sanctis)가 추방과 승리를 반복하게 만든 것 또한 단테에 대한 강연과 페트라르카에 대한 연구가 아니고 무엇이었단 말인가?

그로시의 『마르코 비스콘티*Marco Bisconti*』와 『폴체토 디 프로벤차*Folchetto di Provenza*』("장미처럼 아름다운 폴쳇토는 북쪽의 안개 속을 여행한다") 그리고 구아다뇰리의 『콘빈토 달보이노*Convinto d'Alboino*』와 바초니의 『카스텔로 디 트레초*CastellO di Trezzo*』, 펠리체 비사차(Felice Bisazza)의 『베아티 파올리』(이 작품은 마피아가 중세에 뿌리를 두고 있듯이 18세기가 아니라 12세기를 배경으로 하고 있다), 체사레 발보(Cesare Balbo)의 『레가 디 롬바르디아*Lega di Lombardia*』, 산토레 디 산타로사(Santorre di Santarosa)의 『13세기 시칠리아 문학연구』처럼 당시 널리 읽혔던 모든 역사적 고본 또는 디오다타 살루초 디 로에로(Diodata Saluzzo di Roero), 폴레티, 아그라티 또는 베르톨로티와 같은 사람의 쉽게 망각된 로망스와 그 아류들의 플레이아드(일곱 사람으로 된 뛰어난 사람들의 무리 — 옮긴이)는 그냥 지나가기로 하겠다. 카를로 텐카(Carlo Tenca)에 이르기까지(괜히 이 사람을 언급하는 건 아니다. 여기에는 분명히 감상적인 기분이 조금 개입되어 있다) 계속 이렇다가 1840년에 마침내 그의 책 『라 카 데이 카니*La Ca' dei cani*』가 나오는데, '14세기의 밀라노 연보, 바르나보 비스콘티의 뱃사공의 낡은 수고에서 채록'이라는 부제가 붙은 이 책은 독자에게 보내는 서문에서 다음과 같이 쓰고 있다.

…… 에피소드는 필요하고 또 역사소설의 가장 중요한 부분이므로 우리는 장터에서 목 매달린 백여 명이나 되는 시민의 처형장면을 그대로 집어넣었으며, 게다가 산 채로 화형당하는 두 명의 탁발수도사

의 처형장면과 화성의 출현, 그리고 백 명의 기사에 대한 묘사보다 하나도 뒤지지 않으며 나름대로 독자의 정신을 전혀 다른 길로 이끄는 장점을 갖고 있다고 판단되어 장황한 묘사를 그대로 삽입했다. ……
그 밖에도 이처럼 박학무비함을 자유자재로 구사해 당대의 기억을 파헤치면서 그러한 기억을 역사의 보물로 활용하는 듯이 보이는 이 연대기 작가는 우리에게 커다란 도움을 주고 있다. 참으로 사실을 전달하려는 열의가 너무 큰 나머지 단 일 년 안에 5~6년 동안 일어난 일을 전부 요약해 넣고 있다.

오늘날 어느 때보다도 중요해진 문체와 언어의 경우 우리는 가능한 한 진리에 가까이 다가들려고 노력해왔다. …… 이 때문에 영주나 군주에 대해 이야기할 때는 화려하고 간결한 언어를 입에 올리며 문장 또한 익히 익숙하고 처세술에 걸맞은 글월만 사용하는 반면, 민중에 대해 이야기할 때는 천하며 거친 말을 사용하고 게다가 문법적 요소도 가끔씩은 빠뜨리고 온갖 종류의 언어유희가 난무하게 된다. 여기서도 독자는 로마인들이 그렇게 애호한 다양함과 ― 차라리 이렇게 말하는 것이 더 낫다면 ― 번잡함에 마주치게 된다.

그러는 와중에 베르디풍의 투르바도르 극단과 살롱화가인 하예츠(Francesco Hayez)의 연애하는 어린 기사들(아직도 침을 닦아주어야 하는 어린 학동)이 우르르 몰려나온다. 이들은 스칼라의 의상 디자이너의 고급스런 옷을 구해 입은 영애(鈴曖)의 애타게 연모하는 듯한 입술에 입맞춤한다. 하지만 하예츠만이 이런 그림을 그린 것은 아니었다. 아데오다토 말라테스타(Adeodato Malatesta), 루도비코 리파리니(Ludovico Lipparini), 마시모 다첼리오, 파루피니(Federico Faruffini), 도메니코 모렐리(Domenico Morelli)와 니콜로 바르비노(Nicolo Barbino) 그리고 데 카롤리스(De Carolis)에 이르기까지 그 외의 다른 많은 사람들도 중세를 주제로 한 돈피(豚皮) 표지의 커다란 역사책에 채색화를 그렸다. 데카당스적인 프랑스인들은 이제 막 싹트기 시작한 근대의 전통에 아방가르드적인 대안을 제공하기 위해 장미십자회와 성당기사단을 "사(Sar)" 조세핀 펠라당(Josephin Peladan)의 신비적인 셰이커 교도(공동생활과 공산체, 독신주의를 추종하는 기독교의 일파 — 옮긴이)와 뒤죽박죽으로 만들 채비를 하고 있었다.

건축 또한 이러한 꿈의 매력을 떨쳐버릴 수 없었다. 카밀로 보이토(Camillo Boito)는 중세 건축이 건축 논리학의 새로운 모델이 될 수 있다는 논지를 전개했다. 펠라지오 펠라지(Pelagio Pelagi)와 알레산드로 시돌리(Alessandro Sidoli)는 회의에 찬 눈으로 역사적 권위를 찾아 나섰지만 아직은 포스트모던하지 않은 여행객들을 즐겁게 해주기 위해 중세적 양식의 역사적 중심지인 나폴리 대성당의 돔과 아말피 성당 그리고 산타크로체와 산타 마리아 델 피오레 성당의 정면을 신축하거나 개축했다. 모데네시(Modenesi)는 산 페트로니오의 정면을, 셀바티코(Pietro Selvatico)는 트렌토 성당을, 코페데(Gino Coppede)는 카스텔로 막겐치, 팔치니(Mariano Falcini)와 트레베스(Marco Treves), 미켈리(Vincenzo Micheli)는 플로렌스의 교회당을 설계했으며 에도아르도 아르보리오 멜라(Edoardo Arborio Mella)는 1857년 『고딕 건축의 요소』를 저술했다.

시인과 소설가들은 결코, 곧 달성될 이탈리아의 통일과 중세에 대한 꿈을 분리시킬 수 없었다. 카프도치와 그의 폴렌타 교회, 그의 산 미니아티, 그의 백발의 호헨촐레른 왕가의 폐하들은 그냥 넘어가기로 하자("어제까지만 해도 불룩한 배 주위로 기사의 검을 빛냈던 장수의 손을 빌려 죽으려 했지/아페닌 산맥 저 너머에는 알레산드리아의 높은 불빛이 어른거리며 귀벨리니 당(黨)의 시저의 도주의 밤길을 밝혀주며, 레가의 불길은 토르토나에서 응답하며, 승리의 노래는 경건한 밤을 도와 사방에서 울려 퍼지는데"). 파스콜리(Giovanni Pascoli)는 파올로 우첼로(Paolo Uccello)의 온화한 용모와 엔초 왕에 감격한 나머지 눈물을 질질 짜며, 베르가(Giovanni Verga)는 고딕식 문체로 우아한 소품을 짜깁기한다. 자코사(Giuseppe Giacosa)는 장기 놀이를 하며, 보넬리는 연회에서 농지거리를 하며, 고차노(Guido Gozzano)는 잃어버린 섬을 찾아 여행에 나선다. 그리고 콤파레티(Comparetti)는 의기양양해하며 베르길리우스의 어두운 숲에서 나와 귀향하고 있다.

왜 오늘인가

그런데 오늘날 이러한 현상을 두고 "유행"이라고 하는 이유는 중세를 다루는 일련의 소설이 출판되고 일련의 극작가와 연출가 그리고 영화감독이 중세를 무대배경으로 이용했기 때문일까?

현재 유럽 문화는 모두 중세 — 그리고 중세에 대한 꿈 — 에 사로잡혀 있는 것 같다. 이처럼 유럽 문화 전체가 중세에 매료되는 이유에 대해서는 이미 많은 사람들이 한마디씩 한 바 있다. 메소포타미아 문명 또는 이집트인 시누헤(Sinuhe)에 이르기까지 어찌 보면 유럽 문화는 과거에 관한 한 너무 복 받은 문화이기 때문에 단지 과거니까 중세를 꿈꾸는 건 아니다. 이미 앞에서 이야기했듯이 중세의 특수성은 이 문화가 유럽과 근대 문명의 용광로였다는 점에서 찾을 수 있다. 중세는 아직도 현대인들이 고안하고 있는 모든 것을 고안해냈다. 은행과 어음, 라티푼디움 조직, 대의제와 공동체 정치조직, 계급투쟁, 빈곤, 국가와 교회 간의 분쟁, 대학, 신비주의적인 테러리즘, 간접세, 병원, 주교구, 심지어는 조직적인 여행 등 — 예루살렘이나 산티아고 데 콤포스텔라를 포클랜드 섬으로 바꿔 생각해보기만 해도 충분할 것이다. 그리고 실제로 오늘날 우리는 노예제나 패각추방제도(고대 그리스 시민들이 위험한 인물의 이름을 조개껍데기나 사기조각에 적어서 투표하여 국외추방하던 제도 — 옮긴이)와 같은 문제 내지 어떻게 자기 어머니를 죽일 수 있나 하는 문제(이는 특히 고전적인 문제이다)보다는 잘못된 길을 가고 있는 이단과 영지파들 그리고 참회한 사람들을 어떻게 대할 것인가 또 어떻게 자신의 신부를 존경하고 연인을 그리워할 것인지 하는 문제(중세 또한 동양적 사랑관을 고안해냈다)에 매달리고 있다.

고전주의와 중세주의

이 지점에서 우리는 최소한 두 가지 문제를 제기해야 한다. 먼저 고대의 유산에 대한 영원한 몰두와 중세의 유산에 대한 영원한 재발견을 어떻게 구분할 수 있을까? 그리고 두번째로, (너무) 많은 중세가 항상 동일한 원형을 지향하고 있는가?

먼저 첫번째 문제와 관련하여, 철학적 재구성이라는 모델과 실용적 브리콜라주(bricolage)라는 모델을 대비시켜보기로 하자.

우리는 고대의 유물을 재구성하고 로마의 포 지방을 발굴하며, 무너져 내리고 있는 콜로세움을 버팀목으로 받치고 아크로폴리스를 청소한다. 하지만 일단 이렇게 복구하지만 막상 그 안에서 살지는 않는다. 오히려 이상적 모델이자 믿음직한 복제품의 명작으로 가만히 바라보며 명상에 잠긴다. 이와 정반대로 중세는 결코 자체를 위해 재구성되지 않는다. 우리는 언제나 중세의 유물을 말끔하게 수리해 공간과 거푸집으로 계속 사용하는데, 한때 그 안에 들어 있던 내용과 크게 다르지 않은 내용으로 다시 안을 채운다. 은행을 수리하고 공동체를 수리하고 샤르트르와 산 지미나노 같은 성당을 수리하고 국가를 수리한다. 물론 경건하게 바라보기 위해서가 아니라 계속해서 이용하고 그 안에서 살기 위해 수리한다. 우리는 더이상 파르테논 안에서는 살지 않지만 성당의 본당 회중석 안에서는 지금도 걷거나 기도하고 있다. 그리스 사원이나 철학자의 흉상을 전시해놓은 화랑을 관람하려면 어디서든 입장료를 내야 하지만, 밀라노 대성당이나 로마의 자그마한 마을교회에서는 입장료를 전혀 내지 않아도 미사를 드릴 수 있고 플라차 공동체에서는 12세기부터 시장을 선출해오고 있다. 박물관에 진열될 물건이 아니라 수리될 수 있고 수리되어야 하는 물건은 언제나 중세에 대한 꿈과 마주치게 된다.

물론 여기서 누군가 우리는 이전부터 항상 플라톤과 아리스토텔레스 그리고 플로티누스를 자양분으로 삼아 사유해오지 않았느냐고 이의를 제기할 수도 있다. 하지만 논지를 혼동하지 않도록 해야 한다. 우리는 항상 중세의 우리 선조들이 가르쳐준 대로 이들 고대의 철학자들을 이용한다. 왜냐하면 이때의 아리스토텔레스는 신스콜라철학의 아리스토텔레스일 수밖에 없기 때문이다. 중세가 우리에게 넘겨준 모습대로가 아니라 서지학자가 원래 모습 그대로 재구성해 보여주는 아리스토텔레스는 인생의 교사가 아니라 시험지가 된다. 최고 수준의 지성에게도 현재의 사유를 위한 도구가 아니라 가능한 사유의 모델로 이해된다. 만초니의 사위인 낭만주의 작가 타파렐리 다첼리오는 아리스토텔레스를 수리했으며, 미니오 팔루엘로(Minio Paluello)와 같은 역사가는 아리스토텔레스의 재편집의 역사를 서술했다. 아마 이 때문에 우리는 오늘날 실체와 우연성에 관한 이론에 대해 신뢰를 보내고도 성찬식 식단에 앉을 수 있으나, 엄격한 서지학자가 사라진 원래의 아리스토텔레스를 재구성해 보여주는 순간 아카데미적 외경(畏敬)의 사원에 발을 들여놓기 위해 손에 들었던 수리도구를 버리게 된다.

중세는 항상 다양한 시기의 사활적인 요구를 충족시키기 위해 당대의 다양한 요구나 바람과 통합되어왔기 때문에 언제나 똑같은 모습으로 중세를 재구성할 수는 없다.

10가지 종류의 중세

이처럼 항상 수리해서 다시 쓰려고 중세로 되돌아가려 하는 것이지 자신들의 관심사에 따라 진짜 모습(어떤 중세가 진짜인가?)을 재구성하기 위해서 돌아가려는 것이 아니라면 1492년부터 현재에 이르기까지 중세에 대한 모든 꿈은 아마 중세 자체에 대한 꿈이라기보다 모두 당대의 관심사에 따라 재구성된 중세에 대한 꿈이었다고 할 수 있다.

하지만 중세에 관한 모든 꿈이 단지 하나의 특정한 중세에 관한 꿈이라면 도대체 꿈이니 중세니 하고 이야기할 이유가 무엇이란 말인가?

이제까지 등장한 수많은 중세의 유형을 제시해보겠는데, 모든 유형론이 그렇듯 이것 또한 개략적이고 일반적인 성격을 벗어나지는 못할 것이다.

1. **기교와 핑계로서의 중세**: 토르콰토 타소의 중세, 정확히 말해 멜로드라마의 중세가 이것이다. 역사적 배경에 대해서는 전혀 진실된 관심이 없으며, 중세는 현대의 여러 인물이 등장하는 일종의 신화적 무대로 이용된다. 소위 무협소설(또는 레 로망 드 캅

에 데페(les romans de cape et d'épée)도 이에 포함된다. 역사소설과 무협소설 간에는 일정한 차이가 있다. 역사소설은 그 시대가 아니라(그 시대를 통해) 우리 시대를 보다 잘 이해하기 위해 특수한 역사적 시기를 고른다. 우리 시대는 그처럼 멀리 떨어진 역사적 사건의 최종결과로 나타나게 된다. 소설의 등장인물이 "정말 역사적인 인물일 필요는 없다"(즉 실제로 존재했던 인물일 필요는 없다). (허구적이지만) 당대를 대변하기만 하면 충분하다. 로웨나 부인과 피에르 베주호프는 소설에만 나오는 가상의 인물이지만 이들은 영국의 중세와 나폴레옹 시기의 러시아에 관해 "진실된" 이야기를 하고 있다. 이와 정반대로 무협 소설의 허구적 인물들은 이들이 진짜 같음을 보장해주는 "진짜" 역사적인 인물들 사이에서 움직여야 한다. 뒤마를 생각해보라. 그리고 리슐리외와 루이 8세가 수행하는 핵심적인 서사적 역할을 생각해보라. "실제" 인물이 존재함에도 불구하고 달타냥의 심리는 당대의 심리와는 전혀 상관없으며, 『삼총사』의 모험담을 프랑스혁명기로 옮겨 놓아도 하등 문제되지 않는다. 이처럼 역사소설에서 허구적 인물들은 과거(과거는 핑곗거리가 아니다)를 이해할 수 있도록 도와주는 반면 무협소설에서(핑곗거리로 채택되는) 과거는 허구적 인물을 즐길 수 있도록 해준다.

2. 아이러니컬한 회고로서의 중세: 우리의 유년기 그리고 노쇠기의 환상에 대해 명상하기 위한 중세이다. 현대의 여러 꿈 그리고 더이상 우리 현대인과는 무관한 세계에 대해 아이러니컬하게

말하기 위해 이제는 사라져버려 다시는 되돌아갈 수 없는 과거의 위대한 시대의 표상세계("아 과거의 기사들의 위대한 선행이여 ……")로 돌아가려 한다. 아리오스토와 세르반테스는, 세르지오 레오네(Sergio Leone) 같은 "스파게티 웨스턴(spaghetti Western)"의 수많은 대가들이 19세기 미국을 할리우드 초기의 스튜디오에서 이미 뻔한 틀에 따라 만들어져 있던 영웅적 환상곡으로 바라보듯이 중세를 아련히 되돌아보고 있다. 이와 똑같이 라블레(François Rablais)도 소르본을 환상적으로 되돌아보면서 왔다 갔다 하지만 몬티 피톤(Monty Phyton)의 영화의 등장인물들이 자신들이 방문하는 기괴한 시대를 믿지 않듯이 자신이 이야기하는 파리를 더이상 믿지 않는다. 향수(鄕愁)로서의 중세, 하지만 신앙심은 없는 향수이다.

3. 야만인들의 거주지로서의 중세: 원초적이며 원시적인 감정, 시간 그리고 땅이 모든 법칙을 초월하여 존재하는 처녀지이다. 프라제타의 영웅적 환상곡의 중세, 그리고 복잡함이나 강박관념의 정도는 다르나 『일곱번째 봉인』과 『처녀의 샘』과 같은 초기의 잉그마르 베르히만(Ingmar Bergman)의 중세이다. 페니키아 해안이나 길가메시의 사막에도 이와 똑같은 원초적인 열정이 존재했었다. 중세는 어둠에 휩싸인 시-공간, 특히 암흑시대지만 이러한 어둠 속에서도 사람들은 "다른" 빛줄기를 보기를 원했다. 이렇게 보면 바그너의 <반지> 4부작도 이러한 이성의 극적인 일몰에 속한다고 할 수 있다. 약간 왜곡되기는 했어도 이 남성의 대지

에서 야만적 힘과 새로운 아리안주의의 영광을 찬미할 것을 요구받는다. 이처럼 야만인과 불가항력적인 원초적 힘에 대한 꿈을 이용하기 때문에 바그너부터 프라제타에 이르기까지 항상 파시즘이라는 혐의를 받아왔다. 쉽게 알아채거나 묘사할 수 없는 탁월한 남성적 힘에 추파를 던지는 모든 짓거리는 파쇼적 행태인 셈이다. 아무튼 이름조차 제대로 쓸 수 없더라도, 샤를마뉴 대제가 있는 한 중세는 손상되지 않으며 텁수룩한 털로 뒤덮인 남성다움으로 되돌아가려는 꿈에 신기할 정도로 딱 들어맞는 모델이 된다. 털이 텁수룩한 중세로, 영웅들의 털이 텁수룩할수록 피상적인 조야함은 그만큼 더 철저하게 이데올로기적으로 변해간다.

4. 낭만주의의 중세: 사방에서 내리치는 번개를 배경으로 다 허물어져가는 고성(古城)의 어두움에 대한 열애를 보여주는데, 이러한 고성에는 신혼초야에 살해당한 신부의 무시무시한 유령이 출몰한다. 오시아니적이고 신고딕적인 중세인데, 벡포드(Beckford)의 『바텍*Vathek*』의 동양적 잔혹행위의 친척뻘이 된다. 19세기의 전형적인 중세로, 성탑이 컴퓨터로 바뀌고 성 전체가 우주선으로 바뀌어서 그렇지 이러한 중세는 현대의 수많은 스페이스 오페라에서도 그대로 반복되고 있다.

5. 필로소피아 피렌니스(영원한 철학 — 옮긴이) 또는 신(新)-토마스주의의 중세: 카에타누스와 성 토마스의 요하네스 같은 사람은 아직도 교묘한 요술로 이해하고 있으나 타파렐리 다첼리오 신

부처럼 그저그런 사상가뿐만 아니라 메르시에르 추기경과 같은 위대한 사상가 그리고 더 나아가 질송(Etienne Gilson)처럼 한층 위대한 사상가도 이를 진지하게 받아들이고 있다. 이러한 중세는 마리탱의 현혹당한 듯한 눈길과 피우스 7세 그리고 요한 바오로 2세의 목가적이고 교조적인 견해 속에도 어렴풋이 나타나며, 현대의 세속철학의 많은 형식적-논리적 사고방식의 영감의 원천을 이루고 있다. 그리고 십자가를 짊어진 사람 요틸라에 관한 현대 영웅적 환상곡의 정신 속에도 이러한 중세는 반역사주의적인 교리주의와 함께 철학적 세련됨을 제공해주고 있다. 가톨릭 세계는, 로스미니 백작이 파시스트인 젠틸레에게 교사한 정신주의적 귀족주의의 왜곡된 모더니즘보다 이러한 중세를 훨씬 더 선호하고 있다.

나는 포르피리(Porphyry)의 『수형도』에서 제시된 바 있는 중세의 규정이론을 최근에 『기호학과 언어철학』에서 연구하면서 이것이 몇몇 논리적 경구의 영향을 얼마나 크게 받았는가를 보여준 바 있다. 나는 그 책을 통해 이러한 경구가 어떻게 여전히 현대의 의미론에 영향을 미치고 있는지를 보여주려 했다. 흔히 자신도 모르는 사이에 현대의 의미론은 아직도 포르피리의 이러한 사고유형을 그대로 따르고 있다. 이러한 의미에서 중세의 부단한 활력은 반드시 종교적 신념에서 유래하는 것이라고만은 할 수 없다. 예를 들어 구조주의처럼 우리 시대의 많은 사변적 접근과 체계적 접근 속에도 중세주의가 엄청나게 은폐되어 있다.

6. 민족적 정체성의 중세: 월터 스코트와 리소르지멘토의 모든 옹호자들이 이렇게 보고 있는데, 이들은 코뮌이 상승하던 빛나는 시기에서 외세의 지배에 맞선 승리에 찬 투쟁의 모델을 찾는다. 지난 세기에 중세적 모델은, 외세의 지배 하에 민족이 노예화되는 불행을 겪지 않고 또 과거의 영광이 정점에 달했던 정치적 유토피아로서 강력하게 대중의 마음을 사로잡았다.

7. 카르두치식의 중세: 완벽하게 복구된 제3의 이탈리아를 찬미하는 이 태도는 어느 정도는 기만적이고 어느 정도는 서지학의 냄새를 풍기기도 하나 전체적으로는 순진하고 기만적이다. 민족의 정체성을 찾아 민족의 재탄생과 안정을 추구한다. 이러한 중세는 데카당스의 중세와 유사하며 무엇보다 먼저 러스킨과 모리스를 포함한 라파엘전파, 그리고 위스망의 『아 르브르』와 후기 라틴어 수고본을 보고 황홀경에 빠진 장 데 에상테스(Jean Des Essentes) 그리고 이러저러한 이름의 단눈치오이즘도 이러한 중세의 변종이라고 할 수 있다. 이러한 데카당스풍의 중세의 전형적인 이탈리아판은 지오수에 카르두치와 단눈치오의 신중세주의에서 발견된다(물론 전자는 세기말의 데카당스는 아니다). 그리고 카르두치를 언급하는 이상 시인이자 화가인 단테 가브리엘 로제티(페델리 다모레Fedeli d'Amore의 철저하게 중세적인 신新신비주의와 심령주의적인 단테 해석을 보라)도 빼놓을 수 없는데, 왜냐하면 한 사람은 공화주의자이고 다른 사람은 귀족주의자였지만 결국 두 사람 모두 중세를 현대의 해독제로 바라본 복고주의 계획을 공유

하고 있기 때문이다. 처음에는 지식인의 고안물로 나타나지만 곧 민족주의적인 재건계획에 독창적으로 삽입되어 이탈리아 도시의 건축과 시각예술에서 때로는 흥미롭고 때로는 애처롭기 짝이 없는 모조품이 만들어진다.

8. 철학적 재구성 또는 중세론자들의 중세: 이러한 중세는 마비용부터 시작해 무라토리의 후계자와 『레룸 이탈리카룸』을 거쳐 한창 때의 질송, 『악타 다니코룸 필로소포룸Acta Danicorum Philosophorum』과 아날(Annales)학파까지 이어진다. 다만 차이가 있다면, 이러한 중세에서는 위대한 연대기와 역사서를 매개로 하여 시대가 철학적으로 재구성되는 반면 아날학파의 역사가들에게서는 교구의 호적부나 자치단체의 기록, 심문조례, 공증인의 기록을 매개로 해서 이루어지고 있다. 즉 위대한 역사적 사건뿐만 아니라 기저에 놓여 있는 미세한 사회적-기술적 구조와 일상생활의 모든 형태를 철학적으로 재구성해내는 셈이다. 물론 첫번째의 경우에는 사건을 재발견하는 것이 목적이고 두번째의 경우에는 역사에서 사라져버린 대중의 일상적 태도와 물질적 삶의 구조를 드러내는 것이 목적이지만, 우리의 현실적 문제와 호기심에 비추어 클리셰로 환원될 수 없으며 오히려 다양하게 나타나고 온갖 모순 속에서 전개되는 시대가 어떻게 만들어지는지를 드러낸다는 점에서 동일한 목표를 지향하고 있다. 열정적인 재적용보다는 비판적 이해를 겨냥하고 있긴 하지만 아무튼, 당연히 훌륭한 철학사적 연구는 두 말할 필요 없고 비올레-르-뒥의 건축학연구, 초상

화연구, 파노프스키(Erwin Panofsky)의 성화학(聖畵學)이 이러한 중세에 속한다. 다행히 누구도 이를 두고 "중세풍이 유행한다"고는 말할 수 없을 것이다. 또는 이러한 현상을 두고 유행 운운하는 사람은 아마 이러한 작업을 전혀 모르는 사람일 가능성이 많다. 매스미디어의 호기심에서 완전히 자유롭지는 못하지만 그럼에도 불구하고 이러한 중세는 이러저러한 때에 우리의 열광을 불러일으키는 다른 모든 중세를 비판할 수 있도록 해준다. 다행히 이러한 중세에서는 장엄함이라고는 찾아볼 수 없으며 따라서 보다 "인간적으로" 보인다.

9. 소위 전통 또는 신비철학(또는 라 팡세 사피앙시엘〔지혜로운 사유 — 옮긴이〕)으로서의 중세: 아주 오래된 태곳적 지식 즉 유대 신비주의와 아랍 신비주의 그리고 영지주의 숭배가 형성된 장소가 중세이다. 성배전설과 성당 기사단원의 역사적 운명부터 연금술사들의 실험과 바이에른의 조명파(照明波) 이단 그리고 장미십자회원과 스코틀랜드의 의식을 거쳐 프리메이슨 입문자들과 신-카발라주의자들 그리고 다양한 입문식에 이르는, 제교융합(諸敎融合)적인 동시에 다소 절충적이고 따라서 삐거덕거리는 중세인 셈이다. 이들은 성배에서 흘러나오는 반동적인 독을 잔뜩 들이킨 채 '권력에의 의지'라는 네오(Neo) 파쇼적인 언사에 잔뜩 열광하며, 르네 구에농(René Guénon)과 이교도 코난, 아발론, 그리고 설교자 요한네스의 왕국을 뒤섞는다. 그런 다음 3항의 중세의 모든 자잘한 소품을 동원해 도저히 믿기지 않는 자신들의 견해를 시각

적으로 대체하질 못해 안달이 나 있다. 규정상 반과학적이고 무비판적이며 반서지학적인 이 중세는 은유와 환상으로 목숨을 부지하며, 미시주의와 거시주의와의 신비주의적인 결혼이라는 깃발을 들고 계속 앞으로 나아간다. 그 결과 언제나 경이로운 솜씨를 발휘해, 도처에서 그리고 무슨 핑계를 대서라도 그 분야의 달인들에게까지 만사는 모두 동일하며 세상만물은 이러저러한 측면이나 사건을 통해 통일한 메시지를 드러낸다고 설득하려 든다. 우리뿐만 아니라 이 분야의 달인들에게도 이러한 메시지가 사라져 버렸기 때문에 입문과정은 끝없이 이어지게 된다. 증거나 서지학 그리고 오류검증이라는 훌륭한 관습에 대한 포퍼의 요구를 과감하게 무시하기 때문에, 장미십자가와 황홀경은 보편적 공감의 배리(背理)를 믿는 '행복한 소수'나 도달할 수 있는 경지가 되어버린다. 신비주의적이고 제교융합주의적인 이러한 중세는 증명될 수도, 그렇다고 논박될 수도 없는 모든 것을 탐욕스럽게 무시간적인 역사 속으로 편입시켜버린다.

전통적인 사고방식을 종합적으로 보여주기 위해 전통적인 사고방식이 통상 그리고 무책임하게 전복시키는 두 개의 기본적인 인식모델 즉 인식론적 모델과 논리학적 모델을 간단하게 살펴보고 넘어가기로 하자. post hoc ergo propter hoc(이것 때문에 따라서 이것 이후 — 옮긴이)이라는 모델은 propter hoc ergo ante hoc(이것 때문에 따라서 이것 이전에 — 옮긴이)이라는 모델로 역전되며 modus ponens(전건긍정식 — 옮긴이)라는 논리학적 모델은 modus indisponens(이 라틴어-이탈리아어를 나는 "전복방법"이라고 번역하고 싶다)라고 부르는 모델로 역전된다. post hoc ergo propter hoc 의 전형적인 예는 『피맨더Pimander』의 유명한 대화 속에 담겨 있는 주장 속에서 찾아볼 수 있다. 『코르푸스 헤르메티쿰』이 A.D. 1세기에 씌어졌다는 것은 잘 알려져 있으나 전통에 정통한 달인들은(심지어는 카소봉Casaubon이 논박의 여지 없이 결정적으로 논증해버린 후에도) 이 책이 모세나 피타고라스 시대에 아무튼, 플라톤 이전에 씌어졌다고 완강하게 주장한다. 이들의 주장은 다음과 같다. 『코르푸스 헤르메티쿰』 안에 "나중에" 플라톤적 어투로 회자되는 사상이 들어있는 것이야말로 이 책이 플라톤 이전에 씌어졌음을 입증해주는 증거다. 모두스 인디스포넨스modus indisponens 를 통해 이를 논증식(?)으로 표현해보면 다음과 같다.

만약 p라면 q이다. 하지만 만약 k이면 w이다.

그리고 다음과 같은 논증으로 예시해볼 수 있다. 만약 a=b라면 b=a이다. 하지만 『코르푸스 헤르메티쿰』에 따르면 시쿠트 인페리우스 식 수페리우스(sicut inferius sic superius. 아래에서도 위에서와 똑같이 — 옮긴이)이다. 따라서 다름 아니라 라피스 필로소포룸(Lapis Philosophorum)이 성배다.

하지만 나는 이 모든 중세가 실제의 중세가 아니며 인문학부에서 콰에스타치오네 쾨들리베탈레스(자유논쟁 — 옮긴이)를 통해 논쟁하던 중세의 우리 박사들이 헨리 코르빈(Henry Corbin)이나 질베르 뒤랑(Gilbert Durand)보다 한층 엄밀했다는 것을 잘 알고 있다. 그런데도 이처럼 전통을 고수한다는 명분을 내세우고 있는 이러한 사유방식은 통상 영원불멸의 아서 대제의 제국이라는 깃발을 내걸고 앞으로 나가며, 희열을 맛보기 위해 시와 때를 가리지 않고 끊임없이 과거로 되돌아간다.

10. 마지막으로 천년왕국의 고대로서의 중세가 있다. 초기 기독교 시대의 시르큠셀리온주의자들로부터 현대의 테러리스트들 그리고 중세의 탁발수도회에서부터 현대의 환경주의자들에 이르기까지 매세기마다 다양한 형태로 나타난 강박관념이 이러한 중세의 기본내용을 이룬다. 한번쯤은 모든 종파를 열광시켜온 이러한 중세는 여전히 현재까지 이어지고 있으며 '그날 이후의 12시'까지는 계속 이어질 것이다. 수많은 광란의 원천이었던 만큼 동시에 영원한 경고의 역할을 하기도 한다. 때로는 종말이 임박해 오고 평복을 입은 반(反)-그리스도가 문을 두드리고 있는 생각이 전적으로 중세적으로만 보이지 않는 때도 있다.

그러면 어떤 중세?

따라서 중세의 회귀에 대해 환호성을 지르거나 눈살을 찌푸리기 전에 우리가 지금 어떤 종류의 중세에 대해 이야기하고 있는지를 분명하게 밝힐 도덕적-문화적 의무가 있다. 위의 열 개 유형의 중세 중 우리가 어느 중세를 언급하고 있는지를 공개적으로 이야기한다는 것은 곧 우리가 누구이며 무엇을 꿈꾸고 있는지를 말하는 것과 똑같다. 따라서 우리가 다소 소박한 형태로 오락을 즐기고 있는지, 아니면 우리의 기본적인 문제가 무엇인지를 진지하게 생각하고 있는지 또는 자신도 깨닫고 있지 못하는 사이에 뭔가 새로운 반동적인 음모를 지지하고 있는 건 아닌지를 되묻는 걸 의미한다.

로베르토 바카(Roberto Vacca)는 1970년대 초반에 중세가 임박해 있다는 글을 발표하면서, 거대한 기술 중심주의 체제가 붕괴하고 있으며 이로부터 빈곤과 생존투쟁에 기반을 둔 봉건적 또는 초기 봉건적 중세가 태어나고 있다는 요지의 주장을 내놓았다. 당시 나는 이미 새로운 중세가 시작되었으며, 이러한 새로운 중세가 도래하거나 성숙하는 데는 굳이 원자폭탄에 의한 세계대전을 기다릴 필요는 없다는 요지로 그의 입장을 반박한 바 있다. 하지만 당시 내가 생각한 중세는 이행과 다양성, 다원주의 그리고 이제 막 등장하고 있던 제국과 사멸해가고 있는 제국 간의 온갖 모순으로 가득 찬 중세, 그리고 이제 막 형성되기 시작한 제3의 사회의 중세였다. 나는 이러한 중세를 "흥미진진한 시대"라고 했는데, 왜냐하면 이러한 시기에는 카드의 패가 다시 섞이고 대기근이나 페스트와 같은 전염병이 창궐하는 한편으로 다른 한편에서는 위대한 발명이 이루어지고 새로운 삶의 맹아가 싹터 오르기 때문이다. 이렇게 볼 때 내가 관심을 갖고 있는 중세는 일종의 모델이었던 셈인데, 이러한 모델은 전망을 예시하는 기능을 해주었다.

그러한 중세는 동시에 규정상 언제나 올바를 수밖에 없는 전통의 모델로 이해될 수도 있었다. 그러나 나는 절대자의 난장(亂場)의 산물인 이러한 새로운 중세를 두려워했었다 — 그리고 독자들에게 신화에서 깨어날 것을 촉구했다. 여기서 지난 19세기 초반에 즉 새로운 중세가 만개했을 때 활약했던 한 문학비평가의 말을 인용해보기로 하자. 그는 당연히 중세에 대해 제한된 시각을 가질 수밖에 없었고 또 당시에 유행하던 중세관을 거부했지만, 동시에 그의 글은 비판적 이성보다는 격정에 의해 부추겨지는 측면이 강한 모든 향수어린 관념론적 회귀욕의 부정적인 의미를 간파해내고 있다.

따라서 여기서 내가 좋아하는 비평가 카를로 주세페 론도니오(Carlo Giuseppe Londonio)의 글을 인용함으로써 결론을 대신하고자 한다. 그의 이름을 따서 론도니오 가라고 불리는 거리는 신고전주의적인 균형미의 자태를 뽐내며 나의 발코니 아래로 이어져 내려가고 있다. 나는 매일 아침잠에서 깨어나 일부는 이제 갓 피어나기 시작하고 일부는 북부의 차가운 날씨와 수빙(樹氷)에 메말라 비틀어진 가로수들의 풍경을 바라보곤 한다. 그러니 어찌 그를 사랑하지 않을 수 있으랴. 론도니오는 고전주의자들과 낭만주의자들의 논쟁에서 온건한 낭만주의자의 자세를 견지했는데, 그가 얼마나 온건했는가는 그가 얼마나 격렬하고 회의적으로 — 심지어 그는 은근히 초기실증주의로 기울고 있다 — 당시에 사람들이 꿈꾸고 있던 중세를 논박하고 있는가를 살펴보면 잘 알 수 있다.

새로운 낭만주의 학파의 원리를 문학적 관점에서 검토한 다음 뭔가 그러한 학파의 도덕적 영향력과 목적에 대해 이야기하지 않으면 안 되겠다는 생각이 들었다. 세계를 바로잡고 그리고 가능하다면 기사도 시대의 성스러운 순진무구함과 원시적인 무정부상태를 부활시키자고들 한다. 이러한 기획은 참으로 위대하며, 문화와 풍속을 개혁하려는 현대의 개혁자들의 선한 의지에 못지않게 가상하다. 하지만 이렇게 말할 수 있을지 모르겠지만, 신이 이러한 희망의 실현을 가로막고 있다. 우리의 풍습이 개선되어야 한다는 점에는 나도 전적으로 동의한다. 하지만 우리 모두가 시대의 거울이 되어야 한다는 이야기에는 선뜻 동의하기가 힘들다. 다 허물어져 내리고 있는 산정의 고독한 성의 전초(前哨)를 바라볼 때마다 가슴 졸이고, 경악감에 오싹 몸을 움츠리게 된다. 첨탑과 종루는 지금 많은 사람들의 흘러넘칠 듯한 시적 상상력 속에서 황금시대로 그려지고 있는 야만과 궁핍의 시대를 연상시킨다. 오래된 연대기와 우리의 서사시인들의 시에서 주유하는 기사의 고결한 행동을 읽는 것은 멋진 일이나, 법에 의해서도 거의 지켜지지 않는 덕과 순결함을 개인이 보장하리라는 허위약속을 빌미로 실상은 고스란히 포기해버리는 사회상태는 결국 어쩔 수 없이 가혹한 야만성과 무정부 상태를 전제할 수밖에 없지 않을까! 그 불행했던 시대를 회고해보면 우리는 그 시대가 숲과 황무지, 늪으로 뒤덮여 있었음을 알게 된다. 지방, 도시, 심지어는 가족조차도 영원한 증오에 의해 흩어지고 갈가리 찢겨 서로를 파괴하고 있었다. 국가 간에는 전혀 거래나 의사소통이 이루어지지 않았다. 학문과 예술은 경시되고, 정의는 폭력에 의해 억압되고, 종교는 미신에 의해 왜곡되었다. 군주는 가신들을 복종시키기에는 너무 유약했다. 귀족들은 항상 분쟁에 휘말려 있었고 군주의 의지나 나라의 복지에 맞설 때만 단결했다. 민중은 짐승처럼 천시되고 무시되었다. 명예와 삶은 결투와 불에 의한 신명재판(神明裁判)의 우연적인 결정과 펄펄 끓는 물에 의한 시험에 내맡겨져 있었다. 유럽 전체가 우리 종교의 가장 고귀한 기억을 통해 신성시되어 온 장소에서 불신자들을 몰아내기 위해 수십 차례나 무장을 거듭했으며, 십자군의 영웅 그리고 종교와 덕과 명예심의 모범으로 추앙받던 사람들이 수백 가지의 후안무치한 불경죄로 기독교의 이름을 더럽히고 있으며, 분쟁과 불신 그리고 무절제의 희생물로 영락해갔다. 아마 은근히 사람들의 감탄을 자아내도록 하는 예의 그 역사시기의 진상이 이러하다면 우리는 아마 차라리 산문적인 세기, 현대의 타락의 한가운데서 살기를 더 바랄 것이다. …… 낭만주의자들도 우리 이탈리아인, 근대 문명의 제1세대인 우리처럼 되려 하지만 아직도 우리나라에서는 조야한 투르바도르 시(詩)가 형식에서는 영광을 독차지하고 있다. 우린 낭만주의자지만 편견과 우수 그리고 미신에는 반대한다. 이념과 견해 그리고 감성에서는 낭만주의자이지만 고전가의 모범 그리고 예술의 형식과 규칙의 사용에 관한 그들의 가르침에도 충실하다(『낭만주의 시 비평개요』, 1817).

중세와 이탈리아인의 도덕-문명적 우월성에 대한 론도니오의 생각에 동의해야 할까? 분명히 그럴 수는 없다. 다른 글을 읽어보면 그도 낭만주의적인 동료들이 중세를 이야기할 때와 하등 다를 바 없이 무비판적으로 중세에 대해 격정적으로 이야기하고 있으니 말이다. 하지만 나는 그가 롬바르디아의 훌륭한 계몽정신을 표명하고 있음은 인정하며, 그의 호소를 다음과 같이 번역하고 싶다. 중세에 대해 꿈꾸되 항상 어떤 중세인가 그리고 왜 중세인가를 자문하라.

아마 우리 시대가 중세와 실제로 공유하고 있는 것은 결국 탐욕스런 백과사전적 다원주의라고 할 수 있다. 이 점에 동의한다면 그리고 우리 모두 성실하다면 당연히 말라테스타 사원보다는 괴테가 그렇게나 격찬해 마지않은 슈트라스부르크 대성당을 더 선호할 것이라 믿는다. 하지만 갈릴레오가 옳았으며(어찌되었건 포퍼가 가르치듯이 그가 다시 오류임이 드러날 때까지는 그가 옳으며) 꿈은 단지 꿈일 뿐이라는 점을 상기할 필요가 있다.

따라서, 중세와 중세에 대한 꿈 만세다. 하지만 이성의 잠이 아닌 한에서만.

괴물은 이제까지 우리가 만들어낸 것만으로도 족하다.

(1983)

1부 세계를 얼마나 다양하게 서술할 수 있을까?

1 거짓말의 전략
— 닉슨의 서사전략과 TV의 영상전략

마자랭 추기경은 자신을 어떻게 분장하는지를 가르친다

이 문제를 직시해보기로 하자. 우리가 마자리노(Mazzarino) 추기경에 대해 알고 있는 (이름 이외에도 30년전쟁 말기에 나온 여러 교과서에서 얼핏 볼 수 있었던) 내용은 모두 뒤마의 『20년 후』에서 얻어낸 것이다. 밉살스러운 추기경 — 대중들은 전통적으로 그의 이름을 "Z" 하나만으로 불러왔다 — 인 그는 적을 어떻게 박살내며 용감한 삼총사들에게 대장의 임무를 어떻게 전달하는지를 훤히 꿰뚫고 있었으며 그에 따라 명망도 드높았던 그의 선임자인 위대한 리슐리외에 비하면 비열한 협잡꾼에다 사기꾼에 불과했다. 마자랭은 거짓말쟁이에다 약속도 어기고 빚도 늦게 갚았으며, 보포르 공작(Duc de Beaufort)의 개도 독살시켜 버렸다. 그는 삼류 이탈리아 배우로, 보포르는 그를 풍자한 목탄화를 그린 다음 이를 "일루스 트리시모 파치네 마차리니"(그림으로 보는 불한당 — 옮긴이)라고 불렀다. 그는 겁 많고 비열한 자로 위증을 밥 먹듯이 하는가 하면 밤마다 오스트리아의 앤 공주의 침대 속으로 기어들어 갔으며, 호시절에는 영국 왕실의 고관대작의 지위에 있는 남자들과 사랑을 즐기곤 했다. 하지만 정말 마자랭이 그처럼 막돼먹은 후레자식이었을까? 그런데 우리는 뒤마가 역사적 인물에 대해 서술할 때 이야기를 지어내지 않는다는 사실을 알고 있다. 물론 겉을 번지르르하게 윤색하고 극화하지만 가상의 인물을 다룰 때조차도 이야기의 출처와 연대기 작가 그리고 회고록 작가에 주의를 기울인다 — 하물며 마자랭처럼 중요한 인물을 다룰 때는 어떠했겠는가를 상상해보라. 우리가 그를 신뢰하는 것은 이 때문이다.

나로서는 뒤마가 『정치가의 일과기도서』를 알고 있었는지 알 길이 없다. 이 짤막한 논문이 1684년에 콜로뉴에서(출판업자는 아무래도 미심쩍다) 라틴어로 발간되었고, 그 이후 몇 세기 동안 광범위하게 번역되어 널리 읽힌 것으로 미루어 보아 뒤마 역시 알고 있었던 것 같다. 아마 그런 책이 있다는 이야기만을 들었을지도 모르겠다. 왜냐하면 이 책을 피상적으로 읽지 않고서야 마자랭을 뒤마식으로, 즉 후원자의 비위를 맞추기 위해 외모와 인상 그리고 말과 행동을 꾸미고 막상 돌을 던진 자신의 손을 감추고 적들끼리 다투게 하는 극악무도한 마키아벨리스트로 그려낼 수 없기 때문이다. 하지만 이 소책자를 자세히 읽어보면 여전히 뒤마가 서술한 모습에서 크게 벗어나지는 않지만 이 인물의 복잡

미묘한 행동이나 의식이라든가 교묘하지만 아무튼 극히 인간적인 악당 짓을 이론적으로 엄격하게 가다듬으려는 태도는 나름대로 매력적으로 다가올 것이다.

이 책은 마자랭 본인이 저술한 책이 아니라 그가 말이나 행동으로 실천한 규범을 모아놓은 것에 지나지 않는지도 모른다. 따라서 그의 이 책을 마키아벨리의 『군주론』처럼, 즉 군주에게 조언하는 척하지만 우고 포스콜로(Ugo Foscolo)의 말대로 실제로는 "군주에게서 월계수를 벗겨내 민중 앞에 벌거벗은 모습이 드러나도록 하려는" 교묘한 도덕가의 책으로 읽듯이 일종의 풍자로 읽어서는 안 될 무슨 이유라도 있단 말인가? 하지만 마자랭이 썼든 그렇지 않고 누군가 다른 사람이 이 소책자를 썼든 최소한 자신이 쓰는 내용을 진지하게 생각한 사람이 썼을 것이라는 점만큼은 분명하다 — 왜냐하면 크로체가 『이탈리아에서의 바로크 시대의 역사』에서 지적하고 있듯이 "당시 사회는 상대방을 너그러이 대하는 분위기와는 거리가 멀었기 때문에 분장하고, 시치미 떼고, 교묘하게 처신하고, 위선적으로 행동하는 기술이 널리 횡행했으며 따라서 정치와 빈틈없는 처신에 관한 수많은 소논문에는 많은 저술료가 주어졌기 때문이다."

이렇게 볼 때 마키아벨리의 텍스트도 군주는 공동선을 위해 어떻게 행동해야 하는지를 큰 목소리로 대담하게 선언하고 있지만 일종의 처세론이라고 할 수 있다. 하지만 반종교개혁과 예수회의 견강부회(牽強附會)가 마키아벨리와 마자랭 사이에 가로놓여 있다. 이처럼, 짤막한 17세기의 논문은 인간적 존엄성이나 육신의 안녕

내지 승진을 확보하기 위해 이제는 너무 교묘한 마키아벨리스트가 되어버린 음험한 군주들로부터 자신을 보호할 수 있는 방법에 대한 지침서의 역할을 했다.

마자랭의 팸플릿이 나오기 전에 이미 이보다 더 널리 알려진 두 개의 다른 소책자가 발간되었다. 발타자르 그라시안(Baltasar Gracian)의 『세상을 보는 지혜』와 토르콰토 아첸토(Torquato Accento)의 『예의바른 처신론』이 그것이다. 아마 이들의 책에서 영감을 받았을 수도 있으나 마자랭의 소논문이 후안무치한 의도를 그대로 드러내는 점에서는 훨씬 독창적으로 보인다. 그라시안과 아첸토는 권력자가 아니었다. 그래서인지 이들의 우울한 성찰은 어려운 시절에 권력자에 맞서 스스로를 보호할 수 있는 기술에 더 많은 관심을 기울이고 있다. 그라시안은 어떻게 하면 손해를 입지 않고(그는 일생동안 엄청난 손해를 보았다. 그는 자신이 설파한 만큼 진중하지 못했다) 동료들과 조화롭게 살아갈 수 있느냐 하는 문제에 집중적으로 매달렸다. 따라서 자신을 남과 다르게 보이도록 꾸며서는 안 되며(그것은 기만이다) 자신의 특징을 드러냄으로써 다른 사람을 당혹스럽게 만들지 않도록 본모습을 감추어야 한다(어떻게 하면 해를 가할 것인가가 아니라 어떻게 하면 해를 입지 않을까가 그의 관심사였다). 마자랭식은 아닌 셈이다. 이리하여 권력자의 환심을 살 수 있는 방법을 꿰어 참으로써 신민들의 사랑을 얻고, 적을 제거하며 권력의 골간을 양손에 틀어쥘 수 있는 처신술이 나오게 된다.

따라서 본모습을 감추는 것이 아니라 짐짓 꾸미는 것이 중요하다. 마자랭(또는 아무튼 이 교본을 쓴 사람)은 감출 것이 하나도 없다. 바깥으로 드러나는 모습이 그의 본모습이지 달리 안에 무슨 다른 모습이 들어 있는 건 아니기 때문이다. 제법 거창한 제목 '너 자신을 알라'를 달고 있는 제1장은 자신의 영혼 안에 어떤 열정이 들어 있는지를(심지어 여기서도 문제는 "나는 누구인가"가 아니라 "나는 자신에게 어떻게 보이는가?"이다) 살펴보아야 할 필요성에 관한 경구로 시작하지만 즉각 다른 경구를 동원해 교묘하게 자신을 감출 수 있는 가면을 만들어낼 수 있는 방법을 스케치하는 방향으로 나간다. 다른 사람이 마자랭이라고 믿는 사람이 바로 마자랭이다. 그는 이 문제가 기호학적으로 처리해야 할 문제임을 훤히 꿰뚫고 있었다. 어빙 고프먼(Erving Goffman)은 반드시 이 책을 읽었어야 했다. 이 책은 "자아"를 전면적으로 이론화하고 있는 교본이다. 이 책은 표피만으로 이루어진 영혼도 그 나름대로는 깊이가 있을 수 있음을 보여준다.

우리는 (절대왕정의 시대에!) "민주주의적" 전략의 모델을 보고 있다. 왜냐하면 이 책에서 폭력으로 권력을 장악하라는 가르침은 몇 개 되지 않으며, 그것도 교묘하게 에둘러 말하고 있기 때문이다. 어찌되었건 폭력은 결코 직접적으로 사용해서는 안 되며 항상 어떤 것을 통해 행사해야 한다. 마자랭은 교묘한 조작을 통해 다른 사람의 동의를 유도함으로써 권력을 장악해 들어가는 방법을 보여주는 탁월한 교본이라 할만하다. 어떻게 하면 온갖 칭찬과 교언을 해대 보스(이것은 기본적인 순서다)와 친구들뿐만 아니라 적수들도 호의와 신뢰감을 갖도록 만들고 그리하여 궁극적으로는 당신을 축복하면서 죽을 수 있도록 만들 수 있을까?

가장 중요한 이 제1장에서 외양에 관한 동사가 들어 있지 않은 규범은 단 하나도 없다. 사인을 보내다, 인상을 주다, 정체를 드러내다, 보이다, 보다, ~로 통하다……. 다른 문제를 논하고 있는 규범에서도 친구든 적이든 국가든 아니면 도시든 풍경이든 어떻게 하면 그것을 짐짓 꾸미고 이렇게 저렇게 보이도록 할 수 있는지에만 관심을 두고 있다. 누가 거짓말쟁이고 또는 누가 다른 사람을 사랑하는지 아니면 증오하는지를 어떻게 알아낼 수 있을까? 이에 대한 지침은 상당히 애매모호한데 대략 다음과 같다. 상대방의 적을 험담한 다음 그의 행동과 반응을 주시해보라. 어떤 사람이 비밀을 지킬 수 있는가를 알아 볼 수 있는 기술도 있다. 어떤 사람을 모든 상황을 미리 알고 있는 다른 사람에게 보낸 다음 그리로 보내진 사람을 꾸짖도록 한다. 그 다음에 그 사람이 비밀을 누설하는지 아니면 전혀 동요함이 없이 가면을 뒤집어쓰고 이러한 도전에 맞서 나가는지를 살펴보면 된다. 마자랭은 다른 사람의 면전에서 다른 사람은 전혀 내용을 알아볼 수 없도록 편지를 쓰는 방법을 제시하거나, 자신이 읽고 있는 내용을 감출 수 있는 방법, 그리고 진지한 사람으로 통할 수 있는 방법("다른 사람을 응시하지 말라, 코를 실룩거리거나 일그러뜨리지 말라……. 가능하면 몸짓을 적게 하라, 머리는 곧추세우고 말도 적게 하고 식탁에는 구경꾼이 하나도 못 앉게 하라")을 가르치기 위한 방법도 제시하고 있다.

그리고, 항상 당신의 적이 당신이 의도하는 대로 기꺼이 행동하도록 하라. "당신이 갈망하는 자리를 놓고 다투는 경쟁자가 있다면 몰래 사람을 보내 우정을 내세워 그가 부딪히게 될 어려움을 과장함으로써 그 자리를 포기하도록 만들라." 가능한 모든 덫에 주의하고 그에 맞설 채비를 하라. "당신에게 이러저러한 불행이 밀어닥친다면 어떻게 대처할지를 혼자 숙고하기 위해 하루에 몇 시간씩을 비워둬라"(펜타곤이라면 컴퓨터를 동원하겠지만, 아무튼 이것이 바로 전쟁과 평화의 "시나리오"에 관한 근대적 이론이었다). 마자랭은 심지어 탈옥방법(권력자에게는 별 일이 다 벌어진다)과 아무 비용도 들이지 않고 몇 마디 말로 모든 사람의 이목을 끌 수 있는 찬사를 늘어놓는 방법에 관해서도 지침을 마련해두었다. 그리고 부유함을 가릴 수 있는 방법에 대해서도 지침을 마련해놓았다("항상 텅 빈 지갑에 대해 불평을 늘어놓아라." 여기서 뒤마는 그에게 한 방 먹였다). 하지만 항상 그렇게 해서는 안 된다. 왜냐하면 어떻게 하면 손님을 깜짝 놀라게 할 정도의 호화스런 연회를 베풀 수 있는가도 고민해야 하기 때문이다(여기서는 그의 서술을 요약할 수가 없다 — 일종의 바로크 전성기의 극장과 비슷하니 말이다).

하지만 찬탄은 이 정도로 그치기로 하자, 교훈을 얻으려면 이러한 책을 읽어야 한다. 하지만 이 책을 이용해 권력자가 될 수 있다고는 생각지 말라. 이 책에 들어 있는 규범이 좋은 내용이 아니어서가 아니다. 이와 정반대다. 이 책은 권력자들이라면 능히 본능적으로 알고 있는 내용을 묘사하고 있기 때문이다. 이러한 의미에서 이 책이 마자랭의 초상화만은 아닌 셈이다. 그의 초상은 달력사진으로도 얼마든지 사용할 수 있다. 이 책 안에서 아마 당신은 TV에서 보거나 집무실에서 만났던 사람을 발견하게 될 것이다. 페이지를 넘길 때마다 "이거, 그 사람 아냐!"라고 외치게 될 것이다. 전 세계적으로 수많은 마자랭들이 명성을 떨치고 있으며, 이들은 결코 사라지지 않을 것이다. "권력은 소비된다"라는 이탈리아 속담도 있지 않은가. 이탈리아의 정치가인 줄리오 안드레오티(Giulio Andreotti)는 다음과 같이 말했다. "하지만 그 말은 정확하지 않다. 권력은 오직 전혀 권력을 갖고 있지 못한 사람만을 소비한다." 마자랭이 옳았다. 권력은 권력에 무지한 사람만을 소비한다.

자유세계의 지도자는 애썼다. 하지만……[1]

1973년 4월 30일의 TV연설에서 리처드 닉슨(Richard Nixon)은 여론의 눈앞에서 자신을 변호하면서, 미국적 행동의 가장 뛰어난 면모와 저급한 면모를 동시에 보여주었다. 아직 구체적인 증거를 잡고 있지 못한데도 미합중국의 대통령이 미디어의 압력과 점점 거세게 밀려오는 의구심의 물결에 저항할 수 없게 되자 2억이나 되는 시민들 앞에서 자신의 약점을 노출시키고 자신의 두려움과 고통을 호소함으로써(TV로 중계되는 연설은 극히 극적인 성격을 띠게 된다) 스스로를 변호하는 장면은 참으로 놀라웠다(이탈리아에서라면 이러한 일은 전혀 불가능하다).

당연히 이처럼 아주 독특한 민주적 관행에도 한계는 있다. 곤경에서 빠져나오려는 닉슨의 이러한 방법은 매스미디어의 전통적인 방식을 그대로 따르고 있다. 적어도 일시적으로는 분명히 그랬다. 달리 말해 닉슨은 언론이 히치콕(Alfred Hitchcock)의 기법을 동원해 연출해내고 있는 이야기 때문에 궁지에 몰리게 되자 그와 정반대되는 이야기를 연출함으로써 대중의 신뢰를 회복하려고 했다. 언론이 추리소설이나 오히려 서부영화를 동원하면(이것은 분명히 대중의 동의를 그만큼 쉽게 얻어낼 수 있을 것이다), 닉슨은 청중의 무의식 속에 존재하는 서사세계에서 그보다 오래된 서사구조를 끌어내 수사학의 진경을 보여주는 멋진 연설문을 구성해 대중들에게 호소하는 식이었다. 우리는 닉슨의 그러한 수법이 왜 그리고 얼마나 실패하는가를 살펴볼 것이다. 아무튼, 교묘하게 타산해 연설의 서사구조를 선택했으며 절망적인 상황에 처한 닉슨이 최선의 방법으로 이 문제를 해결한 점만큼은 분명하다.

먼저 아래 표를 보면서 이야기를 풀어나가기로 하자. 나는 전형적인 이야기의 세 가지 유형을 검토해볼 생각이다. 『리틀 레드 라이딩 후드 Little Red Riding Hood』와 제2차세계대전의 서사시(이것은 <도라! 도라! 도라!>와 같은 영화 또는 <이오 지마>와 같은 옛날 영화에서 끊임없이 반복되고 있다) 그리고 고전적인 서부영화가 그것이다. 세 개의 상이한 이야기를 서로 비교할 수 있도록 단순화된 유형을 제시해 보자. 공동체가 추구하는 "가치"를 담보하고 있는 "영웅"이 있다. 이러한 가치를 확보하고 보존하기 위해서는 "금기사항"을 존중해야 한다. 악당의 부추김을 받은 영웅이 이러한 사항을 어기거나, 영웅에게 해를 끼치기 위해 악당이 이러한 사항을 위반한다. 그리고 "불운"이 따르게 된다. 이 지점에서 "구원자"가 나타나 악당과의 투쟁에 개입하며, 마침내 승리를 거두게 된다. 악당이 패배함으로써 새로운 가치가 정립된다.

기능	리틀 레드 라이딩 후드	진주만	언론의 "서부영화"	닉슨의 연설
영웅	리틀 레드 라이딩 후드	미국인들	미국인들	대통령
가치	안전	안전과 힘	통제가능한 정부	미국식 삶
금기사항	숲 속에 들어가지 마라	경계하라	타락하지 마라. 스파이짓 마라	동료들을 잘 감독하라
악당	늑대	일본인들	대통령	부주의한 협력자들
금기사항의 위반	라이딩 후드가 늑대에게 이야기함	너무 쉽게 믿음	워터게이트	중국과 베트남의 분쟁
불행	라이딩 후드가 늑대에게 잡아먹힘	진주만	권력남용	신뢰의 상실
구원자	벌목꾼	미국인들	언론과 법정	대통령
투쟁	늑대 추적	제2차세계대전	추적보도	정부의 조사
승리	늑대가 죽는다	일본이 항복한다	백악관이 조사받는다	부주의한 협력자들을 해임한다
회복된 가치	안전	안전과 힘	통제가능한 정부	미국적 삶
사실에 대한 평가	영웅은 부주의했지만 다른 사람이 구해주었다	영웅은 부주의했지만 자신의 힘으로 스스로를 구할 수 있었다	악당은 공동체에 거짓말을 하려 했으나 공동체의 영웅들이 그를 응징했다	영웅은 부주의했지만 자신의 힘으로 스스로를 구할 수 있었다

위의 표에서 볼 수 있듯이 『리틀 레드 라이딩 후드』에서 영웅(남자든 여자든 상관이 없다)이 금기사항을 어기고 경솔한 짓을 하자 즉시 불행이 닥치고, 구원자가 영웅을 도와 악당을 물리친다. 제2차세계대전 이야기에서는 경솔하게 행동했던 영웅(이 서사시는 계속하여, 미군사령관이 조금만 더 경계했더라면 진주만 기습은 저지될 수 있었다는 점을 환기시키고 있다)은 곧 자신의 힘으로 악당(일본인들)을 물리침으로써 스스로를 구원한다. 서부영화의 유형은 이와는 약간 다르다. 금기사항은 모든 사람에게 해당되며, 이를 파기하고 영웅에게 해를 끼치는 자가 바로 악당이다. 하지만 영웅은 선출된 대표(통상 보안관)를 내세워 악당을 정벌하고 공동체에 평화를 가져온다.

언론은 바로 이러한 유형의 서부극을 연출해냈다. 미국인들은 여론이 통제할 수 있고 모든 행동에 책임을 지는 정부를 원한다. 악당(여기서는 대통령)은 도저히 어겨서는 안 될 규범을 무시하고 중대 범죄를 저지르며 암암리에 백악관에 너무 많은 권력을 집중시켜왔다. 따라서 권력이 남용되고 시민의 자유가 희생당하는 부작용이 발생하게 되었다. 그러자 언론과 법정이 개입하여 추적과 고발을 통해 백악관과 대통령을 심문하는 데 성공했다. 이리하여 목표는 달성되고 정부는 시민의 통제를 벗어날 수 없게 되었다.

언론이 짜낸 이러한 메커니즘의 서사적 완벽성에 직면한 닉슨은 어떻게 대응했을까? 그는(그러한 서부영화보다 몇 시대 앞서는 ─ 옮긴이) 전설적인 용어를 동원해 연설을 구성한 다음, 판을 완전히 다시 썼다. 언론이 짜낸 이야기에서는 악당이었던 대통령은 여기서는 영웅이 된다. 닉슨의 연설 전체는 엄청난 불행을 맞이했음에도 불구하고 다시 공동의 대의를 위해 일어설 수 있는 한 사나이의 고백에 집중되어 있다. 그의 연설에서 대통령은 자신을 신뢰하는 모든 미국인들에게 미국적 삶의 연속성을 보장해주어야 할 영웅으로 그려지고 있다(그림 1~3). 의문의 여지 없이 대통령은 경솔한 짓을 했다. 그는 경솔한 협력자들을 선발하지 않도록 보다 주의했어야만 했지만("그는 그들이 올바른 일을 하고 있다고 잘못 생각하는 우를 범했습니다") 국제협상(중국과 베트남)에서 미국의 대의가 확실히 승리하도록 하느라고 너무 바빴기 때문에 직접 선거캠페인을 관장할 수가 없었다. 그는 경솔했다는 점을 인정했으며 실제로도 자신을 변호하려 하지 않았다. "제가 모든 책임을 지도록 하겠습니다. 주의를 기울여야 했는데 제정신이 아니었던 모양입니다"라고 말했다. 그래서? 여기서 닉슨의 연설은 정말 대가다운 솜씨를 보여준다. 연설에 따르면 대중들의 커다란 관심을 불러일으켰던 "워터게이트"사건은 범죄행위와는 거리가 멀다. "워터게이트"란, 뭔가 하면, 우발적인 사건으로 "경솔한 협력자들"이 더 많은 책임을 지고 물러나면 된다. 오히려 진짜 불행은 대통령이 신뢰를 잃고 미국인들이 체제의 가치를 의심하게 되는 사태라고 할 수 있다.

체스의 말을 이처럼 바꿔치기함으로써 닉슨은 기막힌 작전을 또 하나 구사하고 있다. 대통령인 자신이 신뢰를 잃게 될지도 모를 위험을 감수하도록 만든 사람들은 바로 기자들이다. 물론 그는 감히 기자들에게 "악당" 역을 떠맡기지는 않는다. 이들을 구

〈그림 1~3〉 1973년 4월 30일의 닉슨의 연설

원자의 조수 중의 하나로 제시하지만(그는, 용기 있는 언론과 진정 신뢰할 수 있는 법정의 도움으로 대통령이 정의를 회복하는 순간 체제의 가치는 회복된다고 말한다) 거의 눈치 채지 못하는 가운데 모든 책임을 이들의 어깨 위에 옮겨놓고 있다.

그는 자신에게 닥친 불행에 어떻게 대응했는가? 이제까지 닉슨은 리틀 레드 라이딩 후드의 역할을 해왔다. 신중하진 못했지만 여전히 선한 사람의 역을 말이다. 이제 그의 연설은 제2차세계대전의 유형으로 방향을 틀고 있다. 대통령은 부주의한 영웅이지만 동시에 미국적 삶의 구원자이기도 하다. 그는 철저한 조사를 명했으며 그의 몇몇 협력자들이 실수를 범한(또는 최소한 의심을 받을 만한 짓을 한) 사실을 발견했으며 용기를 내어 한 명도 예외 없이, 심지어 가장 친한 친구마저 해임했다. 일단 정의가 회복된 마당에 누가 체제의 가치를 의심할 수 있단 말인가?

영웅과 구원자를 동일시하고, 대통령을 악당의 위치에서 영웅의 위치로 바꿔치기 하고 또 (워터게이트 스캔들에서 체제의 가치에 대한 신뢰의 상실로)불행의 내용을 바꿔치기함으로써 닉슨은 의문의 여지 없이 수사학적 조작의 명작을 완성시켰다. 그는 자신이 매스미디어의 서사세계에 익숙한 청중을 앞에 두고 이야기하고 있다는 사실을 훤히 알고 있었으며, A라는 이야기를 다른 이야기로, 즉 매스미디어의 이야기와 마찬가지로 미국인들을 꼼짝 못하게 사로잡는 다른 이야기로 바꿔치기해버렸다. 그리고 미국 언론이 수행한 일련의 투표는 많은 시청자들이 이러한 장난에 넘어갔음을 보여주었다 — 이것은 또한 이 사건에 인간적이고 정서적인

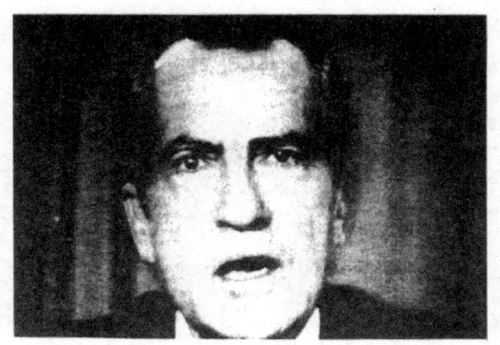

〈그림 4~6〉 1974년 8월 8일의 닉슨의 연설

모습을 되돌려주었다.

그건 그렇고 최종결과는 어떠했는가? TV로 연설이 생중계되기 전만 해도 닉슨을 불신하는 사람은 소수였다. 그러나 오히려 연설이 끝난 후 그 숫자는 엄청나게 늘어나 50%가 넘었다. 왜?

그의 담론이 글로 되어 있었다면 서사적 구조는 완벽했을 것이다. 하지만 "말로 하는" 연설 이었다. 그리고 닉슨의 모든 안면근육은 당혹감과 두려움 그리고 긴장감을 감추지 못했다. 그처럼 어쩔 줄 몰라 쩔쩔매면서도 그렇게 멋진 이야기를, 그것도 해피엔딩으로 끝내버렸다. 처음부터 끝까지 깜짝 놀란 얼굴이었다. 닉슨의 연설은 "안전의 보장인"이 연출해낸 불안정의 서사적 재현이었다. 미국인들이 TV화면에서 감지한 것은 바로 이러한 불안감이었다. 따라서 미국인들은 이 리틀 레드 라이딩 후드가 실제로는 사로잡혀 쩔쩔매는 빅 배드 울프(Big Bad Wolf)는 아닌가 자꾸 의심을 하게 되었다. 1라운드에서는 언론이 이겼다.[2]

2 글쓰기의 유혹

 파리의 갈레리 나쇼날 뒤 그랑 팔레(Galéries Nationale du Grand Palais)에서는 글쓰기의 탄생을 주제로 한 전람회가 열리고 있다. 곰곰이 생각해보니 결코 만만한 시도가 아니다. 언제보아도 흥미롭고 다채로운(하지만 익히 알려져 있는) 이집트의 상형문자를 보여주는 것이 정석처럼 보이지만 이 상형문자의 바로 옆과 앞에는 작은 점토판으로 된 수메리아와 아시리아 그리고 바빌로니아의 설형문자가 진열되어 있다. 불행하게도 이 점토판들은 거의 예외 없이 일부분만 남아있어 평범한 사람의 눈에는 그저 물방울 자국처럼 보이거나 마니교의 핑겔 신의 손길이 미친 듯한 인상을 줄 뿐이다.
 더 나아가 이러한 점토판의 일부는 너무 작고 필사가가 몇 차례씩이나 기호로 덮어놔 현미경이나 확대사진을 통해서나 제대로 글자를 구분할 수 있기 때문에 설형문자판 전람회는 자그마한 석판의 단조로운 수집에 그쳐버리기 쉽다. 그럼 어떻게 해야 할까?

1968년 5월이라면 두개골이 상해 병원에 입원하는 대가를 치러가면서 잔뜩 긁어모은 함무라비 법전의 파편도 희생자를 위로해주지는 못했을 것이다.

이 전시회의 주최자들은 웅대한 해결책을 선택했다. 석판과 부조물 그리고 원주 등을 진열해놓고 진품이 없는 경우 사진을 갖다 놓았다. 그리고 교육학적 내용으로 가득 찬 안내문이 모든 내용을 너무나 잘 설명해주고 또 부드러운 분위기를 조성해주어서 그런지 전람회장은 마치 거대한 그림책처럼 보였다. 물론 풍부한 내용으로 가득 찬 각각의 페이지를 벽에 걸어 놓거나 유리상자 안에 진열해서 감시 장치로 보호해둔 차이가 있지만.

실제로 내용이 아주 풍부한 카탈로그가 전시회를 대체하고 있어서 그런지 이번 전시회는 진품을 가까이서 직접 보는 경우에나 매력을 느낄 수 있으며, 일단 그러한 카탈로그를 통해 진품이 무슨 이야기를 어떤 식으로 하는지가 설명되는 순간 본모습을 드러낸 진품 석판이 ― 진부한 농담이 아니라 ― 말을 하게 된다.

전시회를 둘러보는 일은 참으로 즐겁다. 잠시 머뭇거리겠지만 이러한 놀이는 곧 사람들을 사로잡기 시작해 결국 어른들도 어린아이를 위한 전시관까지 가 그들과 뒤섞이는 즐거움을 맛보게 된다. 점토판이 죽 늘어서 있는 곳에서 사람들은 시끄럽게 떠들어대면서 뭔가를 열심히 적는 어린아이들처럼 연필로 상형문자와 설형문자를 베낄 수 있다.

이처럼 설형문자와 상형문자를 해독하는 데서 느끼는 즐거움 또한 결코 적지 않다. 사람들은 도저히 읽을 수 없는 글자가 새겨진 석판을 들고 온 사자(使者)를 맞이해(왕은 결코 지식인이 아니다. 이 점은 오늘날까지도 크게 변하지 않았다) 궁중의 사서에게 글월을 번역하도록 하는 바빌로니아 황제를 떠올리며 은근히 즐거움을 맛보는 것이다. "친애하는 친구여, 이곳에서 어떤 이가 적의 첩자라고 고발한 두 놈을 그대에게 보내오. 그 녀석들을 유프라테스 강에 내던져버리시오. 만약 익사한다면 그건 곧 그들이 유죄라는 증거가 될 터이고 목숨을 부지한다면 무죄라는 점이 입증되는 셈이오. 후자의 경우 고소인을 처형할 수 있도록 제게 통보해주시길 바라오." 함무라비 법전에 따른 간단명료한 방법이지만 티베트 강가에서도 이러한 방법이 유효한지는 나로서는 알 길이 없으며, 설사 유효하더라도 다른 수많은 절차를 거쳐야 하리라.

간단히 말해 이번 전시회는 수많은 수수께끼와 다의적인 문장으로 이루어져 있는 수수께끼 잡지인 『세티마나 에니그미스티카 *Settimana Enigmistica*』지의 스핑크스 얼굴을 마주하고 있는 듯한 느낌을 준다. 괜히 이러한 풍자를 하는 건 아니다. 왜냐하면 이 행사의 기획자들은 인류 최초의 문자체계의 기능방식을 분명하게 보여주기 위해 아무 거리낌 없이 이와 비슷한 종류의 예에 매달리고 있기 때문이다.

하지만 그 이상이다. 이집트의 수많은 부조와 그림이 진짜 만화 같다는 이야기는 이전부터 있어 왔다. 물론 그렇더라도 랜슬롯 호그벤(Lancelot Hogben)이나 『옐로우 키드*Yellow Kid*』의 팬들이나 그렇게 자유롭게 해석할 수 있지 않나 하는 의구심은 여전히 남는다. 그런데 정말 진지한 이집트 학자와 박물관 관리인들이 원래의 문헌을 전시한 다음 진짜 연재만화 같은 형태로 재구성한 가짜를 옆에 갖다 놓고는 온갖 허풍과 함께 상형문자를 모두 멋진 불어로 번역해놓았다 — 뭔가를 숙의하고 있는 선원들, 또는 그럴듯하게 대화를 나누고 있는 신들의 이야기를 말이다. 그러자 갑자기 죽은 문화가 살아나 흥미진진하게 되는데, 고고학에 문외한인 관람객에게도 마찬가지다. 따라서 훌륭한 전시회를 준비하려면 반드시 많은 품목이 필요하거나 모든 전시품목이 진품일 필요는 없는 셈이다. 진품 물신주의는 환상을 통해서도 얼마든지 부추겨질 수 있다. 읽기 위한 전람회, 살아 있는 책 — 그리고 원하기만 한다면 송신하기 직전의 TV화면을 보라.

이렇게 볼 때 전시회는 정말 다양하고 황당무계하기까지 한 생각을 불러일으키는 것 같다. 예를 들어 글 쓰는 법을 배운 사람만이 축복을 받을 수 있는지 하는 문제가 그렇다.『파이드로스』에서 플라톤이 얘기하고 있는 에피소드를 생각해보라. 파라오는 토트 신이 철자를 고안해냈다고 질책하고 있다. 하지만 이미 엎질러진 물이다. 파라오는 토트 신이 인간에게 석판과 파피루스에 영혼을 그릴 수 있는 방법을 가르쳐주었기 때문에 인간은 다시는 자신의 생각과 기억을 계발할 수 없게 되었다고 말한다. 기억이여 안녕, 이제 사람들은 이 도구를 이용해 기억하는 법을 배우게 될 것이다……. 이것은 마치 요즘 사람들이 휴대용 계산기를 놓고 왈가왈부하는 것과 유사하며, 글쓰기에 대해서는 아무런 취미도 없던 소크라테스가 동원함직한 기이한 필리티카(마케도니아의 필립 왕에 대한 그리스의 데모스테네스의 공격 연설 — 옮긴이)이다. 하지만 다행히 플라톤이 소크라테스를 대신해 글로 기록해두었으며, 수천 년이 흐른 뒤에까지도 우리는 철자의 고안이 (『잃어버린 시간을 찾아서』를 쓴 — 옮긴이) 프루스트(Marcel Proust)와 같은 사람이 기억과 추억을 계발하는 걸 방해하지 않았다는 사실을 알게 되었다. 하지만 토트 신이 고대 이집트인들한테는 언어와 철자의 고안자일 뿐만 아니라 필자들의 수호천신, 의학과 마술의 신이었던 점으로 미루어 볼 때 아마 이들도 이러한 사실을 알고 있었던 것 같다 — 다른 어떤 신과도 비교할 수 없는 기호학적 신성이었던 이 신은 돌 속에 선으로 표시된 기호를 읽는 것과 인간의 신체에 나타나는 징후를 읽는 것 그리고 자연의 운행을 관리하기 위해 기호를 그리는 일 모두가 똑같다는 사실을 알고 있었다. 따라서 토트 신이 흔히 원숭이로 묘사되었던 것은 전혀 우연이 아니다. 글 쓰는 일은 — 말하는 것과 마찬가지로 — 기호를 통한 현실의 모방인 셈이다.

그러면 인간은 철자라는 기호를 갖고 어떻게 사물을 모방하는가? 어렴풋이 사물의 형태를 연상시키는 표의문자가 전시되어 있는 이번 전시회는 "혼이 깃든 실체"를 통해 세계를 해석하는 (비코의) "최초의 비유법"의 고안자들을 생각나게 한다. 모든 것이 은유와 의성음의 모방이 되는 여명의 순간 말이다. 하지만 이와 동시에 이 전시회는 모방하는 기호가 얼마나 급속하게 추상화되어 대상과의 시각적 연관성을 잃어버리는지를 명확히 보여주고 있다. 그림문자는 상형문자가 된다. 이 상형문지는 여전히 상(像)

이지만 곧 음성학적 소리를 가리키게 된다.

이러한 맥락에서 과연 단어가 자연적으로 생기는지 아니면 관습에 의해 생기는지를 논하면서, 처음에는 아마도 소리가 사물을 모방했지만 곧 이러한 직접적 친화성은 사라지고 한때는 대상의 생생한 상이었던 것이 관습적 기호가 된다는 식의 신중한 결론을 내리고 있는 플라톤의 또다른 대화록인 『크라틸로스』를 주목할 필요가 있다.

음판이나 쐐기로는 구부러진 선을 선명하게 표시할 수 없기 때문에 모방되는 기호는 양식화된다. 표의문자 또한 처음부터 사물의 특성이 아니라 사물의 정신적 상의 기본 특징을 모방했다. 지구는 마름모꼴로 그려지며, 단어는 생성되는 장소인 입으로 주의가 집중되도록 턱수염을 가진 근엄한 인간의 실루엣으로 표시된다.

따라서 순수한 모방보다는 오히려 시각적 환유와 제유의 복합적 체계가 중요하다. "왕"이라는 개념을(왕홀王笏을 가리키도록) 머리 위에 관을 쓴 인간의 모습으로 이해하려면 일정한 상상력이 필요하다. 물론 전혀 상상력이 없더라도 누구나 이러한 표의문자를 해석할 수 있지만, 샹폴리옹(Jean Francois Champollion)이 등장할 때까지 이 문자는 2000년 동안 해석될 수 없었다. 그는 42년 동안 상형문자를 해독하기 위해 쉼 없이 노력했으나 결국은 숨졌다.

바로크 시대의 초상화가이며 예수회 신부였던 아타나시우스 키르허(Athanasius Kircher)는 세상만사를 모방으로 해석할 수 있다고 믿으며 모방에 대해 온갖 허황된 소리를 늘어놓았다. "나일강의 축복을 받으려면 성스러운 예식과 신령을 통해 오시리스 신의 축복을 불러와야 한다." 그러면 사람들은 만족에 겨워 손을 비비며 이러저러한 그 기호가 단지 "아프리에스"라는 파라오의 이름을 가리킬 뿐이라는 사실은 꿈에도 생각지 못한 채 흡족해하며 잠을 자러간다. 왜냐하면 이집트인들은 경이로울 만큼 태연자약하게, 우리가 알파벳의 철자를 사용하듯이, 일부 상형문자는 표의문자적 의미로 다른 일부는 음성학적 의미로 사용했기 때문이다.

여기서 다시 한 번 우리가 학교에서 한 번씩은 들어본 비코가 중요해진다. 그는 처음에는 신이 환유와 제유(샘물, 작은 시내, 바위)를 통해 이야기하며, 그 다음에는 반신(半神)이 은유를 통해(꽃병의 주둥이, 병목) 이야기하고 그리고 마지막으로 인간이 아주 관습적인 활자체 언어인 "링구아 피스토랄레(lingua pistorale)"로 이행해나간다고 생각했다. 하지만 비코는, 인간은 세번째 언어(즉 링구아 피스토랄레)에 기초해서만 첫번째 언어를 말할 수 있으며 세 개의 언어 내지 세 종류의 기호의 생산은 동시에 이루어진다는 사실을 훤히 알고 있었다. 다른 말로 하여, 시어의 고안은 언제나 과거의 문화적 틀에 의존해서만 이루어질 수 있다.

이뿐만 아니라 이번 전람회에 게시된 작은 점토판들은 태곳적부터 무엇을 읽는 것은 동시에 그것을 해석하는 것이었다는 점을 암시하고 있다. 왜냐하면 우리는 항상 맥락에 따라 이러저러한 상을 어떻게 의미와 결합시켜야 하는지 그리고 어떠한 방향으로 읽어야 하는지를 결정해야 하기 때문이다. 가령 수수께끼에서 먼

글쓰기의 유혹

저 무엇을 읽어야 할지를 즉 음성학적 기호를 먼저 읽어야 할지 아니면 표의문자적 기호를 먼저 읽어야 할지를 결정해야 하듯이 말이다. 게다가 모음을 염두에 두어야 한다. 수많은 기호가 같은 음가를 갖기 때문에 똑같은 소리라도 다양한 의미를 가질 수 있으니 말이다. 따라서 이집트인들은 맥락을 위한 기호도 고안해야 했다. 일반적 개념(집, 황소, 바람)을 가리키는 의미기호(표의문자), 음성학적 소리(이집트어로 "아르" 소리를 내는 입 모양은 "르"라는 자음을 표시하는 데도 사용된다) 그리고 마지막으로 순수한 구분기호 즉 소위 규정소가 만들어진다. 예를 들어, 장기놀이나 폭포를 형상화하고 있는 연속적인 기호를 그린 다음 여기다 인쇄두루마리를 가리키는 기호를 규정소로 첨가하면 "기록해둔"이라고 읽으며 그 대신에 유약함과 질병을 연상시키는 특정한 새의 기호를 첨가한다면 "병든"이라고 읽어야 한다. 장식음의 효과를 내기 위해 기호의 순서를 전도시켜 읽는 것 자체가 일종의 예술이 되는 인쇄기술상의 자구전환에 관해서는 굳이 언급하지 않겠다.

텍스트성에 대한 은유로서의 철자, 텍스트의 규칙에 따라 한층 복잡해지는 약호 — 토트 신은 이미 모든 것 즉 해석학의 일탈이론뿐만 아니라 우리 시대까지도 상형문자나 아타나시우스 키르허식으로 이해할 수밖에 없는 상형문자에 대한 불멸의 동경을 표명하는 해석학 분야의 신비주의자 모두를 고안해냈다. 이집트인과 수메르인들은 기꺼이 이러한 고안물을 갖고 경제와 토지제도 그리고 정치에 대해 묘사했다. 한마디로 말해 텍스트의 황홀경 속에서 넋을 잃었을 뿐만 아니라 동시에 의사소통도 함께 했다.

글쓰기의 유혹에 대해 결론을 내려보자. 글쓰기는 정보를 기록하기 위해 고안되었으나 즉시 이데올로기적 기능도 넘겨받기 시작했다. 제의(祭儀)를 찬미하고 법을 확정하고 특권을 강조하기 위해 수없이 많은 글이 씌어졌다. 글쓰기는 급속하게 권력의 도구가 된다. 대개는 전혀 글을 쓸 줄 모르는 왕들뿐만 아니라 필사가들을 위한 도구가 된다. 이번 전시회는 지식계급의 형성과 특권의 거처로서의 학교의 기원에 관해 많은 점을 가르쳐주고 있다. 글 쓰는 사람들은 스스로를 조직하고, 교육과정을 확립하며(언어의 수호자인) 자신들이 하는 작업의 어려움과 아름다움 그리고 힘을 미화할 뿐만 아니라 여러 형상을 통해 끊임없이 스스로의 모습을 가꾸어 나간다.

속인들의 눈엔 사서 즉 도서관의 수호자들은 한 구석에 눌러앉아 전혀 생색도 나지 않는 일에 몰두하느라 수천 년 동안 글쓰기의 비밀을 잊은 듯이 보일지도 모른다. 하지만 실제로 이들은 자신의 역할에 관해 자부심에 넘쳐 있고 허영심이 강하며 언제나 왕이나 파라오의 근처에 머물고 있다고 자만하고 있다. 그리고 이와 함께 온갖 규정을 새로 고안해내고 필사기술의 규칙을 바꾸고 글씨도 아주 작게 써서 아무도 알아보지 못하도록 만든다. 그리고 글의 내용이 애매모호할수록 이들이 누리는 권력은 커지고 (이것은 참으로 떨쳐버리기 힘든 유혹이다) 수수께끼 그림을 복잡하게 그릴수록 이들의 중요성도 늘어나게 된다.

이러한 필사가들은 권력과 어떠한 관계를 맺고 있는가? 겉으로 보기엔 그저 시종이고 (노예의 일종인 — 옮긴이) 서기, 말없이 일에만 열중하고 있는 연대기 기록자일 뿐이다. 하지만 우리가 권력에 관해 언제 그리고 무엇을 알 수 있는지는 완전히 이들의 손아귀에 놓여 있다. 이들은 너무도 탁월한 솜씨로 권력을 다룬다. 그래서인지 오늘날 직접 이러한 전람회를 둘러보아도 막상 이들이 기록해둔 사건이 실제로 일어났는지를 확인할 도리가 없다. 그 위대한 제국의 목격자라고는 점토판과 파피루스밖에 남아 있지 않으니 말이다. 따라서 거짓말을 할 수도 있으며, 결코 존재하지도 않은 제국과 제왕들을 지어냈을 수도 있다.

그런데 18세기와 19세기의 위대한 해독가들이 그런 줄도 모르고 이러한 필사본의 기본 성격에 대해 거짓말을 했다면, 키르허 목사는 무슨 짓을 한 것일까? 그리고 만약 이러한 전람회가 전체적으로 지어낸 이야기, 고대의 필사가들이 아니라 그러한 필사본의 현대의 해석가들이 지어낸 이야기를 하고 있다면? 그리고 만약 이러한 석판들이 사실과는 전혀 다른 역사를 이야기하고 있다면?

다행히 로제타석이 남아 있다. (고대 이집트의 ― 옮긴이) 민용(民用)문자와 그리스어로 적혀 있는 이 비석의 그리스어를 해독해 보면 로제타석이 3개 국어로 되어 있음을 분명하게 알 수 있다. 거짓말이 이루어질 수 있는 장소인 언어와 철자는 동시에 우리에게 진리의 유일한 보증인이며, 기호는 서로 서로를 설명해준다. 그 당시에 만들어진 문자는 그래도 뭔가를 우리에게 이야기해주는데, 이처럼 우리는 다른 언어 덕분에 알게 되는 것이다.

허깨비 같은 유령인 기호는, 파라오가 실제로도 살과 피가 있다는 사실을 환기시켜주며 눈의 모험가와 오늘날까지도 아직 부식되지 않은 미라와 유물을 만지고 있는 손가락의 모험가를 확고하게 결합시키고 있다 — 이러한 기호가 없었다면 미라와 유물은 끝내 이름을 얻지 못했을 것이다.

(1982년 6월)

3 마르코 폴로 — 미지의 세계에 대해 글쓰기

이 글을 쓰고 있는 지금 나는 TV에서 방영되고 있는 <마르코 폴로>에 관해서는 전혀 아는 바가 없으며, 따라서 그 프로그램이 원작에 충실한지 아니면 원작이 그저 새로운 이야기를 위한 단서에 불과한지 전혀 알 수가 없다. 명작을 TV물로 영화화하면 갑자기 그 책을 읽는 사람이 늘어난다고 하는데, 아무튼 한 번 자세히 따져볼 문제이다. 이제 막 그 책을 다시 읽었는데, 앞에서도 이야기했듯이 아무튼 그 TV 프로가 방영되기 전이었다. 그 영화를 본 후 과연 얼마나 많은 사람들이 자리를 차고 일어나 책을 사러갈까, 그리고 얼마나 만족해할까 자문해보았다. 소위 "최고"라는 토스카니아어판 텍스트의 언어(잘 알려져 있다시피 마르코 폴로는 감옥에서 친구 루스티첼로 다 피사Rustichello da Pisa에게 회고록을 구술했는데, 그는 그것을 프랑스어로 받아 적었다. 이 원고가 1298년에 나온 데 비해 토스카니아어판은 1309년에야 나왔다)는 아주 어렵다고는 할 수 없고, 또 이해할 수 없는 단어도 대강 "분위기"에 따라 때려 맞출 수 있긴 하지만 누구나 한 번 손댈 수 있을 만큼 쉽지는 않다. 하지만 TV가 어떤 이야기를 해줄지는 한 번 기다려보기로 하고, 대신 다음과 같은 질문을 해보기로 하자. 『일 밀리오네』, 즉 『밀리오네라 불리는 베네치아의 시민 마르코 폴로의 책. 세상의 신비에 대한 보고서』를 어떻게 읽어야 할까?[1)]

이 책을 다시 읽으면서 끊임없이 나를 괴롭힌 질문은 현대의 독자들이 이 책을 어떻게 이해할까 하는 것이 아니라 당시의 독자들은 이 책을 어떻게 이해했을까 하는 것이었다. 당시 그 책이 어떻게 받아들여졌는지를 제대로 이해한다면 오늘날 이 책을 어떻게 읽어야 하는지를 해명하는 데 도움이 될 것이다. 왜냐하면 — 미리 결론을 내려버리는 셈이지만 — 마르코 폴로의 보고서인 『일 밀리오네』는 다소 전설적인 미지의 나라에 대한 일련의 백과사전적인 저술의 하나로, 당시 이러한 책은 거의 예외 없이 자신의 거주지를 한 번도 떠나본 적이 없는 작가들이 내놓고 있었기 때문이다. 폴로도 이들과 거의 다름없는 방식으로 보고하고 있지만 동시에 그는 현대의 저널리스트와 해외 특파원의 원형을 보여주기도 한다.

인쇄술이 발명되기 2세기 전에, 즉 "소책자", "통지서" 또는 "신문"이 승리하기 3~4세기 전에 이미 마르코 폴로의 책은 하나의 장르를 선취했다. 하지만 너무 일렀기 때문에 사람들은 그러한 장르를 쉽게 받아들일 수 없었다. 예를 하나 들어보자. 1298년의 원고보다 몇 년 후에 만들어졌고 현재 파리 국립도서관에 보관되어 있는 『밀리오네』의 멋진 프랑스어 사본에는 폴로가 말레

이시아 해변에서 발견한 코일루 왕국을 묘사하고 있는 157장의 세밀화가 들어 있다. 후추열매와(토스카니아어판을 그대로 옮기자면) "이 미라볼라니 엠블리치(i mirabolani emblici)"(이것이 자두의 일종인지 아니면 타닌산이 함유된 다른 종류의 과일을 의미하는지 정확히 모르겠다)를 수확해서 먹고 사는 종족에 관한 이야기가 나온다. 그러면, 그 세밀화를 그린 사람은 말레이시아의 원주민을 어떻게 그리고 있을까? 그 중의 한 종족인 블렘예는 머리가 없고 입이 배에 달려있는 동화 속의 전설적인 사람들로 그려지고 있으며, 또다른 종족인 시노포데 혹은 "오리발 인간"은 하나밖에 없는 거대한 발의 그림자 밑에 가려 있고, 마지막으로 외눈박이 종족도 있다. 따라서 당대의 독자들이 그러한 지방 즉 머나먼 인도나 설교자 요하네스의 전설적인 왕국 내지 폴로의 이야기대로 하자면 "프레스토 조반니(Presto Giovanni)"에 당연히 살고 있으리라고 생각한 사람들이 그대로 등장하는 셈이다. 하지만 참으로 멋지게도 폴로의 텍스트에는 이러한 괴물이 전혀 등장하지 않는다. 폴로는 단지 코일루의 원주민들은 흑인이며 나체로 사방을 돌아다니며 그 지방에는 검은 색 사자와 붉은 부리의 검은 색 앵무새 그리고 공작이 수 없이 많다고만 이야기할 뿐이다(그 세밀화를 그린 화가가 이 이야기를 듣고 무슨 그림을 그릴지 한 번 상상해보라). 그 밖에도 그는 독실한 기독교들에게는 적잖이 기이하게 보일 풍속이나 관습에 대해 이야기할 때도 특유의 차분한 목소리로 원주민들은 거의 도덕관념이 없기 때문에 사촌이건 계모건 형수건 가리지 않고 결혼한다고 덧붙이고 있다.

그런데 『밀리오네』의 세계에도 존재하지 않고(그리고 보다 정확히 말해 우리의 자연세계와 인문과학에도 존재하지 않는데) 모든 텍스트적 증거에도 불구하고 그 화가는 왜 이 세 명의 괴물을 텍스트 안에 집어넣었을까? 물론 이유는 간단하다. (한 번도 중단하지 않고 부단히 세계의 경이로움에 관한 고급 지식을 기록해온 백과사전에 따라) 폴로가 살았던 당대의 시대뿐만 아니라 심지어는 훨씬 이후의 독자들조차도 그러한 사람들이 의당 그곳에 반드시 있다고 믿었기 때문이다. 하지만 상인이었던 폴로는 과감하게 세상사를 의당 그러해야 하는 모습대로가 아니라 (그와 루스티첼로의 말에 따르면) "여러 지방과 나라를 있는 모습 그대로" 그리려 했던 혈기방장한 젊은이였다. 말 그대로 견문록(見聞錄)인 셈이다. 간단해 보이지만 당시에는 결코 그렇지 않았다. 그는 뛰어난 해외 특파원이었다.

당시 역사학 백과사전이나 지리학 백과사전의 전형적인 편집자는 누구였을까? 필사대에 앉아 플리니우스와 솔리누스(Gaius Julius Solinus), 세비야의 이시도르(Isidor von Sevilla)의 성스러운 텍스트뿐만 아니라 12세기의 다양한 백과사전 즉 보베의 빈첸츠(Vinzenz von Beauvais)의 『스펙쿨룸 문디*Speculum Mundi*』(세계의 거울 — 옮긴이)와 브루네토 라티니(Brunetto Latini)의 『보배』에서 전거(典據)를 찾았던 사람들이 바로 그들이었다. 그리고 실제로 존재하건 아니면 전설상으로만 존재하건 이러한 텍스트 안에 들어 있는 나라들에는 온갖 종류의 환상적인 동물과 희귀한 사람들이 득실거리는데, 물론 이들의 속성이 제멋대로 그려지는 건 아니다.

이러한 짐승과 사람들은 그것을 살아 있는 전범, 즉 읽을 수 있는 알레고리로 바꾸는 데 필요한 특징을 갖고 있다. 예를 들어 이 모든 백과사전적 논문의 선조격에 해당하는 2~3세기의 「피지오로구스」에 따르면 사자는 사냥꾼을 따돌리기 위해 꼬리로 자신의 흔적을 지워버리는 습관을 갖고 있다. 하지만 이러한 속성은 다름 아니라 사자를 우리의 죄를 보속해줄 그리스도의 상징으로 만들기 위해서 필요한 것이다. 또 한 예로 불사조는 5백 년마다 헬리오폴리스의 제단에서 스스로를 불태운 다음 (우리가 잘 알고 있듯이) 재에서 세 마리의 호랑이를 잉태시킨다. 이번에도 역시 이러한 특징은 불사조를 보속자의 상징으로 만들기 위해 "필요하다". 이러한 의미에서 사자는 불사조만큼 "실제로 존재하는" 것처럼 보인다.

1357년경에 존 망드빌(John Mandeville)로 자처하는 어떤 저자가 『해외여행』[2]이라는 제목의 여행기를 내놓았다. 망드빌은 분명히 자신의 거처를 단 한 번도 떠나본 적이 없었으며, 폴로가 글을 쓴지 60년 후에 이 책을 썼다. 망드빌에겐 이국에 관한 기행문을 쓴다는 것은 곧 실제의 존재여부와는 상관없이 의당 그 땅에 살고 있어야 하는 존재에 대해 이야기하는 걸 의미했다 — 물론 그의 묘사의 일부는 마르코 폴로의 견문록을 참고했음을 추측하게 해준다. 물론 망드빌이 모든 곳에서 그리고 항상 동화만 이야기하는 건 아니다. 예를 들어 그는 카멜레온을 색깔을 마음대로 바꾸는 동물로 묘사하면서 곧 염소를 닮았다는 말을 덧붙인다. 그런데 망드빌이 묘사하고 있는 수마트라나 중국남부 그리고 인도를 폴로의 서술과 비교해보면 참으로 흥미로운 사실이 드러난다. 기본적인 사실에서는 공통점이 한두 가지가 아니지만 망드빌은 이 지역을 자신이 전에 책에서 보았던 동물 그리고 인간 비슷한 괴물로 가득 채운다. 하지만 폴로는 그렇게 하지 않는다.

폴로는 상인이지 학자가 아니라는 점에 주의하라. 게다가 그는 17살에 여행에 나서 41살이 되어 귀향하지만 곧 바로 전쟁에 동원되었다가 다시 투옥된 지 3년이 지나서야 회고록을 구술한다. 따라서 유럽의 정세에 대해서는 글을 읽을 수 없었으며, 추정컨대 그가 이야기하고 있는 전설과 그가 믿고 있는 듯이 보이는 동화는 카타이(중국의 수도 — 옮긴이)에서 들은 게 아닐까 싶다. 그럼에도 불구하고 그도 어떤 식으로든지 중세의 백과사전의 문화를 접했을 것이다(그 밖에도 역으로 다양한 역사과정에 대한 이러한 백과사전의 수많은 정보들이 실제로는 동양의 구전정보원에서 나왔을 가능성도 얼마든지 있다). 그리고 마르코 폴로라는 일종의 서양의 자[尺]의 매력은 그 또한 여전히 그 시대의 사람이며 또 그가 분명히 보았음에 틀림없는 내용을 가르쳐준 — 하지만 결코 읽을 수 없었던 — 책들의 영향력을 결코 벗어날 수 없었다는 점에서 찾을 수 있다.

자바에서 보았다고 기록하고 있는 일각수(一角獸)에 관한 구절은 이러한 사실을 확인해주는 가장 흥미로운 기록이다. 중세인한테 일각수가 존재한다는 사실은 의문의 여지가 없었다. 오데일 셰파드(Odeil Shepard)의 상세한 논문 「일각수 학學」을 한번 읽어보라. 이 논문을 보면 마르코 폴로의 책이 나온 한참 이후까지도 많은 사람들이 일각수를 보았다고 이야기하고 또 일각수에 대해 묘사하고 있는 사실을 확인할 수 있다. 예를 들어 엘리자베스조의 여행가인 에드워드 웹(Edward Webb)이나 1576년에 처음에는 술탄의 거성(居城)에서 그 다음에는 인도에서 그리고 세번째는 마드리드의 에스코리알에서 세 차례에 걸쳐 일각수를 보았다는 벵상 드 블랑(Vincent de Blanc)을 보라. 17세기에는 예수회 선교사 로보(Lobo)가 아비시니아에서 일각수를 보았다고 기록하고 있다(그의 글은 사무엘 존슨Samuel Johnson이 번역할 정도였다). 1713년에 존 벨(John Belle)이라는 사람의 목격담이 나왔으며, 마지막으로(하지만 결코 마지막이라고는 할 수 없지만) 리빙스턴 박사처럼 위대한 사람의 목격담이 나왔다.

「피시오로구스」에서 일각수가 존재한다고 이야기하는 바람에 유럽에서는 일각수를 잡으려면 순결한 처녀를 숲에 세워놔야 하며 — 마르코 폴로가 글을 쓰기 30년 전에 플로렌스의 백과사전 편집자 브루네토 라티니가 쓰고 있듯이 — "일각수가 처녀를 보면, 처녀성 때문에 일각수는 즉시 그녀에게 무릎을 꿇게 된다"라는 전설이 정설로 굳어지게 된다.

그러니 마르코 폴로 또한 일각수말고 달리 무엇을 찾았겠는가? 그는 일각수를 찾고 또 발견했다. 물론 누구나 어쩔 수 없이 당대의 문화의 눈으로 세상을 바라볼 수밖에 없다. 하지만 당대의 전통적 문화의 커다란 영향을 받고 있던 눈으로 그러한 동물을 찾아내자마자 그는 해외통신원으로서, 즉 새로운 정보를 제공할 뿐만 아니라 왜곡된 이국주의의 클리셰들을 비판하고 정정해야 할

통신원으로서 반성해보기 시작한다. 왜냐하면 그가 실제로 본 일각수는 사실 무소, 영국왕실의 문장(紋章)에 새겨져 있는 나선형 모양의 뿔을 가진 백색 영양과 비슷한 동물이었기 때문이다.

폴로는 냉정하다. 그에 따르면 일각수는 "물소 가죽과 코끼리와 비슷한 발을 갖고 있으며" 뿔은 검고 두꺼우며 혀는 가시투성이고 머리는 산돼지 수컷의 머리와 비슷하다. 요약해보자. "일각수는 아주 징그럽게 생긴 동물이다. 처녀를 숲 속에 세워 잡을 수 있다는 우리나라 사람들의 이야기는 터무니없는 이야기다. 오히려 그 반대이다." 어린 소녀를 결코 일각수에게 보내지 마라. 그렇지 않으면 그 어린 소녀를 뿔로 받아버릴 것이다. 유감천만이지만 사실은 사실이다.

이처럼 전혀 과장하지 않고 사물을 있는 그대로 바라보는 마르코 폴로의 태도는 경이로울 정도다. 그의 책은 호기심으로 가득 차 있지만 괜히 시시한 내용으로 본말을 전도하거나 억지춘향격의 주장을 늘어놓지는 않는다. 그는 현대의 인류학자처럼 보고하고 있다. 부인을 이방인에게 맡기는 것을 금기시하고 남편들이 그러한 일을 질색하는 문화가 있으면 사실 그대로 보도한 다음 그것대로 인정해버린다.

그는 너무나 많은 것을 보았기 때문에(사람들 사이에서 회자되는 이야기뿐만 아니라 실제로 수많은 사건을 보았다) 아무것도 더이상 그를 경탄시킬 수 없었다. 따라서 그가 이야기하는 세계는 아무리 경이롭더라도 믿기지 않는 세계가 아니라 아주 단순한 세계다. 분명히 폴로는 롭(Lop) 황무지에서 신비로운 목소리를 들었지만, 일단 각자 한 일주일만 직접 그 황무지를 돌아다녀보라고 이야기한다. 또 분명히 그도 설교자 요하네스의 제국에 관한 이야기 전체를 진지하게 받아들이고 있지만 당시에는 이미 백 년 전부터 비잔틴 황제에게 보낸 수많은(오늘날 우리가 잘 알고 있듯이 당연히 위조된) 외교서한들이 돌아다니고 있었으니 이를 그의 허물이라고만 할 수는 없다. 악어를 뼈로 된 거대한 뱀으로 간주한다고 해서 폴로에게 더 가까이 가보라고 요구할 수는 없는 노릇이다. 내가 보기에 실제로 당시에 존재했던 식인종보다 훨씬 많은 식인종에 대해 이야기하고 있는 건 사실이지만 그는 자신이 아주 힘들여 직접 언어를 배운 나라의 식인종에 관한 목격담만을 기술하고 있다. 석유와 석탄에 대해서도 아주 정확하게 이야기하고 있다.

눈을 비비고 전통의 영향에서 벗어나는 데는 꽤 오랜 시간이 걸렸지만, 동시에 그는 오늘날까지도 반(反)-전통적으로 보이는 시각을 갖고 있었다. 추정컨대 그에겐 인간은 흑인종 아니면 백인종만 있을 뿐, 분명히 "황인종"이라는 생각은 떠오르지 않았다. 지팡구(즉 일본)의 주민들의 피부는 흰색이며 몽고인 대간(大干, 즉 몽고의 황제)의 얼굴은 "희고 장미처럼 붉다". 참으로 가상하게도 아마 이 점에서는 그가 전적으로 올바르다. 왜냐하면 백과사전에도(심지어는 오늘날까지) "황색에 가까운 피부"라고 서술되어 있기 때문이다. 중국인과 일본인을 자세히 관찰해보면 이들의 피부는 몽고의 난폭한 황제처럼 황색도 그렇다고 아주 흰색도 아니고 티롤인처럼 아주 붉지도 않다는 걸 알 수 있다. 물론 실제로 대간의 피부색이 장미처럼 붉은 색이었는지는 의문이다 — 아마 분칠을 했거나 아니면 폴로가 값비싼 의복과 보석에 현혹되어 황홀한 눈으로 그를 바라보았기 때문일지도 모르겠다.

폴로가 그의 선구자나 후계자들과 마찬가지로 전설을 만들어 낼 때, 예를 들어 모스카도라는 고양이 비슷한 짐승의 배꼽에 달린 "종양" 또는 농양에 들어 있는 진기한 향수에 관해 이야기할 때도 사정은 이와 비슷하다. 일단 백과사전을 자세히 살펴보자. 실제로 아시아에는 그런 짐승, 즉 "모스쿠스 모스키페루스*Moscus moschiferus*"라고 불리는 일종의 노루가 있는데, 이 사슴의 이빨은 폴로가 묘사하고 있는 모습 그대로이며, 배와 음경 바로 앞에서 강렬한 사향을 발산하고 있다.

이 노루가 고양이 비슷하다는 이야기는 토스카니아어판에 나오는데, 영양과 비슷하다고 기록하고 있는 프랑스어판이 더 정확하다고 할 수 있다. 폴로는 노루를 자세히 관찰하였으며 상인다운 공평무사함을 갖고 자신이 본 내용을 그대로 기록했기 때문에 우리는 그가 얼굴표정 하나 변하지 않고 터무니없는 거짓말을 하고 있다고 믿게 될 정도다.

그는 중세의 모든 백과사전과 달리 알레고리화하거나 도덕화하지 않는다. 그는 진정 후손을 위해 기록할 뿐이다. 그리고 그것이 상인다운 방식이다. 어떤 의미에서 그는 마키아벨리처럼 환상과는 거리가 멀며 철저하게 현실주의적이며, 기술자로서 기술자들에게 이야기한다.

그러나 그 당시의 세계는 이러한 도발에 맞서, 그의 책을 온갖 환상을 지어낸 그의 선구자들의 다른 책과 하등 다를 바 없이 읽어버렸다. 환상적으로 지어낸 것이 뻔한 "리온판테"나 "불도마뱀(불 속에 산다는 전설의 뱀 — 옮긴이)"과 같은 문장학적 표현에 미혹되어 우리 또한 그러한 짓을 하지 않을까 우려된다.

하지만 그가 멋지게 묘사하고 있는 불도마뱀은 석면(石綿)으로 되어 있기 때문에 소위 불 속에 살며 즐거운 모습으로 사지를 뻗고 있는 베스티아리엔의 전설적인 동물과는 거리가 멀다. "그런데 이것이 바로 불도마뱀이고 다른 것은 지어낸 이야기에 불과하다."

(1982년 11월)

4 표정의 언어

1. 관상학(Physiognomonomie — 또는 Physiognonomie나 Physiognomonik, Physiognomik 또는 Physiognomie)은 아주 오래된 과학이다. 또는 과학인지는 아직 미정이나 아무튼 아주 오래된 것만큼은 분명하다. 아리스토텔레스는 (예를 들어 『분석론 후서』, II, 70b에서) 자연의 모든 자극은 육체와 영혼을 동시에 변화시키기 때문에 신체구조에 따라 인간이나 동물의 본성을 판단할 수 있다고 쓰고 있다. 따라서 얼굴의 특징이나 사지의 크기는 내적인 특징을 가리키는 외적인 기호이다. 아리스토텔레스는 용맹한 사자를 예로 들어 사자의 대담무쌍함을 드러내주는 외적인 기호가 무엇인지를 묻고 있다. 그는 "거대한 사지"를 그러한 기호로 제시하면서, 거대한 발을 가진 사람은 용감무쌍하다는 결론을 내리고 있다.

다른 말로 하여, 얼굴은 영혼의 거울이다. 이러한 주장은 과학적 근거가 없으며 따라서 헤겔은 이를 "자연적 골상학"이라고 부른다. 우리 또한 충혈된 검은 눈과 납작코, 둥글게 부푼 입술, 뾰

족한 큰 송곳니, 땀에 절어 뻣뻣한 수염을 한 사람을 만나면 저 사람이야말로 저축해둔 돈을 맡기기에 안성맞춤인 사람이지 않을까 내지는 우리 아이들이 차를 몰 수 있도록 도와줄 사람이라고 생각하고픈 유혹을 어떻게 물리칠 수 있을까?

우리는 이러한 자연적 성질로부터 직관적으로나마 쉽게 과학으로 나아갈 수 있다 — 그리고 키케로(Marcus Tullius Cicero)와 퀸틸리아누스(Marcus Fabius Quintilianus), 플리니우스(Plinius), 세네카(Seneca), 갈레누스(Galenus), 알베르투스 마그누스(Albertus Magnus), 캄파넬라(Tommaso Campanella)도 이러한 골상학을 학문으로 만드는 데 기여했는데, 이는 다윈(Charles Darwin)과 롬브로소(Cesare Lombroso)로까지 이어진다(이 사람들 말고 누구를 꼽을 수 있단 말인가?).

지금은 과학의 권위에 의해 무너졌지만 이러한 자연적 골상학은 승리를 구가해왔다 — 그리고(우리가 곧 살펴보겠지만) 19세기 초에 골상학이 두개골과 영혼의 성향 간에 존재하는 일치관계를 찾아낸 이래 대중문학은 자연적 관상학의 주신제(酒神祭. 마시며 노래하고 춤추는 요란한 의식 — 옮긴이)에 다름 아니게 되어버리고 말았다.

비아 바르바루와 비아 베르톨라 사이의 선술집에서 옷을 거의 걸치지 않은 한 사내가 나왔다. 그의 얼굴은 곰보에다 이마는 뒤로 젖혀졌고 눈은 충혈되고 입은 어마어마하게 컸다(카롤리나 인베르나치오, 『지하실의 비밀』).

그는 바짝 마른 큰 키에 신경질적이었다. 얼굴은 어두운 구름에 가려져 있는 듯 창백했다……. 입술은 너무 얇아 거의 눈에 띄지 않았고, 흡사 기다란 상처가 실룩거리는 것 같았는데 막상 상처는 없었다. 영혼을 탐구하는 눈을 가진 사람이 그의 턱의 각도와 입의 굴곡을 좀더 자세히 들여다보았다면 아마 차갑고 이기적인 냉정함 그리고 왠지 도둑고양이 같은 느낌, 그리고 동시에 인내심과 야성(野性)도 함께 간파할 수 있었을 것이다……(루이지 나톨리, 『베아티 파올리』).

이 도둑보다 더 소름끼치는 얼굴을 상상하기란 힘들 것이다. 그의 얼굴은 깊고 푸르죽죽한 흉자국 투성이었다. 입술은 황산염의 부식 효과 때문에 두껍게 부풀어 올라 있었다. 코는 불쑥 솟아올라와 있었고, 콧구멍이 있어야 할 자리에는 형태를 알아보기 힘든 구멍이 두 개 뻥 뚫려 있을 뿐이었다. 약간 회색에다 아주 형형한 원형의 눈에서는 야성이 번뜩이고 있었다. 호랑이의 이마처럼 평평한 이마는 붉은 장발을 덮고 있는 털가죽모자에 절반쯤 가려 있었다……. 그것은 무시무시한 괴물의 갈기를 연상시켰다. 교장선생은 채 5피트가 되지 않는 단구였다. 근육이 단단한 널찍한 어깨 사이에 커다란 머리가 자리 잡고 있었다. 근육질의 팔은 아주 짤막했으며 커다란 손은 손톱 끝까지 털이 나 있었다. 온 몸의 뼈는 마치 바깥으로 튀어 나올 듯했으며, 장딴지는 근육질의 힘을 드러내고 있었다(외젠 쉬, 『파리의 비밀』).

당연히 이와 정반대의 경우도 있는데, 아담한 몸매는 고귀하고 선한 영혼을 드러내준다.

쥬아뢰즈는 방년 17세였다. 완벽하고 둥그스름한 얼굴 위로는 극히 순수하고 하얗디하얀 이마가 둥글게 자리하고 있었다. 속눈썹의 가장자리는 매우 길어, 가늘게 잔물결을 드리우며 커다란 파란 눈에 살짝 그림자를 드리우고 있었다. 첫번째 소년의 솜털은 붉은색 홍조가 밴 둥그스름한 뺨 위에 부드러운 빛을 드리우고 있었다. 작고 붉은 입, 균형 잡힌 코, 살짝 보조개가 패어 있는 턱은 정말 아름다운 형태를 하고 있었다(외젠 쉬, 『파리의 비밀』).

얼굴은 길고 어두웠다. 불쑥 튀어나온 광대뼈는 교활함을 드러내주는 상징이었다. 어마어마하게 큰 턱의 근육은 가스코뉴 사람을 연상시켰다······. 크게 뜨고 있는 두 눈은 지적으로 보였으며, 코는 매부리코였지만 선은 뚜렷했다. 청년으로서는 제법 컸지만 한창 나이로는 너무 작았다. 장검이 아니었다면 미욱해 보이는 눈 때문에 그는 이리저리 떠돌아다니는 소작인의 아들로 오인되었을 것이다······(알렉상드르 뒤마, 『삼총사』).

마지막 초상화에서 골상학적 지식은 정점에 달해, 얼굴의 특징이 아버지의 직업을 드러낼 정도가 된다. 이와 동시에 뒤마의 얼굴묘사는 속내를 들여다보기 위한 극히 심술궂은 수단이 되어버린다.

달타냥을 아주 우호적으로 그리고 있는 『삼총사』의 첫번째 장에는 "20에서 22세 가량 된" 아름다운 처녀가 나온다······. 그녀는 "창백한 얼굴이었지만 주황색 곱슬머리가 어깨 위로 치렁치렁 늘어져 있었고 푸른 눈은 뭔가를 갈망하는 듯하고 입술은 불타는 듯 붉었으며 손은 설화석고처럼 희었다". 아토스는 27장에서 그녀는 "사랑의 여신처럼 아름다웠으며"라고 말하면서 "젊은 나이의 순진무구함을 통해 작열하는 정신, 소녀의 정신이 아니라 시인의 정신이 그녀 속에서 빛나고 있었다"라고 묘사하고 있다. 순수성의 천사인 셈이다. 54장에서 그녀는 "순교를 기다리는 성처녀"로 나온다. 하지만 이 소녀가 바로 마이레디(My Lady)로, 파렴치함의 괴물, 배신과 잔혹함과 음모 그리고 뻔뻔함의 정수이자 도둑년이며 독살자, 거짓말쟁이, 유혹자이다. 경악스런 인물이다. 따라서 관상학은 결코 확실한 과학이 될 수 없다! 가난한 사람을 묘사할 때 언제나 납작한 이마와 둥근 눈을 동원하는 낭만주의적인 작가들도 애매모호함과 유희를 해야 한다는 사실쯤은 뻔히 알고 있으니 말이다. 이들도 천사처럼 보이지만 병든 가슴의 깊은 곳에는 흉측하기 짝이 없는 열정을 숨기고 있는 악마적 영웅을 내놓는다.

대시얼 해밋(Dashiell Hammett)으로부터 미키 스필레인(Mickey Spillane)을 거쳐 이언 플레밍(Ian Flemming)의 제임스 본드에 이르는 두번째 세대의 추리소설 즉 비정소설(hard boiled novel)은 이러한 교훈을 훤히 꿰차고 있다. 이들은 험악한 얼굴을 한 악당의 열람실 옆에 가냘픈 금발 여인을 제시하는데, 건장한 탐정은 결국 이 여인을 죽이지 않을 수 없는 상황으로 내몰린다. 가슴은 사랑으로 가득 차 있지만 눈은 증오로 불타오른 채 — 왜냐하면 여인들은 인격화된 악에 다름 아니기 때문이다.

2. 자연적 골상학(가증스럽고 악한, 아름답고 악한, 가증스럽고 선한, 아름답고 선한)을 통한 이러한 애증병립(愛憎竝立)적인 접근은 분명히 아주 오래된 경향을 그대로 따르고 있다. 한편으로는 본능적으로 표정을 영혼과 연결시키며 다른 한편으로는 아름다움 속에서 악의 가면을 보려는 극히 기독교적인 경향 말이다. 하지만 이러한 자연적 골상학을 더이상 고수할 수 없게 되자 소위 과학적 관상학은 이처럼 용이한 연결을 시도하지 않는다. 아름다움은 반드시 기분 좋은 느낌만을 주지는 않으며 따라서 분석은 미묘한 징후를 포착하는 쪽으로 나가야한다.

이탈리아 르네상스 시대의 나폴리 사람 조반 바티스타 델라 포르타(Giovan Battista Della Porta)가 과학적 요구를 내걸고 첫번째 시도를 했다. "자연적 마술"의 연구자(그는 망원경과 현미경 그리고 암실의 발명자였다. 하지만 설사 그렇더라도 "자연적"이라는 형용사가 "마술"이라는 명사를 얼마나 바로잡아 줄지는 여전히 의문이다)였던 델라 포르타는 1586년에 『인간의 관상학』이라는 소책자를 내놓았다. 그는 먼저 동물 — 양, 원숭이, 사자, 개, 소 등 — 의 표정을 인간의 표정과 비교한 다음 이들의 특징에 관해 다음과 같은 결론을 이끌어내고 있다. "경험적으로 영혼은 육체의 움직임에 무감각하지 않다는 사실을 쉽게 알 수 있다. 마치 육체가 영혼의 열정에 의해 분해되듯이 말이다."

나중에 라바타도 똑같은 이야기를 하지만 이러한 믿음 속에는 신성이 모든 피조물을 통해 흐르며 따라서 이러한 피조물을 규제하는 신성의 지혜는 얼굴표정에서도 그대로 드러난다는 확신이 들어 있다. 따라서 관상학의 원리는 인간과 짐승뿐만 아니라 식물과 천체에까지 두루 미치고 있다. 만물의 주인인 신성의 아름다움이 천지사방을 관류하기 때문에, 눈물이 촉촉이 젖은 눈으로 도덕적인 울음소리를 내는 양과 같은 존재의 순수하고 밝은 표정 속에도 선(善)과 부드러움이 흐르게 된다.

이 순간부터 관상학자들은 더이상 자제하지 못하고 산지사방으로 사냥감을 찾아 나선다. 몇몇 논문은 진리를 말한다는 명분으로 델라 포르타의 소책자를 훨씬 넘어선다. 바르텔레미 코클레스(Barthelémy Coclés)는 1533년에 발표한 『관상학』에서 아주 건강한 처녀, 다혈질의 남성, 성마른 사람의 이마, 잔혹한 사람의 이마, 탐욕스러운 사람의 이마 또는 경솔한 사람의 이마, 수다스러운 사람의 이마의 특징을 일일이 열거하고 있으며 장 뎅다진(Jean D'indagine)은 1549년에 발간한 『수상술手相術』에서 용감무쌍한 사람의 입과 철면피 같은 사람의 입, 후안무치한 사람의 입, 거짓말을 일삼는 사람의 입, 잔혹한 사람의 이빨(통상 입이 앞으로 튀어나와 있다), 불결한 사람의 눈, 변덕스러운 사람의 눈, 음탕한 사람의 눈매, 배신자의 눈매, 거짓말쟁이의 눈매의 특징을 일일이 제시하고 있다. 하지만 코클레스는 여기서 한 발 더 나아가, 머리털과 수염의 관상학을 내놓는다. 야만적이고 야망에 찬 사람의 수염과 쉽게 겁에 질리고 유약한 사람의(라파엘로처럼 부드럽게 휘날리는) 머리카락을 자세히 그려 보이고 있다. 이처럼 극단적인 주장 때문에 몇 백 년 후에 리히텐베르크(George Christoph Lichtenberg)는 라바터의 관상학을 논박하면서 다음과 같이 주장할 수 있었다.

"아무리 관상가가 어떤 사람의 운세를 훤히 꿰뚫어 보았다고 치더라도 만약 그 사람이 어떤 유별난 결단을 내리기만 한다면 곧 다시 그의 운세는 수천 년이 지나도 풀리지 않을 미궁 속에 휩싸여 버리고 말 것이다."[1] 마이레이디는 이러한 주장이 옳음을 생생하게 보여준다.

그렇다고 관상학자들이 포기할 리 만무하다. 19세기에 뷜송 드 라 콜롬비에르(Wulson de la Colombiere), 로버트 플러드, 미셸 레스코(Michel Lescot) 그리고 그 밖의 다른 많은 사람들은 여전히 수많은 소책자에서 납작코는 음탕함의 표시라는 철석같은 믿음을 설파하고 있었다.

그후 일상에서의 직관적인 상식과 예언적인 유혹이 뒤엉키게 되는 관상학은 해부학 연구와 동시에 발전하며, 아주 진지한 학자들조차도 이를 진지하게 받아들이게 된다. 이리하여 우리는 라바터의 『인간 이해와 인간애를 촉진시키기 위한 관상학적 단편들』에 도달하게 되는데, 이 책은 괴테와 헤르더(Johann Gottfried Herder)의 협력과 열광적인 환호 속에 1775~1778년 사이에 4권으로 발간되었다.

3. 신학자이자 목사이며 종교극 『아브라함과 이사야』와 애국적인 『스위스인의 노래』, 『메시아데』, 『조셉 폰 아르마테아』라는 선집의 저자이며 위대한 설교자였던 요한 카스파르 라바터(1741~1801)는 델라 포르테(라바터는 그에게서 영감을 얻었다)와 마찬가지로 모든 모래알과 작은 나뭇잎도 무한성을 감추고 있으

며, 육체와 영혼 간에는 미묘한 조화가 이루어지고 있고 덕은 사람의 모습을 아름답게 만들며 악덕은 흉측하게 만든다고 확신하고 있었다. 신앙심을 계몽주의와 결부시키고 있던 그는 이러한 신념을 자연 세계에 관한 일종의 "과학적" 관찰로 번역해냈다 — 그리고 이를 통해 그는 인간과 짐승, 얼굴 표정과 영혼의 번뇌, 어머니와 아들, 똑같은 민족 공동체에 속하는 사람들 사이에 일정한 상응관계가 존재한다는 주장을 내놓았다. 그는 얼굴과 머리, 손을 연구했으며 과거의 위대한 인물의 관상(당연히 18세기의 관념적인 동판조각술을 통해)을 작성했다. 인류를 도덕적으로 개선시키려 했지만 자신의 훌륭한 합리주의적인 의도를 망각했는지 신비적 황홀경 속에 임종했다. 그리고 결국 괴테와 티격태격했으며, 마침내 마세나의 병사들이 쏜 포탄에 목숨을 잃었다. 물론 당대의 연대기는 대포를 쏜 병사들의 얼굴표정이나 발의 크기에 대해 아무런 기록도 남겨놓지 않았다.

이와 거의 동시에 의사 프란츠 요셉 갈(Franz Joseph Gall)이 골상학을 고안해냈다. 모든 정신 능력, 모든 성향과 본능은 특정한 크기의 두개골 속에서 그에 상응하는 외적인 형태를 갖고 있다. 기억력이 탁월한 사람은 둥근 두개골이 앞으로 튀어나와 있으며, 두 눈은 멀리 떨어져 있다. 그 다음에는 마디를 보면 된다.

갈은 또 두개골의 다양한 지점에 나 있는 주름과 종양 또는 함몰 부분을 연구했는데 그는 이것이 각각 이러저러한 능력의 우세함을 표현해주고 있다고 믿었다. 이것은 참으로 독특하게도 뇌신경의 위치에 관한 연구의 선구자 노릇을 하게 된다. 교회가 유물론과 결정론을 설파하고 있다고 탄핵하자 그는 파리로 가서 1810~1819년에 조수 스프르쳉과 함께『신경체계 일반, 특히 뇌 해부와 생리학. 두개골의 형태를 통해 인간과 짐승의 몇몇 지적-도덕적 기질을 인식할 수 있는 가능성에 대해』를 쓴다. 오 위대한 신이시여! 나폴레옹이 몸소 나서서 개입하는 바람에 학위가 거부되었으며, 유럽 전체가 두개골에 관한 일대 논란을 벌였다. 리히텐베르크는 격노해서 다음과 같이 단언하고 있다. "예컨대, 어떤 사람이 말하기를, 자네가 정직한 사람답게 행동하는 것만은 사실이지만 그러나 자네가 지금까지 취해온 태도로 미루어 볼 때 필경 그것은 자네가 억지로 그렇게 하려고 애를 썼을 뿐 본심으로 보면 자네는 분명히 간악한 사람인 것 같다는 투의 말을 했다고 하자. 이때 이런 말을 들은 당사자가 만약 사나이답게 행동할 줄 아는 사람이라면 필경 그는 이런 소리를 지껄여대는 사람의 따귀를 후려치고야 말 것이다."[2]

게오르그 빌헬름 프리드리히 헤겔은 한 수 더 뜨고 있다. 그는 "그러나 실은 자연적 골상학으로도 — 즉 이러한 유의 관상학이 있듯이 또한 이러한 유의 골상학도 있을 수밖에 없으므로 — 이러한 한계는 벗어나 있다고 봐야만 한다. 즉 그와 같이 단순한 골상학의 경우에도 교활한 인간은 주먹만한 혹이 귀 뒤에 붙어 있다고 판단하는 정도에서 꾀는 것이 아니라 이보다 더 나아가 부정한 여인의 경우를 보면 그 자신이 아닌 바로 그녀의 상대가 되는 쪽의 이마에 혹이 달려 있다는 투로 생각할 수도 있다는 것이다."[3]라고 『정신현상학』에서 쓰고 있다.

4. 하지만 헤겔은 이처럼 천골(薦骨)에 대한 해학만으로 만족하지 않는다. 그의 담론은 제법 복잡하며 활동하는 힘인 정신이 뇌를 둘러싸고 있는 두개골처럼 이러저러한 지점에 자리를 잡음으로써 뇌를 어떻게 규정하는가라는 문제를 검토하고 있다. 그는 두개골처럼 죽은 물질도 정신의 운동에 특정한 형태를 강요할 수 있는가 아니면 양자 간에는 일종의 자유롭고 전혀 예견할 수 없는 순응관계가 있는가 하는 문제도 같이 검토하고 있다. 그리고 마지막으로 두개골의 형태로 표현되는 선천적인 소질은 그저 단순한 가능성일 뿐으로, 개인의 행동 자체와 역사적 성장을 규정하는 것이 아니라 전혀 다른 목표를 겨냥하고 있는 건 아닌지 하는 문제를 검토하고 있다. 그리고 라바터의 얼굴표정의 경우, 인간은 행동과 행동의 결과를 통해 자신을 훨씬 더 잘 표현할 수 있는데도 그처럼 정적인 관상학이 무슨 쓸모가 있겠는가고 조롱 섞인 질문을 던지고 있다. 헤겔의 글은 어렵고 미묘하며, 라바터와 골상학에 대한 조롱도 악의로 가득 차 있고 때로는 우스꽝스럽기 짝이 없다(그는 이 장을 우리 기관의 애매모호함에 대한 고찰로 끝맺고 있는데, "이처럼 고귀한 것과 비천한 것이 한데 어울려 있는 것을 생명체의 경우에 견주어 본다면 이것은 곧 최고의 완성된 기관이라고도 할 생식기관과 방뇨기관을 결합시켜 놓음으로써 자연의 힘을 통해서 나타나는 고귀하고 비천한 것이 하나로 결합된 상태라고 할 수가 있다"). 물론 물리적으로 결정될 수밖에 없도록 만드는 여러 원인에서 정신의 자유로운 창조성을 떼어내는 것이 헤겔의 목표니 일견 그럴 수밖에 없기도 하다(여기서 헤겔은 그의 고집 때문

표정의 언어 141

에 내용이 별로 없는 라바터나 그보다 한층 내용이 없는 갈보다 한층 뒤처지게 된다). 하지만 동시에 이 철학자는 두개골과 관상학에 관한 담론은 행동이나 역사의 변화를 고려하지 않고 개인이나 인종을 특정한 방식으로 영원히 낙인찍는 결과를 가져올 수도 있음을 지적하고 있다.

5. 이와 함께 우리는 "범죄학의 아버지인" 체사레 롬브로소와 만나게 된다(이것은 식은 죽 먹기며, 이 주제에 관한 비평 문헌도 무수히 나와 있다).

범죄자를 다루는 범죄인류학적 연구는 수많은 비정상적인 해부학-생물학-심리학적 특징을 구분해냈는데, 이것은 격세유전된다. 이러한 격세유전적인 특징은 범죄적 성향이나 그러한 성향의 노출과 밀접한 관계를 맺고 있으며, 흔히 동물뿐만 아니라 원시인이나 야만인들에게서도 나타나는 매우 정상적인 특징인 바 당연히 범죄자들한테도 마찬가지다. 이러한 의미에서 이러한 특징은 필연적으로 신체구조와 연관되어 있으며, 원시인이나 야만인 그리고 흔히는 짐승들의 구조와 육체적-심리적 기능이 저열하듯이, 이들 범죄자들에게서도 마찬가지라는 결론을 내릴 수 있다(체사레 롬브로소, 『범죄인론』).

몇 년 전에 볼로냐 대학의 박사시험 수험자였던 프란체스코 콘베르사노(Francesco Conversano)는 1897년에 세인의 커다란 주목을 받으며 재판이 진행된 칼라브리아 지방의 산적 주세페 무솔리노 사건에 관한 박사학위 논문을 제출했다. 이 사건은 당시 아주 유명했다. 이 논문에 인용된 재판기록은 변론과 고소의 논지가 얼마나 철저하게 롬브로소와 라바터주의의 영향을 받고 있는가를 잘 보여준다. 변호인의 변론요지를 보자. 이 산적은 "작은 두개골에(즉 백치이며 ― 옮긴이) 이마가 뒤로 젖혀져 있으며, 흉부가 불균형을 이루고 있고, 귓불은 이상비대이며 왼손잡이"라는 점에 유의하라고 지적하고 있다. 검사 측의 법률 감정인은 칼라브리아인 일반의 인종적 열등성을 유포시키고 있다. 롬브로소는 판결을 내릴 때가 되자 사진을 들어 자신의 견해를 표시하면서 무솔리노는 결코 "완벽한 범죄자 유형"이 아니며, "천성적인 범죄자"와 "후천적인 범죄형"의 중간형에 불과하다는 의견을 개진하고 있다.

롬브로소의 전통과 함께 우리 시대의 라바터주의에 아주 근접하게 된다. 얼마 전에 밀라노의 예술 교육자들이 전시회를 개최했는데, 이 전시회에는 경찰의 (밝은 조명 하에서 찍은 통상적인 정면사진인) 통상적인 감식용 사진뿐만 아니라 일반적으로 신문에 실리는 용의자 사진도 전시되었다. 카메라의 무의식적인 라바터주의(렌즈 제조업자 델라 포르타와 관상가 델라 포르타 간의 신비로운 연결을 보라!) 때문인지 이런 식의 끔찍한 변질의 징후를 드러내고 있지 않은 사진은 한 장도 없었다(운전면허증만 슬쩍 보아도 이를 분명하게 확인할 수 있다). 따라서 이러한 사진을 앞에 두고 라바터식으로, 순전히 직감에 따라 "그러한 행동을 했음직한 혐의자"를 롬브로소식의 선천적인 범죄자로 몰지 않을 신문독자는 하나도 없을 것이다. 1969년 12월에 밀라노의 방카 나치오날레 델라그리콜투라(전국 농업은행 — 옮긴이)에 근무하는 네오파시스트 봄벤아텐타트의 의견에 따라 택시기사 롤란디와 아나키스트 발프레다를 용의자로 지목해낸 과정이 바로 그랬다. 그는 앞에서 살펴본 사진과 같은 것으로 범죄자를 "감식해"내었다.

물론 롬브로소주의적이거나 라바터주의적인 색채가 짙게 배인 이러한 도식주의가 오늘날 과연 감식사진을 만드는 데 얼마나 유용한지는 의문으로 남는다. 그리고 마지막으로 "토리노에서 칼라브리아인이 아내를 죽였다"("피에몬트인이 아내를 죽였다"라는 문장은 전혀 상관이 없다. "부기계원 또는 상점주인이 부인을 죽였다"라는 제목까지도 무난하다)는 식의 제목을 1단 기사로 처리하여 범죄사건을 보도하는 경우 신문이 종종 어쩔 수 없이 휘말려 들어가게 되는 인종주의를 통제하려면 우리는 결국 수많은 무의식적 라바터주의를 시각적 추정에서 언어적 약호로 옮겨야 한다. 그러한 제목은 특정한 인종에 대한 상투적인 편견을 떠올리는 단어 때문에 범죄자는 피부가 검고 고수머리며 눈썹은 진하다는 생각을 떠올리도록 만들 수밖에 없으니 말이다.

6. 그러한 경우 많건 적건 무의식적으로 또는 은근히 인종주의를 내포하게 된다는 지적은 아주 정당하다. 그리고 롬브로소가 인종주의 이론가들과 연결되는 계보를 추적하는 것은 별로 어렵지 않기 때문에 그러한 지적이 단지 은유적인 것만은 아니다.

이리하여 우리는 곧장 현대의 고전적인 인종주의 이론가들과 만나게 된다. 이들은 유대인 하면 전혀 주저하지 않고 두터운 입술과 매부리코, 뾰족한 귀 그리고 인색함과 탐욕과 방탕함으로 가득 찬 사악한 눈초리를 그려내 놓을 터이다. 그리고 라틴인 하면 작고 머리는 검고 게으른 인종이며, 아리아인 하면 건장하고 금발이며 두개골은 기다랗고 말끔하며 자태 또한 의젓하다. 이러한 종류의 저술은 널리 알려져 있는데, 근대에 들어와 한층 야만적으로 된 라바터의 예로 루트비히 클라우스(Ludwig Clauss)를 들 수 있다. 그는 『인종과 영혼』(1926)에서 인간을 구형(球形), 피라미드형 그리고 포물선형과 다각형으로 나누고 있다. (볼록한 코와 둥근 눈, 짧은 다리, 신속하고 날아갈 듯한 동작을 보여 주고 있는) 이탈리아인과 폴란드인은 구형이며, (두개골, 얼굴, 목이 길쭉하고 다리도 길고 차분히 위풍당당하게 걷는) 독일인과 스칸디나비아인은 포물선형이며, 고혈압에 시달리고 과장이 심한 유대인은 피라미드형이며, 이마가 각지고 코는 형태를 찾아보기 힘들고 위는 길고 아래는 넓적한 얼굴을 가진 괴물 같은 모습의 흑인은 다각형이다.

이와 함께 우리는 (연재)만화에 도달하게 된다. 실제로 만화와 캐리캐처는 관상학이 속기술의 기교적 가치를 얻게 되는 장소로, 애써 선(線)을 강조하지 않아도 영혼의 역사와 풍속의 역사전체를 묘사할 수 있다. 자연적 관상학의 편견(그리고 일부는 고대의 지혜)을 이용하고 재삼 강조하면서 말이다.

7. 원래 이 글은 1811년에 당대의 여러 인물에 대한 캐리캐처와 함께 밀라노에서 출판된 소책자 『라바타 문고본』중 악명 높

은 한 장(章)에 붙이는 서설격으로 쓴 것이다.[4] 그 책에서는 상원의원 판파니(Fanfani)의 얼굴도 네오-라바터적인 신랄한 일격의 표적이 되어버리고 있다(그보다 한참 점잖은 인물들도 그에 못지않은 잔혹한 모습으로 까발려져 있지만 말이다). 그런데 당시 나는 하늘이 인과응보를 가하는 방법은 참으로 무수히 많고 또 한 치도 어긋남이 없다는 점을 지적하면서 흔히 라바터에게 한방 먹이려는 사람들이 실제로는 라바터를 이용해 통렬하게 한방 먹이는 역설적인 경우도 드물지 않다는 점을 지적했다.

예를 들어 『자본주의의 역사적 형성과정에서의 가톨릭과 신교』[5]라는 책에서 세계사에서 경제성장이 이루어지는 시기는 언제나 단구(短軀)의 사람이 권력을 잡았을 때인 반면 거구인 사람이 권력을 잡았던 시기는 무역이 명상(瞑想)보다 뒤로 밀리는 후퇴기였다는 이론을 제시한 사람은 다름 아닌 판파니였다.

그런데 이 이론은 『근대 유럽의 경제적 변화와 지배계급에서의 입헌주의의 분출』[6]이라는 소책자에서 그대로 수용되고 있는데, 이 책은 단구의 정치가들에게는 최상의 기념비라 할만하다. 이 소책자는 판파니가 특정한 신체적 유형에 특정한 심리적-도덕적 능력을 부여하는 라바터주의를 아주 노골적으로 그대로 반복하고 있을 뿐만 아니라 특정한 문화관을 갖고 있음을 확인해준다 — 명상적이어서 행동을 꺼리는 거구의 사람에 의해 오염된 시대는 언제나 휴마니타테스(인문학 — 옮긴이)가 꽃피고 "문화가 승리하는" 시대다. 이러한 시대가 이 저자의 눈에는 별로 유쾌하지 못하리라는 것쯤은 14세기의 상인정신과 15세기의 문화적-예술적 정신을 대립시키고 있는 다음과 같은 문장을 보면 쉽게 확인할 수 있다. "…… (쾨니히스베르크 대학을 세운 — 옮긴이) 알브레히트적인 심성, 게다가 엎친 데 덮친 격으로(강조는 내가 한 것이다) 15~16세기의 이탈리아 궁정과 지배계급을 사로잡았던 정신은 정확히 거구적인 유형이었다."

이러한 명제를 증명하기 위해 판파니는 그것이 당대의 회화에서 어떤 식으로 전수되고 있는가를 검토한다. 그의 소책자 속에는 원숭이나 개의 코밑수염과 비교하는 것만 빼고는 모든 이야기가 들어 있다. 아마 굳이 이들 동물과 비교하지 않는 이유는 우리가 알고 있듯이 이 저자가 추상화를 선호하고 후일의 재구성이 역사적 분석을 대신하도록 만들고 싶지 않았기 때문인 것 같다.

이뿐만 아니라 판파니는 자신의 학설을 한층 심화시키고(나는 여기서 꽃바구니를 가득 채워주기 위해 흥미진진한 소책자 『전문가의 양식』[7]을 지적하고 싶다) 있는 성인전 저자도 제법 많이 갖고 있었다. 이들이 이 주제에 대해 그려놓은 측면도는 라바터를 수입해 장황하게 주석만 늘어놓은 판파니의 글보다 전혀 뒤지지 않는다.

예를 들어 로베르토 게루바소(Roberto Geruvaso)가 판파니에 대해 하고 있는 이야기를 보자. "그의 간섭과 분노를 두려워했던 당의 동료들만이 그의 악마적인 정신적 영향력에서 벗어나거나 벗어날 수 있었다. 그의 모든 땀구멍에서, 그 밖의 다른 모든 구멍에서도 악마의 영향력이 흘러나오고 있다. 두 사람이 겨누고 있는 펜싱검이 무곡에 따라 춤추듯, 백병전을 벌이고 있는 검투사들이 빙글빙글 돌듯, 야전에서 뒤랑다르트인들이 빙빙 돌듯 눈에

표정의 언어 147

서도 쏟아져 나오고 탐욕에 가득 차서 호흡하던 콧구멍에서도 쏟아져 나오고 어떻게 보면 앞에 뚜껑이 달린 아가리 같고 달리 보면 성합(聖盒) 같으며 협박하는 듯 삐죽 위로 올라간 입에서도 터져 나오며 검투사 같은 목에서도 쏟아져 나오고 있다. 그리고 시끄러운 소리로 온갖 욕지거리와 싫은 소리를 해대며 회초리를 휘두르기도 하고 또 자상하게 타이르거나 귀여워하며 애정 어린 소리로 이야기하는 목소리에서도 쏟아져 나오고 좌우로 끊임없이 요동하는 몸짓에서도 나오고 있다."

이러한 도식은 어디서 한 번 들어본 것 같다. 외젠 쉬, 알렉상드르 뒤마, 카롤리나 인베르나치오 또는 헤트비히 쿠르트스-말러(Hedwig Courths-Mahler)나 그와 비슷한 사람들의 초상화 작품에 나오는 도식과 똑같다.

이와 함께 원이 닫히게 된다. 헤겔이 그처럼 의심의 눈초리로 바라보았지만 자연적 관상학은 죽지 않았다.

(1984)

5 조악한 회화에 대해

대규모의 회고전은 언제나 전설을 파괴하고 클리셰를 교정하는 데 도움이 된다. 최근 밀라노에서 하예츠[1] 회고전이 열렸다. 통상 하예츠를 키치 화가로 간주하기 때문에 나는 나 자신의 이러한 클리셰를 교정하기 위해 자신을 희생해볼 생각이 들었다. 물론 익히 알려져 있다시피 소위 키치가 "진정한" 예술인 양 호들갑을 떠는 태도는 아주 "캠프한" 행동(과장하고 괜히 젠체하는 행동 — 옮긴이)이다. 거꾸로 갑자기 "진정한" 예술 작품으로 간주되어온 것이 실은 키치라는 이야기도 마찬가지다. 그래서 서둘러 하예츠 회고전에 가보았지만, 폐막되기 바로 전날이었다. 먼저 일정한 거리를 유지하고, 두번째로는 백여 년 이전에 그림을 그렸던 화가이기 때문에 한두 달의 격차를 두고 그림을 보아도 큰 무리는 없을 것 같아 너무 서둘러 나를 희생할 생각은 없었다.

하지만 그 회고전을 보니 클리셰를 교정할 필요는 없지 않은가 하는 생각이 계속 밀려왔다. 분명히 하예츠는 형편없는 화가였다.

아니 솔직히 말해 그는 결코 화가가 아니었다. 그는 오늘날이라면 대중소설의 표지디자인이나 하고 있을 그저 그런 일러스트레이터로, 그 일이라는 것도 프라제타와 같은 수많은 사람들이 그동안 이미 이전보다 훨씬 세련된 기술을 개발했기 때문에 소소한 일에 그치고 말았을 것이다. 솔직히 말해 낭만주의회화의 비밀에 대해 설명해주는 도시의 명사들의 손에 이끌려 그처럼 많은 학생들이 이 회고전을 보러 이 방 저 방을 돌아다니는 것이 영 마음에 차지 않았으며, 한창 성숙기에 있지만 아직도 물러터지고 감수성이 한창 예민한 아이들을 이처럼 야만적으로 만든다면 나중에 혹시 사회주의 리얼리즘에나 심취하지 않을까 하는 노파심을 지울 수가 없었다.

사람들은 전시회에 본능적으로 반응한다. 본능적으로는 기분이 좋았지만, (나는 중세의 신고딕적 신화와의 재회에서 얼마나 커다란 기쁨을 맛보았던가!) 그림을 하나하나 볼 때마다 속에서는 끊임없이 다른 목소리가 하예츠는 조악한 그림을 급조해냈다고 속삭이고 있었다.

어떤 화가가 마음에 들지 않는다고 말할 수 있으려면 예술에 관한 특정한 이념을 갖고 있어야 하기 때문에 반드시 일정한 미학을 준비하고 있어야 한다(사람들은 통상 전람회를 둘러보면서 "이러한 형태는 마음에 들지 않아"하는 식으로 감정상의 판단만을 내릴 뿐 이러한 불만의 이유를 이론적으로 설명하지는 못한다).

하예츠를 이처럼 싫어하도록 만든 미학이념은 자세히 설명하지는 않아서 그렇지 이미 오래 전부터 내가 고수해온 미학 이념과 하등 다르지 않았다. 나는 그 이념을 야콥슨(Roman Jakobson)에서 유래하는 **자기반영성과 애매모호함**이라는 개념으로 요약하고 싶다. 이를 좀더 자세히 살펴보기로 하자.

우리는 통상 a) 한편으로는 기법에 대해 곰곰이 생각하도록 하며 b) 다른 한편으로 실제로 "말하고 있는" 듯이 보이는 내용만을 "말하고 있는지가" 확실하지 않기 때문에 우리를 불안하게 만드는 작품만을 예술 작품으로 간주한다. 이러한 의미에서 "애매모호함"을 무조건 데포르마시옹(deformation. 형태의 왜곡 ─ 옮긴이)이나 양식주의적인 혁신 또는 관찰자의 기대감의 좌절만으로 환원할 수는 없다. 이 모든 것이 해당될 수 있지만(현대예술에서 그러하며 과거에도 흔히 그랬다) 무엇보다 먼저 이 말은 "의미의 과잉"이나 "폴리세미"(다의성 ─ 옮긴이) 또는 그 밖의 다른 이름으로 불리는 (아니면 이를 "열려 있음"이라고 하면 어떨까?) 수많은 현상의 특징을 가리킨다. 하나의 작품, 즉 그림이나 시 또는 소설이 우리 눈앞에 있고 이 작품들은 어딘가에 소녀, 꽃, 그리고 구름이 보이는 작은 언덕, 천사와 같은 사람을 사랑하는 시인이 있다고 말하는 듯이 보이지만 우리는 이 작품들이 이뿐만 아니라 뭔가 다른 내용을 암시하고 있다고 느끼게 된다(그리고 막상 작품이 말하고 있는 듯이 보이는 것과는 정반대의 내용을 암시하는 경우도 흔하다).

그러면 이제 하예츠의 가장 뛰어난 작품을 살펴보기로 하자. 첫번째 받게 되는 인상은 이렇다. 그는 우리에게 "지금 모모 총독은 종교재판관의 명령을 받고 있습니다"(또는 "지금 그리스의 애국자들은 눈물을 뿌리면서 조국을 떠날 수밖에 없습니다")라고 말할 뿐 다른 이야기는 전혀 하지 않는 것 같다. 그 총독은 총독일 뿐이다 (하지만 통상 그의 그림은 이보다 한층 조악해 특정한 총독이 아니라 총독 전체 내지 총독성總督性 일반을 보여주고 말 뿐인 경우가 많다). 그는 종교재판관의 명령을 따라야 하는 총독으로서, 벌써 그러한 명령에 골치아파하는 표정이 역력하며 그를 둘러싸고 있는 이교도들과 시종들도 골치아파한다(이미 제목이 오해의 소지를 없애고 있다. 그리고 총독의 태도는 종교재판관의 명령 속에는 음험하며 사악한 의도가 감추어져 있음을 뻔히 드러내고 있다). 다행히 내가 이름도 기억하지 못하는 그 총독의 이야기에 대해 골치아파할 이유가 도대체 무엇이란 말인가? 당연히 전혀 그럴 필요가 없다. 하예츠는 내가 그 작품을 보고 "전율하도록" 만들지는 못한다. 또는 이러한 표현이 너무 인상비평처럼 보인다면, 그의 작품은 그 작품이 말하고 있는 의미 이상의 의미를 포함하고 있다는 생각이 들도록 하지는 않는다고 말할 수 있다.

우리는 다음과 같이 자문할 수 있다. 그렇다면 아름다운 도리아식 주랑(柱廊)에서도 의미의 과잉을 볼 수 있는가? 반 다스버그(van Doesburgh)의 정방형에서는? 우리는 무엇보다 먼저 차분한 어조로 그렇지 않다고 말해야 한다. 하지만 여기서 즉각 예술 작품의 다른(보족적인) 측면, 즉 자기반영성이 부각된다. 그리스의 사원이나 추상적인 정방형 앞에 서면 우리는 그처럼 멋지게 만들어진 작품에 대해 경탄을 금할 수 없으리라는 느낌이 든다. "멋지게 만들어졌다"라는 말이 무슨 뜻인지를 설명하기는 어렵지만,

이러한 자기반영성에 대한 체험 그리고 이러한 작품을 "멋지게" 만들기 위해 예술가들이 들인 노고와 헌신성에 직면해서는(물론 실린더나 사각형처럼 아무 의미도 없는 작품도 있으나 아무튼) 그 안에는 그 이상의 다른 의미가 담겨 있는 건 아닐까, 또는 이러한 조형방식이 혹 "다른" 내용을 암시하는 건 아닐까 하는 의구심이 들게 된다.

하예츠의 그림이 아주 형편없다고 하는 이유는 그의 그림이 나 자신(터무니없이 형편없는 시사만화가는 아니었고 그저 그림을 좋아하는 딜레탕트였다)이 초상화를 그리면서 한 번 시도해보았던 방법을 연상시켰기 때문이다. 사람 하나를 전경에 그려놓고는 승려라고 한 다음, 이처럼 진부한 장난이 창피해 배경에 두 명의 다른 승려를 그려 넣었다. (눈짐작이긴 하나) 나도 원근법은 알고 있었기 때문에 배경에 있는 두 명의 승려를 앞의 승려보다 작게 그렸다. 그런데 첫번째 승려를 붓으로 검게 칠하려고 했는데, 앞서 똑같이 처리해버린 두 명의 승려와 뒤죽박죽으로 만들 위험이 있겠구나 하는 생각이 떠올랐다. 그리고 다른 사람들에게(그리고 나에게) 세 명의 인물이 서로 다른 차원에 서 있고 서로 다른 인물이라는 점을 분명히 하기 위해 윤곽선을 진하게 하고, 무한한 흰 공간과 다른 두 명의 승려의 윤곽선에서 앞의 승려를 분리하기 위해 선을 다시 그렸다. 다시 말해 밝은 공간 안에 신체가 드러나는 것이 아니라 그러한 공간에서 걸어 나와 빛과 색채가 대조를 이루는 가운데 주변의 명암 속에서 모습이 드러나도록 하려면 어쩔 수 없이 윤곽선을 동원할 수밖에 없었다.

조악한 회화에 대해 153

자 그러면 이제 한 발 가까이 다가가 하예츠가 어떤 식으로 처리하는지 살펴보기로 하자. 분명히 그도 이와 똑같은 식으로 그림을 그리고 있다. 발은 발일 뿐이다. 그는 너무 분명한 이러한 사실을 재현하기 위해 검은 목탄화선으로 윤곽을 그리는 대신(그는 자신의 본업을 훤히 꿰차고 있는 뛰어난 장인이었다) 윤곽선으로 발을 둘러싼 다음 이 발을 그 외의 다른 부분, 즉 나머지 우주로부터 분리시킨다. 이것을 가까이서 바라보면, 색과 빛만으로는 만족하지 못했는지 발의 윤곽선을 붓으로 묘사하고 있는 사실을 간파할 수 있다. 하지만 이것을 두고는 선을 그린다, 또는 이렇게 말하는 쪽이 더 낫다면 여러 색깔로 선을 그린다고 하지 그림을 그린다고는 하지 않는다. 그리고 다채색으로 선을 그리는 것과도 한참 거리가 있다. 이처럼 발이라는 사실이 너무나 분명한 발(<찰리 브라운>에 나오는 루시라면 "이게 바로 발이야"라고 말할 테지만)을 보면서 도대체 누가 과연 그 그림 안에 또다른 의미가 내포되어 있다고 생각하겠는가? 그것은 발이고 또 영원히 발일 뿐이다.

하예츠는 이미 앞에서도 지적했듯이 다른 의미가 들어 있을 리 만무하기 때문에, 또 "오해"를 피하기 위해 그 총독이나 십자가에 처형된 그 사람이나 또는 그 백작이 아니라 총독성, 십자가에 못 박혀 죽음, 또는 백작성 일반을 그리기 위해 최대한의 신경을 쓰고 있다. 그리고 그는 당대 초상화법의 레퍼토리를 훤히 꿰뚫고 있었다. 이 때문에 그가 그린 모든 소녀와 전사(戰士)는 우리가 익히 보아온 모습을 연상시키게 된다 — 우리는 손조노 출판사의 여러 책의 아름다운 동판화와 잔니(Jeannit) 그리고 우리가 정확하게 이해하고 있다면 하예츠의 소품 속에서도 그 기다란 좁은 코, 그 슬픈 눈, 머릿기름을 발라 매끄럽게 밀어붙인 그 머리타래와 마주칠 수 있다. 하예츠는 스케치를 스케치하며, 일러스트레이션을 일러스트레이트한다. 그리고 그가 다른 사람보다 "먼저" 그러한 일을 했는지 그렇지 않은지 하는 문제는 나의 관심거리가 아니다. 그는 그것을 했다.

그런데 지난 세기에 그의 작품의 계약자와 그의 작품을 보고 경탄을 금치 못했던 사람들이 그를 그처럼 탁월한 화가로 내세웠던 것은 그가 처해 있던 조건이 불행했기 때문이다. 물론 19세기에는 아무런 예술이념도 없었으며 따라서 모든 작품을 무조건 훌륭한 작품으로 받아들일 준비가 되어있었다고 생각해서는 안 된다. 19세기 또는 최소한 이탈리아의 19세기는 회화에 관한 독자적인 이념 즉 회화는 문학과 오페라에 대한 주석이라는 이념을 갖고 있었다. 하예츠가 마음에 들지 않은 것은 회화적인 이유에서라기보다는 문학적-연극적인 이유에서다. 거꾸로 그가 마음에 드는 이유는 멜로드라마에 등장하는 여러 몸동작과 공간적 배치를 멋들어지게 그려내고(그가 비워놓은 공간이 보조역의 개입을 고대하기라도 하듯 그처럼 기념비적으로 거대하고 텅 비어 있는 것은 이 때문이다) 또 "그는 눈물이 가득 고인 눈으로 하늘을 쳐다보았다"와 같은 표현처럼 지면(紙面)이나 냉혹한 발걸음이 가까이 다가오는 소리를 극적으로 보여주는, 무대에서 높이 평가되는 표현방식을 캔버스 위로 옮기는 방법에 통달해 있었기 때문이다.

몇 년 전에 아우렐리오 미노네(Aurelio Minonne)는 낭만주의 연극 즉 모든 자세와 몸짓이 특정한 의미와 함께 전통적으로 규정된 의미를 크게 벗어나지 않는 연극 이론가들의 "영화학적" 논리(몸짓의 기호학)를 연구한 멋진 논문「알라만노 모렐리의 '무대연출 교본'의 영화학적 약호」[2]를 발표한 적이 있다. 19세기 낭만주의 연극(특히 오페라)은 이러한 관습을 따르고 있으며 이러한 사실을 이해하지 못하는 사람은 쉽사리 베르디를 허풍선이로 오인하게 된다. 미노네는 이 논문에서 당시 이탈리아의 화가들도 ― 가장 두드러지게는 하예츠 ― 이러한 무대지시를 따르고 있다고 지적하고 있다. 하예츠의 계약자와 관람객들이 그에게 연극을 연상시키도록 그려달라고 주문한 사실이 그 증거다. 결국 그러한 주문은 연극을 이용해달라는 요구일 수밖에 없는데, 회화는 그러한 욕구를 충족시켜 주고 소위 보상욕을 채워주기 위해 잽싸게 연극을 동원하기 시작했다. 회화는 연극에서 맛볼 수 있는 미학적 감흥을 추체험(追體驗)할 수 있는 기회를 마련해준다. 이러한 경험(연극적인 것의 환기)은 모든 대중에게 아주 중요한 의미를 갖기 때문인지 오늘날 회화를 진정한 회화로 규정하는 데 반드시 필요한 다른 모든 가치를 희생하면서까지 반드시 확보해야 할 **첫번째** 가치가 되었다. 따라서 우리는 하예츠의 그림은 그러한 대중에겐 의미의 과잉이 아니었을까 자문할 수밖에 없다 ― 그의 그림은 특정한 총독이나 총독성 일반이 아니라 그림자체와는 상관없는 연극, 그리고 연극으로서의 삶 또는(음악이 곁들인) 연극으로서의 이야기에 대해 이야기하고 있다.

만약 그렇다면 당대에 하예츠는 화가였던 셈이다. 물론 오늘날에는 이러한 가능성을 받아들이기가 어렵다.

확실히 19세기에는 **상호텍스트**적 호소(연극을 연상시키는 회화)가 **텍스트** 내적인 관찰(회화로서의 회화)보다 우세했다. 당시의 사조대로 아주 현대적이었던 하예츠는 대중들이 요구하는 상품, 즉 회화와는 거의 무관한 상품을 공급했기 때문에 그를 두고 "포스트모던" 운운할 수는 없다. 하지만 얼마든지 그를 포스트모던한 의미로 "읽을 수" 있다. 즉 우리는 그에게서 상호텍스트성이 대담무상하게 승리를 구가하고 회화 외적인 인용만으로도 그림을 그려낼 수 있는 화가의 모습을 보게 된다.

지금 우리는 미학적으로 자유롭고 유동적인 세계에 살고 있는 만큼 모든 일이 가능하다. 하지만 예술 작품이란 이념이 아직 의미를 갖고 있다면, (텍스트가 아닌) 그의 그림이 아니라 당대의 분위기나 백과사전과의 자유롭고 공개적인 대화를 통해 그의 회화 텍스트를 연구하면 결국 하예츠를 "오독(誤讀)"하는 셈이지만 바로 이를 통해 그를 얼마든지 우리 시대에도 위대한 화가로 만들 수 있을 것이다.

물론 훌륭한 회화라는 이상이 "문학"이나 회화의 문학성이라는 이념보다는 훨씬 덜 중요했던 시기의 문화 속에서 활동한 탓도 있지만 아무튼 훌륭한 그림을 한 점도 남기지 못한 하예츠를 학생들에게 화가로 가르치려면 그렇게 하는 쪽이 훨씬 더 바람직해 보인다 — 확실히 우리는 세월과 함께 보수적으로 되어가는 모양이다.

물론 그렇더라도 다른 이념을 다룰 때처럼(이념이 이념으로 나타나는 경우는 거의 없으므로) 모든 측면을 고려하면서 19세기의 예술 이념이 왜 더이상 우리 시대의 예술이념이 될 수 없는지를 해명해야만 한다.

(1984)

6 리얼리즘 환상 — 나치예술, 사회주의 리얼리즘, 극사실주의에 대해

1974년 10월 15일 저녁 9시경에 프랑크푸르트예술협회에서 있었던 전시회 "제3제국의 예술" 개막제는 열기에 가득 찬 기자회견과 보이콧을 호소하는 시위대의 유인물이 살포되는 등 일대 소란을 겪은 후 밤이 늦어서야 시작될 수 있었다. 시위대가 내건 반대 이유는 이러했다. 나치즘처럼 아직도 생생한 현상을 서지학적 객관성을 갖고 바라볼 수는 없으며, 제3제국의 예술을 전시한다는 것은 곧 그처럼 위험한 신화를 재평가한다는 것을 의미한다.

하지만 전시공간을 잠깐만 돌아보아도 금방 이번 전시회를 주관한 사람들이 아주 엄밀한 교육학적 메커니즘을 고안해냈음을 알 수 있다. 모든 작품 밑에는 각각의 그림과 정반대되는 사건의 사진이나 설명문이 붙어 있는데, 예를 들어 브레히트나 호르크하이머(Max Horkheimer)의 글 또는 유대인 학살에 관한 기록 등이 아래에 붙어 있다.

따라서 이러한 전시회를 보이콧할 것이 아니라 독재와 광기,

비극과 어리석음 그리고 저급한 취향 사이의 경계가 얼마나 협소한지를 가르치기 위해 학교 아이들을 이 전시회에 데려오는 쪽이 더 바람직해 보인다. 진짜 아둔한 자들의 어리석음을 보여주는 전시회를 한 줌도 안 되는 좌파의 바보들이 공격하는 것으로 미루어보건대 어리석음은 정치적 색조와는 전혀 무관하다는 생각이 퍼뜩 떠올랐다. 하지만 일부 관람객들이 백묵으로 캔버스의 모서리에 휘갈겨 놓은 다음과 같은 문장 즉 "이것이 진짜 예술이지!"라는 글귀를 읽게 되면 소스라치게 놀랄 것이다. 따라서 그러한 문장을 읽지도 않고 또 신화와 현실 간의 이처럼 뚜렷한 대조를 애써 해석하고 싶은 마음이라고는 전혀 없는 소박한 관람객들이, 누드 상태의 금발머리 소녀나 땀을 뻘뻘 흘리며 일하고 있는 근육질의 노동자, 각진 턱을 가진 강인한 얼굴의 군인, 한 평 땅뙈기 위에서 부지런히 일하고 있는 늙은 농부, 자동차와 수많은 교각이 있는 다리로 둘러싸인 목가적인 전원풍경, 정사각형 투시도나 제국풍의 각종 건물이 늘어서 있는 미래 도시의 플라스틱 모델을 계속 지나가다 보면 결국 홀딱 반하게 되지는 않을까 자문해보아야 한다. 왜냐하면 결국 이 모든 그림과 플라스틱 모델은 정말 "진짜 같은" 인상을 불러일으키기 때문이다. 벌거벗은 소녀는 키스해달라는 듯한 붉은 입술을 갖고 있으며, "당"과 "노동" 또는 "젊음"의 상징인 벌거벗은 청년의 성기도 "진짜" 같다.

그리고 이 전시회에 직접 가 본 사람은 아마 똑같은 시기에 밀라노에서 전시되고 있던 미국의 극사실주의(Hyperrealism) 작품을 떠올렸을지도 모르겠다. 따라서 나치-예술 또한 그 나름의 방식대로 "마술적" 리얼리즘의 한 예는 아닌가 하는 문제가 제기된다 — 오늘날 이전과는 전혀 다른 이데올로기적 맥락에서 또 다시 드러나고 있는 이러한 태도의 깊은 뿌리를 드러내려면 도덕주의적으로 너무 흥분하지 말고 냉정하게 이러한 현상을 연구해야 한다. 그리고 마지막으로 또다른 유령 즉 소련의 영향을 크게 받은 사회주의 리얼리즘이라는 유령이 출몰하는 것을 피할 수 없을 것이다. 이러한 세 종류의 "리얼리즘"은 어떠한 점에서 서로 구분되며, 또 현실이나 회화와는 어떠한 관계를 맺고 있는가?

나치의 문화정책은 의문의 여지 없이 이탈리아의 파시스트 예술정책보다 수준이 낮았다. 따라서 히틀러의 예술의 파노라마 속에서는 이탈리아 파시즘처럼 피아센티니(Marcello Piacentini)나 캄필리(Massimo Campigli)와 같은 체제순응적인 예술가 옆에 테라니(Giuseppe Terragni) 같은 사람이 끼어들거나 또는 포로 무솔리니(Foro Mussolini)에 서 있는 동상들의 조각가들 옆에서 시로니(Mario Sironi) 같은 사람이 함께 활동해도 그냥 용인할 수 있는 양보와 관용적인 태도를 어디서도 찾아볼 수 없다. 그럼에도 불구하고 나치즘이 단일한 양식만을 고수했다고 말할 수는 없다. 오히려 나치즘은 양식주의적인 사변으로 가득 찬 엄청나게 혼란스러운 작품에 "아리안족 정통의 양식"이라는 도장을 찍고는 이를 뉘른베르크 당대회장에서의 행진이나 건축가 알베르트 슈피어(Albert Speer)가 주장한 "순수하고" 일관된 유일노선으로 선언해 버렸다. 거대주의와 바그너풍을 따르는 아주 무겁고 각진 신고전주의가 그것으로, 이번 프랑크푸르트 전시회는 이류지만 소름이

오싹 돋게 만드는 일련의 작품을 보여주었다. 접근법으로 초현실적인 도시를 그렸지만 (인형이 아니라)평범한 진짜 인간과 "현실주의적인" 음영이 모든 매력을 앗아가고 있는 오토 히르트(Otto Hirth)나 거대한 주랑이 단조롭게 반복해서 죽 늘어서는 형태로 뮌헨시를 재건하려는 계획을 세웠던 헤르만 기슬러(Hermann Giesler)처럼 일종의 튜튼적이며 "키리코"적인 맵시 없는 예술이 주조를 이루고 있다.

하지만 어쩌면 가장 설득력 있는 예는 거대한 입구와 교차로가 있는 고속도로 설계도의 두 가지 모델이라고 할 수 있다(기본적으로 고속도로는 나치예술의 건축학주의와 도시주의를 가장 전형적으로 보여준다). 첫번째 모델에 따르면 입구의 측면에 40대의 자동차를 차곡차곡 포개놓은 높이로 두 개의 거대한 탑문을 배치해야 한다. 두번째의 (요셉 토락Josef Thorak의) 모델에 따르면 두 개의 거대한 통로 사이에는 일종의 노동의 기념비를 세워야 한다. 이 기념비는 성 베드로 성당만큼은 거대해야 하며 특히 예각을 사용하고 음영을 두드러지게 하여 안개 낀 밤이면 무지개선이 비치는 환각을 불러일으키도록 배치해야 한다. 분명히 이 모든 경우 절대적 비합리주의, 인간적인 규범에 대한 철저한 경멸, 변형에 대한 철저한 반대라면 모를까 "리얼리즘" 운운은 어불성설이다.

이러한 건축학적 비합리주의는 조각의 영역에서는 하이포리얼리즘(Hyporealism. 기만적 리얼리즘이라는 뜻 — 옮긴이)적 비합리주의라고 규정할 수 있는 흐름의 전형적인 사례를 수 없이 내놓고 있다. 운동선수의 발가벗은 몸(밤퍼의 <승리의 천재>, 아르노 브레커Arno Breker의 <전사>)은 아카데미즘적인 의미에서 "정확한" 것처럼 보인다. 팔 근육과 삼각근은 정확한 위치에 부풀어 솟아 있으며, 여자들도 제 위치에 가슴이 달려 있는 등 모든 것이 정확해 보인다. 하지만 단지 그렇게 "보일 뿐이다".

왜냐하면 자세히 살펴보면 이들은 결코 개인이 아니라 추상적인 상징적 유형이라는 사실을 금방 간파해낼 수 있기 때문이다, 리얼리즘은 언제나 어디서 멈추어야 하는지를 알고 있다. 예를 들어 남자들은 언제나 완벽한 성기를 갖고 있고, 게다가 거웃이 섬세하게 조각되지만 여성상에서는 음부나 당연히 질도 전혀 흔적을 찾아볼 수 없다. 하지만 여기서는 이데올로기의 필요에 따라 동성애적인 분위기를 풍기는 나치 신비주의가 해부학의 현실을 지배하고 있다. 마지막으로 토락의 <동지들>을 보자. 이들의 다리와 팔은 실제보다 훨씬 큰데, 표현주의적인 긴장감이 느껴지기는커녕 (툭하면 "한방으로 네녀석이 땅에 떨어진 이빨을 줍느라 정신이 없도록 만들어줄 테다!"라고 떠들어대는) 허장성쇠만이 두드러져 보일 뿐이다.

하지만 비합리주의와 하이포리얼리즘 외에도 프랑크푸르트 전시회는 또다른 경향을 보여준다.

첫번째 경향을 "사변적 아카데미즘"이라고 부르기로 하자. 간단히 말해 갑자기 정치적 시장을 발견한 파산한 화가, 유화 전문가, 휴대용 화장곽 장식가, 초콜릿 봉봉 상자 장식가들의 군대, 신비로운 배경의 누드화를 즐기며 레다와 비너스의 형상 속에서 고운 피부의 특징과 신비로운 약초만을 찾는 후원자 층이 이러한

리얼리즘 환상 163

아카데미즘의 주류를 형성하고 있다. 프랑크푸르트 전시회는 이러한 분야의 최고의 작품을 일부 보여주고 있다. 예를 들어 파리에 관한 탁월한 판단을 보여주고 있는 그림, 즉 제4계급인 창부들의 모습을 한(이보 살리거Ivo Saliger의) 세 명의 여신 또는 외견상으로는 라파엘로적인 구조를 가진 듯한(세례 받는 아이를 보고 있는 어머니) 하이만이라는 사람의 그림 — 교양 있는 이탈리아인의 눈으로는 어렵지 않게 스승의 흔적을 간파해낼 수 있다 — 이 있다. 이러한 경향은 결국 이탈리아라면 푸니와 볼라의 중간쯤 되는 아카데미즘을 연상시키는 베른하르트 뮐러(Bernhard Müller)의 <닫힌 시간>처럼 다분히 매너리즘을 의식하는 방향으로 나아간다.

우리는 부산물의 부산물인 이러한 경향을 일련의 불행한 일요화가의 일분파로, 정부에서 공장, 화물선, 제재소, 컨베이어 벨트를 건설한다는 이야기를 듣자마자 음울하고 단조로운 풍경화를 그리기 위해 고귀한 붓을 들곤 했던 그 화가들의 한 분파로 분류할 수 있다. 또는 말과 암소나 쟁기를 메고 있는 황소를 대담하게 그린 화가들도 마찬가지다.

하지만 이와 동시에 우리는 또다른 경향, 어쩔 수 없이 이미 모스크바의 여러 박물관에서 본 적이 있는 풍경과 유사한 인상을 떠오르게 하기 때문에 아마 가장 흥미로울 또다른 경향에 접근해 가게 된다. 나치예술은 전쟁에 나선 병사들, 얼굴에 석탄이 잔뜩 묻어 있는 광부들, 억센 근육을 가진 땅을 고르는 인부, 이글거리는 불길에 둘러싸여 있는 주물공을 그린 그림을 애호한다. 그리고 이 모든 인물들은 사회주의 리얼리즘의 잘 알려진 인물들과 가까운 친인척들이다.

두 경우 모두 인물이 보편자는 아니며, 시공을 초월한 보편적 모습이 아니라 오히려 특정한 기술이나 직업의 전형적인 태도를 보여주는 대표자로 그려져 있다. 이들은 "전형적인 상황 하의 전형적인 인물"을 대변한다. 그리고 전자는 나치즘을 버팅기고 있는 반면 후자는 사회주의를 버팅기고 있다는 점은 회화라는 관점에서는 전혀 상관이 없다 ― 아무리 호전적인 "내용주의자"라도 이러한 그림은 한 박물관에서 다른 박물관으로 옮겨 놓아도 아무런 차이가 없으며, 독일의 토역군과 우크라이나의 토역군 사이에는 아무런 차이도 없다는 점을 부인할 수 없을 것이다. 따라서 동일한 예술 이데올로기가 두 개의 대조적인 역사적 극단주의를 결합시키고 있다고 해야 하지 않을까?

이러한 그림을 예술 작품으로 간주해서는 안 된다. 우리는 이러한 그림을 있는 그대로 즉 대중을 설득하기 위한 선전수단으로 보아야 한다. 두 경우 모두 이러한 선전의 목표는 하찮은 노동을 이상화하고 또 노동자들에게 삽을 들고 석탄을 채탄하는 일이 중무장한 말을 타고 전쟁에 나서는 일이나 황제의 궁전에서 춤추는 일과 하등 다를 바 없는 고귀한 행동이라는 점을 설득하려는 데 있다.

이러한 목표를 달성하기 위한 공식이 있다. 회화를 인용하면 된다. 광부를 동방박사 세 사람, 성모 마리아나 루이 16세, 또는 나폴레옹 공식초상화와 똑같은 색으로, 똑같은 종류의 필치로, 원근법이나 해부학적 법칙도 똑같게 그리면 그만이다. 그런데 소위 이러한 "리얼리즘"에서는 "현실"은 현실적인 고민거리가 아니며 오히려 회화만이 중요하다. 이러한 그림은 회화를 진짜 존재하는 것처럼(또는 과거에 있었던 듯이) 그대로 복제해낸다. 나치 리얼리즘과 스탈린 국가의 리얼리즘은 결코 리얼리즘이 아니라 "회화주의"였다. 이러한 작품의 정치적 의미는 제목이나 전시장소 그리고 역사적 상황에 따라 달라질 수밖에 없었다. 따라서 모든 사람, 즉 앙골라의 게릴라들뿐만 아니라 그리스의 연대장도 너끈히 사용할 수 있는 소총처럼 모든 곳에서 써먹을 수 있는 이데올로기적으로 "중립적인" 그림을 만들어내야 했다.

마지막으로 프랑크푸르트 전시회에는 탁월한 제작방식 때문에 얼른 눈에 띄어, 보는 즉시 극사실주의를 연상시키는 일련의 소품도 전시되어 있었다. 그중 아돌프 비셀(Adolf Wissel)의 <칼렌버그 가족>이 가장 전형적인 특징을 보여준다. 이러한 그림이 어디에서 유래하는지는 너무나도 분명하다. 우리는 신즉물주의의 마지막 메아리 앞에 서 있게 된다.

물론 그러한 아방가르드 경향의 그림 속에는 처음부터 악의가 숨겨져 있으며, 또 후기의 낙오병에게서는 찾아볼 수 없는 심리적 고발의지도 엿보인다. 비셀의 "극사실주의적인" 인물들은 절대 타협하지 않는다. 그의 그림이 "나치적"이라고 말하기는 어려우나 비역사적인 것만큼은 분명하다. 하지만 이러한 그림들은 자신이 화석화되는 것을 의식하지 못한다. 이러한 그림들은 스스로를 돌본다. "진짜"가 아니라는 사실을 알고 있으면서도 진짜처럼 보이기를 바란다, 위험을 무릅쓸 생각이 전혀 없기 때문에 결코 대담한 시도를 하지 않는다 — 솜씨 있게 그릴 수 있고, 자신의 양식을 포기할 생각은 없으면서도 정권의 마음에 들기 위해 요모조모 애써야 했던 허위의식을 이처럼 경이롭게 보여주는 우화도 아마 없을 것이다.

그러나 프랑크푸르트 전시회를 떠나 밀라노에서 열리고 있는 미국의 극사실주의 전시회를 곧장 보러 가자. 이 전시회는 미국인들은 아무리 꼼꼼하게 형상화하고 있는 그림일지라도 사물을 그대로 복제할 수 있다고는 생각하지 않는다는 점을 분명하게 보여준다. 미국의 극사실주의 작품들은 오히려 사물의 사진을 복제하고 있으며 사물의 상을 전형적인 모습 그대로, 즉 기계적인 색채를 가해 한 면 한 면 오려내고 사진의 전경성과 깊이를 통해 본모습 그대로를 보여주려 한다는 점을 강조하려고 애쓰고 있다.

극사실주의는 통상 우리가 현실이라고 보고 있는 것은 실제로는 기계적인 조작의 결과일 뿐이라고 주장한다. 따라서 이들은 사물을 왜곡하는 자신들의 프로그램을 분명히 밝힌다. 이와 달리 하이포리얼리즘, 비합리주의, 국가회화주의 그리고 나치 회화의 아카데미즘은 자신들이 그리고 있는 현실을 믿게 만들려고 한다. 조작해냈다는 사실은 공표되지 않으며, 아무 말 없이 실행될 뿐이다. 자신이 진실을 말하고 있다고 믿게 하려는 하이포리얼리즘은 기만적이다. 반면 극사실주의는 의문의 여지 없이 자신이 거짓말을 하고 있다는 사실을 분명히 밝힌다. 이점이 이 둘 간의 가장 커다란 차이이다.

그런데 광범위한 대중들이 이처럼 다양한 현상들이 모두 똑같이 "건전한" 형상성에의 호소를 담고 있는 양 이들을 전혀 구분하지 못하는 ("도대체 이해할 수 없는 아방가르드 작품과 달리 결국 우리는 모든 것을 이해할 수 있을 거야") 사실은, "도상주의의 경련"이 — 어떤 식이든 "인식할 수 있는 것처럼" 보이면 모두 객관적으로 원래의 대상을 충실하게 모사한 것으로 간주하려는 조야한 태도 — 인간 감성의 오랜 질병이라는 점을 새삼 확인해줄 뿐이다.

하지만 이러한 그림들이 얼마나 많은 거짓말을 하고 있는가를 제대로 인식하기란 권력의 거짓말을 꿰뚫어보기가 어려운 것과 하등 다를 바 없다.

마야의 베일을 찢어버리기는 참으로 어렵다.

(1974년 10월)

7 연극과 기호

 연극은 나와는 가장 거리가 먼 예술적 의사소통 형태라는 점을 미리 말해두고 싶다. 나는 특별히 연극에 대해 연구해본 적이 없으며, 최근에는 이러저러한 이유로 전혀 연극을 보지 않거나 드물게 몇 차례 보았을 뿐이다. 이러한 단서를 다는 이유는 결코 동정심을 유발하기 위해서나 창피해서가 아니라 방법론상의 효율성을 위해서다. 다시 말해, 나는 우리의 모임이 멋진 성공을 거두도록 하기 위해 기꺼이 나를 일종의 리트머스 시험지로 희생해볼 생각이다.

 달리 말해, 나는 보르헤스(Jorge Luis Borges)의 소설 『추적에 나선 아베로에스』에 나오는 인물과 비슷한 상황에 처해 있는 셈이다. 그는 아리스토텔레스에게서 추상적이나마 연극에 대한 규정을 하나 찾아내지만 막상 자신이 살고 있는 문명 속에서는 그에 걸맞은 구체적인 사례를 하나도 찾아볼 수 없는 마당에 도대체 연기가 무슨 의미가 있겠는가를 자문하고 있다. 보르헤스에 따르면 아베로에스는 아이들이 창문 앞에서 다양한 역할을 하며 놀고 있는데도 전혀 연기를 이해할 수 없었다.

연극에 대한 나의 이질감은 이러한 모임에서는 무관심에 따른 부정적인 결과보다는 페어프렘둥(소격효과 — 옮긴이)의 기능을 해주리라 믿는다. 즉 나는 기호학자의 눈으로 다음과 같은 두 가지 사실을 살펴보기 위해 연극을 가장 기본적인 형태로 분해하여 고찰해볼 생각이다.

a) 연극의 가장 기본적인 동작은 기호이론가에게 어떤 문제를 제기하는가?

b) 연극에 관심이 있는 사람들에게 간접적으로나마 유용한 지침을 제공해주려면 기호이론가는 어떤 문제를 상세하게 검토하고 해명해야 하는가?

먼저 위대한 기호학자 찰스 샌더스 퍼스가 언젠가 도상 기호에 관한 논의의 말미에서 거의 지나가는 투로 제시했던 예에서 시작해보기로 하자.[1]

절제의 필요성을 보여주기 위해 주정뱅이를 내세운다고 가정해보자. 자세히 살펴보면 우리는 이것이 전형적인 연극적 상황이라는 걸 알 수 있다. 뭔가를 대변하기 위해 일상적이지만 아주 독특한 속성을 가진 인물이 제시된다. 그의 대변적 성격은 연극과는 전혀 다르다. 오히려 그러한 대변적 성격은 퍼스가 이야기하고 있듯이 그것을 통해 "누군가에게 이러저러한 측면에서 뭔가 다른 것을 대변하는 것"이라고 할 수 있다. 그럼에도 불구하고 연기를 가리키기 위해 "재현"이라는 의미로 "연출"이니 "공연"이니 하는 표현, 즉 기호학에서 사용하는 개념과 똑같은 표현을 그대로 사용하는 것은 전혀 우연이 아니다. 연극의 여러 동작을 "쇼(show)"라고 하면 단지 특정한 현실을 제시하는 계기만을 강조하고, 또 "연기"라고 하면 연극적이고 픽션적인 특징만을 강조하고, "공연"이라고 하면 공연적이고-형성적인 계기만을 강조하는 느낌이 든다. 하지만 "연출"이라고 부르면 픽션이든 아니든 공연을 위한 일정한 형상을 통해 그리고 무엇보다 먼저 뭔가 다른 것을 대변하기 위해 뭔가를 공연하는 무대 위의 모든 행동의 기호적 성격을 강조하게 된다.

연극은 무엇보다 먼저 기호이기 때문에 픽션이라고 할 수 있다. 실제로 존재하는 사물을 가리킨다고 주장하는 한 많은 기호가 픽션이 아닌 건 사실이다. 하지만 연극적 기호가 픽션인 이유는 인위적인 기호이거나 실재하지 않는 사물을 전달해주는 기호여서가 아니라 전혀 기호가 아닌 것처럼 우리를 기만하기 때문이다. 연극적 기호는 인위적인 기호가 아니라 자연적인 기호로, 또 자의적인 기호가 아니라 동기화된 기호로, 또 관습적인 기호가 아니라 유추적인 기호로 분류되어왔기 때문에 이러한 기만이 나타나게 된다.

따라서 연기의 첫번째 요소는 무대에서 움직이는 인간의 몸을 통해 주어진다(구어적 기호나 영화학적 기호 그리고 음악적 기호와 같은 다른 기호의 협력은 논외로 하기로 한다). 움직이는 인간의 몸은 뭔가 실재하는 것, 궁극적으로는 가능한 기호를 위한 대상으로(인간의 몸을 사진으로 찍거나 말하고, 또 이러저러한 기호를 만들어낸다……) 나타난다……. 하지만 무대에서 이러한 인간의 몸은 더이상 다른 소품과 동렬에 놓이는 하나의 대상이 될 수는 없다 — 여기에 바로 연극의 기호적 특징이 있다. 왜냐하면 누군가 인간의 몸을 현실적 사건의 맥락에서 끄집어내 기호로 구성한다면 그는 동시에 이러한 몸의 움직임과 그를 둘러싸고 있는 공간을 시니피앙으로 구성하게 되기 때문이다.

퍼스의 주정뱅이가 바로 그렇다. 이 주정뱅이가 단지 혼자 술에 취해 갈지자 걸음을 걷는 경우 그는 사람들이 이따금씩 한마디 하는 대상에 그치고 만다. 하지만 구경거리가 되자마자, 분명히 말할 수 없는 주체지만 그는 이미 "말"이 된다. 현실의 주정뱅이는 주정뱅이 계급을 대표한다. 그는 "시니피앙"으로, "주정뱅이"가 그의 (말과 기호, 규정, 개념으로 해석될 수 있는) "시니피에"이다. 이처럼 간단하게 설정해본 상황을 통해 세 개의 기본적인 논점을 제시할 수 있다.

a) 기호가 되려면 누군가 의도적으로 송신하거나 인위적으로 기호로 구성되어서는 안 된다. 어떠한 사건, 즉 징후와 같은 자연적 사건, 지표, 또는 "실례" 등을 기호로 해석할 수 있도록 해주는 관습만 있으면 충분하다.

b) 그런데 이 주정뱅이는 — 예술가가 일단 박물관 안에 전시하자마자 예술 작품으로 "생산되는" 오브제 투르베처럼 — 누군

가에 의해 기호로 "송신되어야" 한다.

c) 주정뱅이는 기호로서 동시에 많은 것을 "의미할" 수 있다. 첫번째 차원에서는 "술취한 사람"을 의미할 수 있다. 수사학적 차원에서는 환칭(換稱)을 통해 "고주망태"를 의미할 수 있다. 이러한 환칭이 환유(換喩)로 확대 발전되면 그는 "무절제함의 위험성"을 드러내게 된다. 그리고 마지막으로, 모든 기호는 반의어를 통해 대립적인 의미를 환기시키기 때문에 다시 환칭으로 격상되고 환유로 확대 발전되어 "절제의 유익함"을 의미하게 된다. 누구나 알 수 있듯이 구세군에서 일하는 어떤 부인이 맥주 소비를 조금이라도 줄이기 위해 불쌍한 주정뱅이들을 이용하려 든다면 그 순간 그 부인이 누군가를 설득하려는 목적에서 완벽하게 연기를 하고 연극을 연출하고 있다는 사실을 누구라도 간파할 수 있을 것이다.

자, 이제 우리의 주정뱅이가 스스로 중얼거리기 시작해 "나는 불행해"라고 말한다고 가정해보자. 일상생활에서라면 이러한 일은 벌써 일련의 기호학적 현상을 분명하게 드러내주고도 남았을 것이다. 간단히 말해, 우리는 발화(에농시아송)의 주체, 즉 특정한 문화의 색채를 띤 용어를 사용하자마자 발화된 내용(에농시)의 주체 속에서 무화(無化)되는 주정뱅이를 보게 된다. 그가 말하는 "나"는 더이상 그의 인격이 아니라 스스로를 규정하도록 문화가 그에게 언어적으로 제공해주는 주체라고 할 수 있다. 동시에 이 대명사는 뭔가를 가리키는 화살표나 주의를 촉구하는 지시사항처럼 지시어의 가치를 갖고 있다. 이 대명사는 대략 "지금부터 말하는 내용은 발화의 주체와 관련되어 있다"는 의미를 전달해준다.

하지만 연극무대에 올라서면 "나"라고 말하는 이 주정뱅이는 더이상 현실적 나가 아니라 자신이 대변하는 "술취한 사람"의 의미를 지시하기 위한 지시어가 된다.

이러한 대명사의 문법적 문제를 통해 저자가 어떤 동작을 요구하는지 하는 문제에 부딪히게 되는 배우와 등장인물들의 역설을 재인식하기 위해서라면 그리 많이 상상해볼 필요가 없다. 오히려 다음과 같이 새롭게 문제를 설정하는 쪽이 바람직해 보인다. 현대의 의미 분석 기술은 연기에 대한 새로운 규정에 무엇을 기여할 수 있고 또 그 방법은 무엇인가, 그리고 연기는 과연 얼마나 문법적 지시어처럼 의미론적-통사론적 문제를 연구하기 위한 특권적인 실험의 장이 될 수 있을까?

우리의 주정뱅이 또한 도상 기호(사람들은 별 생각 없이 기호는 지시 대상과 동일하다고 가정한다)에 대한 규정문제와 함께 지시대상 즉 기호가 되는 대상의 기호화 문제를 새롭게 제기한다.

왜냐하면 주정뱅이가 "술 취한 사람"이라는 의미뿐만 아니라 앞에서 이야기한 수사학적 연쇄 고리를 통해 "절제에 대한 찬미"라는 의미도 가지려면 굳이 모든 물리적 속성을 고찰할 필요가 없기 때문이다. 예를 들어 그가 검은색 재킷을 입고 있는지 아니면 회색 재킷을 입고 있는지 또는 납작코인지 아니면 매부리코인지는 전혀 상관이 없다. 또 이빨이 32개인지 아니면 단지 29개밖에 없는지도 하등 중요하지 않다. 하지만 윗니를 절치하려면 이빨이 네 개가 모자란다는 사실이 중요하다. 여기서 이러한 차이는 제법 중요하다. 기호로 선택되는 대상은 몇몇 특징 때문에 비로소 기호로서 기능하게 되며 그 외의 다른 속성은 전혀 아무런 역할도 하지 않는다. 이리하여 이미(형상화의 전통 안에서) 추상화, 환원된 모델, 기호학적 구성이 나타나게 된다.

그러면 여기서 한 발 더 나아가 우리의 주정뱅이가 움직이기 시작해, 예를 들어 갈지자로 걷기 시작했다고 가정해보기로 하자. 그는 자신의 의지와는 상관없이 갈지자로 걷거나 과시욕에 잔뜩 사로잡혀 그렇게 하고 있다(그는 구경꾼들을 즐겁게 해주려고 한다). 첫번째의 경우 제스처는 징후지만 그럼에도 불구하고 그를 보면서 얼큰하게 취한 사람의 동작은 불안하기 짝이 없다는 결론을 추론해낼 수 있는 사람에게는 기호로서 기능하게 된다(따라서 갈지자 걸음은 "위험하기 짝이 없는 무절제한 태도"라는 전이된 의미를 한층 강조하게 된다). 이와 달리 일부러 걷는 갈지자 걸음은 완벽한 기호이다 — 하지만 그렇게 해석해야 한다고 누가 말할 수 있단 말인가? 또는 그 주정뱅이가 사람들이 자신이 일부러 그렇게 걷고 있다고 해석하도록 하기 위해 그렇게 행동하고 있다고 누가 말할 수 있단 말인가?

기호는 의도적으로뿐만 아니라(+) 비의도적으로도(-) 그리고 송신자(S)뿐만 아니라 수신자(E)에 의해서도 발화되어 수용될 수 있으며, 수신자는 송신자가 전송한 기호 속에 의도(IS)가 들어 있는 것으로 상정할 수도 그렇지 않을 수도 있다. 이처럼 다양한 가능성을 아래와 같은 도표로 나타낼 수 있다.

	S	E	IS
1	+	+	+
2	+	+	−
3	+	−	+
4	+	−	−
5	−	+	+
6	−	+	−
7	−	−	+
8	−	−	−

이러한 도표의 추상성에도 불구하고 각각의 경우가 어떻게 일상생활의 의사소통 상황과 일치하는지를 쉽게 간파해낼 수 있다.

1. 의도적으로 짐짓 절름발이 걸음을 걷지만 다른 사람들이 그러한 사실을 간파하는 경우.

2. 절름발이 걸음을 흉내 내 걸어가면 다른 사람들이 그를 부지불식중에 자신의 결함을 드러내는 절름발이로 오해하는 경우.

3. 달갑잖은 동행을 떼버리기 위해 지친 사람처럼 다리를 질질 끌고 천천히 걸어간다. 다른 사람은 이러한 기호를 의식적으로 감지하지는 못하지만 내가 불편해하고 있다는 걸 어렴풋이 느끼며 가버린다. 나중에 그는 자신이 기호를 받아들였으며 내가 의도적으로 기호를 보냈다는 사실을 깨닫게 된다.

4. 앞에서와 비슷한 상황인데, 마지막에 가서 다른 사람이 내가 부지불식중에 불편함을 드러냈다고 생각하는 점만이 다르다.

5. 달갑잖은 동행과 길을 가다가 지쳐서 다리를 질질 끌면서

천천히 걸어감으로써 부지불식중에 불편함을 드러낸다. 다른 사람은 이를 기호로 받아들여 내가 일부러 그런 기호를 보냈다고 생각한다.

6. 정신분석학자의 긴 의자 위에 앉아 입에서 불쑥 헛소리를 내뱉는다. 그는 그 소리가 의도적으로 전송된 메시지가 아니라는 걸 알고 있으나 그 소리를 정확한 메시지로 해석한다.

7. 8은 3과 5와 비슷한 경우인데 단지 오해의 전략만이 다를 뿐이다.

이러한 도표가 어빙 고프먼이 탁월하게 분석해 보인 바 있는 대화자 간의 상호작용의 몇몇 모델을 그대로 복제하고 있음을 간파할 수 있을 것이다.[2] 하지만 굳이 모델을 중심으로 보자면 이것은 동시에 메난더(Menander)부터 피란델로에 이르는 오해의 희극의 기본상황을 개략적으로 보여주기도 한다. 물론 연극작품에서는 모든 등장인물이 다른 전망을 갖기 때문에 이러한 상황이 서로 겹치게 된다.

연극의 다양한 요소의 결합방식의 모델이 되려면 이러한 도표에 새로운 가치를 보충해 넣어야 한다. 즉 수신자가 가능하면 송신자가 보내는 메시지 속에서 의도를 간파할 수 있도록 해주는 기준을 확정해야 한다. 이리하여 의도적인 오해의 계기가 개입하게 된다 — 이것이 바로 E. A. 포의 『도둑맞은 편지』의 "도둑맞은 편지"의 상황이다(이에 대해서는 이미 라캉이 흥미 있는 논의를 보여준 바 있다).[3] 또는 친구에게 "실제로는 크리카우로 가면서 렘

베르그로 간다고 믿게 하려고 크라카우로 간다고 거짓말을 하는 이유가 뭐니"라고 말하는 바르샤바의 그 유대인의 상황도 이와 흡사하다 — 실제로는 술 한 잔 하러 가자고 하면서 술 취해서 흥얼거리는 노랫소리는 절제에 대한 찬미가라면서 주정뱅이를 가리키는 이유가 뭐니?

주정뱅이가 갈지자 걸음을 걷는 경우 그는 부지불식중에 술 취한 상태의 불안정한 몸짓을 드러내거나 아니면 연극에서처럼 갈지자 걸음을 걷는 주정뱅이를 흉내 내거나 또는 단지 술 취한 사람을 놀리기 위해 주정꾼을 흉내 내고 있다고 믿도록 하는 동시에 자신은 전혀 술에 취하지 않았다고 믿도록 하기 위해(그런데 이 배우의 최후 의도는 그가 흉내 내고 있는 사람이 실제로는 술에 취했다는 사실을 보여주는 데 있다) 갈지자 걸음을 걷는 주정뱅이를 연극하듯 흉내 내고 있는 것이다.

나는 이러한 논의가 기호학자들이 연극의 다양한 현상을 이해하는 데 더 도움이 될지 아니면 연극계 인사들이 기호학적 현상을 이해하는 데 더 도움이 될지 또는 이 두 그룹의 사람들이 그때그때마다 자신의 문제를 보다 정확하게 파악하는 데 도움이 될지 정확히 모르겠다. 나는 단지 어떤 쪽이든 이러한 논의를 활용할 수 있겠지 하는 희망에서 몇 가지 제안과 촌평을 내놓았을 뿐이다. 어찌되었든 연극 연출자들에게 뭔가 도움이 될만한 일련의 기호학적 연구서가 있다.

주정뱅이는 이러저러한 동작을 취하며, 혀꼬부랑이 말을 하거나 고래고래 소리를 지르거나, 되지도 않는 소리를 내뱉는 가운데 기호학 연구의 세 영역에 접근하게 된다.

a) 몸짓학: 동작과 표정, 신체의 자세의 의미를 연구한다. 이러한 몸동작의 특징은 일반적으로 모두 약호화된다. 이 주제와 관련하여 예와 아니오를 표현하는 동작에 관한 로만 야콥슨의 논문은 아주 훌륭한 논의의 단서를 제공하고 있다.[4] 신체의 기술에 관한 모스(Morel Mauss)의 연구서[5]도 읽어볼 만하며 연구논문집인 『기호학 개론』[6]과 버드휘스텔(Ray L. Birdwhistell)의 최근의 연구서[7]도 읽어볼 만하다.

b) 준(準)언어학: 목소리의 강세조정과 변조, 억양, 속삭임, 말더듬, 음색, 음조의 변화, 그리고 한숨과 하품의 다양한 의미를 연구한다. 이 주제에 관해서는 트래거(George L. Trager)와 그 밖의 몇몇 사람들의 논문[8]을 읽어보면 좋은데, 두 개의 단어 사이에는 (그리고 위와 아래에는) 거의 언제나 엄밀한 문화적 관습 때문에 의미를 갖지 않는 분절음은 존재하지 않는다는 사실을 발견하게 될 것이다. 연극에 종사하고 따라서 동작의 모든 차원에서 의미를 만들어내야 하는 사람은 이러한 기술, 즉 약호화된 내용을 밝혀내고 모방을 다양하게 만들어내는 데서 탁월한 수단으로 사용할 수 있는 기술을 무시할 수 없을 것이다.

c) 근접학(인간이 타인과의 사이에 필요로 하는 공간 및 이 공간과 환경이나 문화와의 관계를 연구하는 학문분야 — 옮긴이): 홀(Edward

T. Hall)의 『숨겨진 차원』9)과 같은 책을 읽은 사람이라면 별반 다를 바 없는 두 사람 간의 공간적 거리는 변화의 여지가 없다는 사실을 발견할 수 있을 것이다. 서로 대화를 나누고 있는 시칠리아인을 묘사하려면 두 명의 피에몬테인 사이에 놓여 있는 공간과는 다른 공간을 사용해야 한다. 배우와 감독은 이 문제를 본능적으로 해결하고 있다는 점을 나도 잘 알고 있지만 이러한 본능과 관련된 자료를 해명하고 보다 완벽하게 만드는 것이 아주 중요하다고 믿는다. 나는 또 연출 기술을 연구하다 보면 결국 기호학자들도 몸짓학뿐만 아니라 근접학과 준언어학의 수많은 직관에 도달한다는 점을 알고 있다. 따라서 연극계의 다양한 경험을 자세하게 분석하고 과학적으로 규정한 다음 한 단계 높은 차원에서 다시 검토해볼 만한 충분한 근거가 있는 셈이다.

미클로스 얀초(Miklos Jansco)의 『적군과 백군』10)이 주는 매력을 생각해보는 것만으로도 충분할 것이다. 나는 이 영화가 전쟁을 묘사하면서 아무 의미도 없는 수많은 동작을 과도하게 집어넣고, 개인 간의 모든 정상적인 거리감을 회화화하는 등 절묘한 개입을 통해 사방에 만연해 있는 비인간성과 참혹함, 절망감 그리고 광기를 멋지게 그려내고 있던 걸 기억한다. 작가에게 그 이야기를 하자 그는 내가 이야기하고 있는 텍스트를 모른다고 고백하면서 자신은 본능적으로 의사소통 행위의 이러한 모델을 상상한다고 이야기해주었다.

이러한 결론은 기호학이 연극에 기여할 수 있는 내용은 미미하다는 점을 잘 보여준다. 연극은 원리를 스스로, 본능적이고 자발적인 상상력을 통해 발견해낸다. 따라서 기호학이 이러한 과정을 곰곰이 생각해보려는 충동을 이끌어낼수록 이러한 일이 훨씬 더 수월하게 이루어지리라. 상상력의 자발성이 과학적 반성을 길러주듯이 과학적 반성이 상상력을 강화시켜주는 셈이다. 언어학을 연구하다가 작가가 된 사람은 아무도 없지만 위대한 작가는 자신이 다루고 있는 언어의 문제를 연구한다.

인도의 어느 문법학자가 사공에게 "문법을 아느뇨"라고 물었다. 모른다고 하자 "그렇다면 너는 인생의 절반을 헛산 것이다"라고 말했다. 배가 뒤집어지자 사공이 말했다. "수영할 줄 아세요." 못한다고 하자 사공은 "그렇다면 지금까지 헛사신 겁니다"라고 대답했다. 그렇다면 수영할 줄 아는 문법학자와 문법을 아는 사공보다 더 좋은 것이 어디 있을까?

(1972)

■ 주

거짓말의 전략 — 닉슨의 서사전략과 TV의 영상전략
1) 은근슬쩍 복귀하려는 닉슨의 성공적인 시도에 비추어볼 때 그가 실제로는 바보 짓을 하고는 미디어에 의해 실각되는 방법을 주목할 필요가 있다. 에코는 뉴욕시티 대학의 그래듀에이트 센터(Graduate Center)의 교환교수로 재직했던 1973년에 이 글을 썼다. 이글은 기술의 발전과 현대사회에서 기호학이 어떤 식으로 응용되는지를 잘 보여주고 있다 — 영어판 편집자 주.
2) 이제 2라운드도 거의 끝났다. 닉슨은 자신을 원로 정치인으로 그려 보이고 있다. 축 늘어진 얼굴(겁먹은 표정은 사라졌다), 깊은 생각 끝에 나온 또는 깊이 생각하는 듯한 성명서, 그리고 시청자들에게 자신의 행정부가 거둔 주요한 성과를 상기시키기 위한 중국방문 등을 열거하면서 말이다. 언론은 계속 또다른 미국의 신화를 따라 앞으로 나간다. "패자를 밟지 마라" 또는 "한번 손봐주기"라는 신화를 따라서 — 영어판 편집자 주.

마르코 폴로 — 미지의 세계에 대해 글쓰기
1) 『밀리오네라 불리는 베네치아의 한 시민 마르코 폴로의 책. 세상의 신비에 대한 보고서』, 텍스트 비평판, 플로렌스, 1928(이 책의 최초의 독일어판은 『각국을 주유한 고귀한 기사 마르코 폴로의 책. 세상의 수많은 경이한 나라에 관한 이야기』, 옮긴이 미상, 『베네치아 시민 마르코 폴로의 여행기』, 뮌헨, 하이네, 1963년과 『베네치아부터 중국까지. 13세기의 가장 위대한 여행』, 튀빙겐/바젤, 에르트만, 1973이 있다).
2) 독일어로는 『기사 존 망드빌의 언약의 땅과 인도 그리고 중국 여행기』, 슈투트가르트, 쉬타인 그뤼벤, 1966으로 번역되어 있다 — 독일어판 옮긴이 주.

표정의 언어
1) 게오르그 크리스토프 리히텐베르크, 『관상학』, 괴팅엔 1778, p. 35. 헤겔, 『정신현상학』 Werke, Bd. 3., 프랑크푸르트/M., 주어캄프, 1970, p. 239에서 재인용. 한국어판은 『정신현상학』, 서울분도출판사, p. 384.
2) Op. cit., p. 6. zit. bei Hegel, op. cit., p. 242.
3) Op. cit., p. 254. 국역본은 p. 406.

4) J. K. 라바터,『······ 초상화 편람』, 프랑코 테스타의 캐리캐처가 들어 있음, 밀라노, 모이치, o. J.
5) 아민토레 판파니,『자본주의의 역사적 형성과정에서의 가톨릭과 신교』, 밀라노, Soc. Ed.「삶과 사상」, 1934(영어로는『가톨릭, 신교, 그리고 자본주의』, 런던, 쉬드 앤 워드, 1935로 발행되었다).
6) 판파니,『근대 유럽의 경제적 변화와 지배계급에서의 입헌주의의 분출』, 밀라노, Soc. Ed. "삶과 사상", 1936.
7)『아레티노 '75』(가명), 밀라노, 슈가르, 1975.

조악한 회화에 대해

1) 프란체스코 하예츠(1791~1882)는 낭만주의 역사가이자 초상화가로 당시에 "이탈리아의 들라크루아'로 불렸다(독일어판 옮긴이 주).
2)「알라만노 모렐리의 '무대 연출 교본'의 영화학적 약호」, Versus 22, 1~4, 1979.

연극과 기호

1) 찰스 S. 퍼스,『철학논문집』, 2. 282(케임브리지, 하버드대학 출판부, 1931~58).
2)『상호작용의 축제』, 프랑크푸르트 암 마인, 1971.『전략적 상호작용』, 뮌헨, 한저, 1981.
3)『에크리』, 올텐/프라이부르크, 발터, 1973.
4) 로만 야콥슨,「'예'와 '아니오'를 위한 자동차 기호」,『사회 속의 언어』, 1, 1971.
5) 마르셀 모스,『사회학과 인류학』, II, 뮌헨, 한저, 1975, pp. 199 ff.
6) 토머스 A. 세벅, A. S. 하예스, M. C. 베이츠슨(편), 덴 허우그 머튼, 1964.
7) 레이 L. 버드휘스텔,『몸짓학과 맥락』, 펜실베이니아의 필라델피아 대학, 1970.
8) 앞의『기호학 입문』을 보라.
9) 에드워드 T. 홀,『숨겨진 차원. 공적 생활과 사적 생활에서의 인간의 공간의 활용』, 뉴욕, Doubleday, 1966(독일어로는『공간의 언어』, 뒤셀도르프, 파다그, 쉬반, 1976).
10)「칠라고속」,『카토낙』, 1967.

2부 실험과 소비 사이에서

1 『몽테크리스토백작』을 찬양함
— 대중문학과 번역에 대해

얼마 전에 갈리마르 출판사의 고전선 시리즈인 "플레이아드 총서"의 하나로(『삼총사』가 나온 후에) 『몽테크리스토백작』이 나왔다. 이리하여 이제 뒤마도 거장들의 판테온(한 나라의 위인들의 무덤이나 기념비가 있는 전당 — 옮긴이)에, 스탕달과 발자크 사이에 자리를 하나 차지하게 되었다. 질베르 시고(Gilbert Sigaus)가 편집한 이번 판을 1962년에 J. H. 보르네크(J. H. Bornecque)가 편집한 가르니에판과 비교해보니 별반 새로운 점은 없었다. 전혀 새롭지 않았다. 1962년 판에는 흥미로운 삽화와 함께 작가에 대한 기다란 전기가 들어 있는데, 이번 신판은 여기에 덧붙여 『삼총사』의 출간을 알리는 책 광고와 함께 아주 유용한 각주 그리고 여러 이본(異本)과 함께 뒤마에게 영감을 불어넣었을 "수도 있는" 자크 페쇠(Jacques Peuchet)의 새로운 텍스트를 부록으로 첨가해 놓았을 뿐이었다. 하지만 가르니에판에도 페쇠의 소설 『다이아몬드와 복수』가 들어 있다. 이 소설은 분명히, 그리고 뒤마 자신의 고백대로 『몽테크리스토』의 원천 중의 하나였다. 따라서 관례대로 말끔하게 장정하여 들고 다니기 편리하게 만들고(두꺼운 종이로 박지 인쇄해 두 권으로 만들었다) 가격을 대폭 올려버린 것 말고 플레이아드판이 가르니에판에 추가한 것은 무엇인가? 축성식을 하듯 『몽테크리스토백작』이 프랑스 문학사에 속한다는 사실을 거창하게 확인한 다음 그에 대한 의문에 종지부를 찍고 이를 승인한 것뿐이다.

당연히 문학이란 무엇인지, 특히 문학적으로 높이 평가받는 서사적 산문은 무엇인지를 정의해야 한다. 크로체라면 뒤마는 시문학이 아니라 미문학에 속한다고 할 텐데, 그가 보는 미문학이라는 이 개념을 굳이 평가절하까지 할 필요는 없으나 한 번 진중하게 따져볼 필요가 있다. 하지만 『몽테크리스토』가 플레이아드에 포함된 만큼 그러한 구분은 별로 중요해 보이지 않는다. 그렇다면 『몽테크리스토』는 『적과 흑』이나 『보바리 부인』과 같은 등급의 작품이라고 말해야 할까? "위대한 소설"이라고?

형편없는 소설

의문의 여지 없이 『몽테크리스토백작』은 이제까지 씌어진 가장 흥미진진한 소설 중의 하나지만 어떻게 보면 가장 형편없이 씌어진 소설의 하나이기도 하다.

그는 페이지를 메우느라 바쁜 듯이 보인다. 빈 곳을 메우기 위한 일단의 기사가 흘러넘치고, 아무런 부끄럼 없이 똑같은 형용사를 바로 다음 줄에서 반복해 똑같은 형용사가 무한대로 쌓인다. 문장론에 맞지 않기 때문에 결코 끝낼 수 없는 곁가지 이야기로 한참 새버리고, 한창 건 입으로 스무 줄씩이나 똑같은 이야기를 줄줄이 늘어놓는다. 감정묘사에서도 기계적이며 서투르기 짝이 없다. 그의 등장인물들은 툭하면 벌벌 떨거나 창백해지며 이마에 맺힌 땀방울을 훔친다. 목소리는 도저히 사람의 목소리라고는 할 수 없으며 게다가 말을 더듬기 일쑤다. 툭하면 흥분해 의자를 박차고 일어났다 다시 주저앉는다. 하지만 그 의자는 바로 조금 전에 주저앉았던 바로 그 의자다. 이처럼 작가는 속이 뻔히 들여다보이는 기법을 과감히 구사하고 있다.

왜 뒤마가 그렇게 쓰는지는 잘 알려져 있다. 제대로 쓸 줄 몰라서 그런 건 아니다. 『삼총사』는 다소 무미건조하고 끌어당기는 매력도 덜하며 심리묘사 대신 외부묘사에 주력하고 있지만, 깔끔하게 쓰여졌기 때문에 아주 재미있게 읽을 수 있다. 그런데『몽테크리스토』는 너무 장황하게 썼다. 돈 때문에 한 줄당 얼마씩 고료를 받을 원고를 질질 늘려야 했다. 정신없이 『몽테크리스토』를 쓰던 동안 그는 이 작품 외에도 『몽소로의 부인』, 『45』, 『붉은 집의 집사』를 집필하고 있었다. 게다가 1844~1864년에 이 소설을 『주르날 데 데바*Journal des Debats*』지에 연재하던 동안에도 페티옹 출판사에서 소설을 출판할 준비를 하고 있었다(따라서 그는 어떻게 이야기를 전개해야 할지 당황했기 때문에 때로는 여섯 달 동안 연재가 중단되기도 했다).

다른 곳에서 내가 한 번 "협화음적 대화"라고 부른 바 있는 대화[1] 또한 이런 식으로 설명될 수 있다. 이러한 대화 속에서 대화 당사자들은 수 페이지에 걸쳐 — 언제나 줄을 바꾸어 가며 — 엘리베이터를 타고 가는 게으른 종업원들처럼 온갖 미사여구나 멋들어진 겉치레 말만을 지껄인다.

"그럼 이제 가봐야지요."
"자, 자, 잘 될 거요."
"예, 그럼요, 귀하도."
"안녕, 안녕 나중에 또 봅시다."
"예, 다시 보죠 뭐."
"예, 언젠가 한 번 봅시다."
"오늘 저녁이 어때요."
"예, 좋겠네요."
"그렇게 결정합시다."
"하지만 지금은 정하기가 곤란하네요."
"서두르셔야죠."
"자, 그러면 또 봅시다."
"이 모든 것에 대해 뭐라고 감사의 말씀을 드려야 할지."
"천만의 말씀을."
"자, 그럼 그때까지."
"그럼 안녕히 안녕, 살펴가세요."
"건강하시구요……."

이를 좀더 확실하게 확인하기 위해 『삼총사』의 「이 음모는 절정으로 치닫고」에 나오는 다음 문장을 검토해보기로 하자.[2]

"아닙니다"라고 달타냥이 말했다. "아닙니다, 고백건대 저는 우연히 그 길로 들어서게 되었습니다. 저는 어떤 소녀가 제 친구의 창문을 두드리는 걸 봤습니다."

"그대의 친구라고?" 보나시오 부인이 끼어들었다.

"그렇습니다. 아라미스는 제 좋은 친구 중의 하나죠."

"아라미스? 누군데?"

"아라미스를 모르신단 말씀입니까?"

"그 사람 이름은 처음 듣는데."

"그러면 이 집에도 처음 오신다는 말씀이신가요?"

"물론이지!"

"그리고 이 집에 젊은이가 산다는 것도 모른신단 말씀입니까?"

"그렇지."

"총사인데도 말이죠?"

"결코."

"그를 방문하지 않으셨던가요?"

"절대 그런 일은 없었네. 게다가 내가 이야기한 사람은 소녀라는 점을 명심하게."

"하지만 그 소녀가 아라미스의 여자친구일 수도 있지 않습니까?"

"난 모르겠는걸."

"이 집에 그와 함께 살았습니다."

『몽테크리스토백작』을 찬양함

"그건 나랑 아무 상관도 없어."

"그렇다면 그녀가 누구란 말씀입니까?"

"오! 그건 내가 알 바 아니야."

"친애하는 보나시오 부인, 당신은 매력적이지만 동시에 가장 비밀이 많으신 분이기도 합니다……."

"그래서 손해 볼 거 있나?"

"아닙니다, 부인은 그와 정반대로 만인의 숭배 대상이죠."

"그렇다면 손을 주게."

"기꺼이, 그러면……?"

"나를 에스코트하시게."

"어디로요."

"내가 가는 쪽으로."

"어디로 가시게요?"

"곧 보게 될 거야. 문까지만 따라오시게."

"제가 부인을 기다려야 할까요?"

"그럴 필요는 없네."

"그렇다면 혼자 돌아오신단 말씀입니까?"

"그럴 수도 있고 그렇지 않을 수도 있지."[3]

"그런데 같이 갈 사람은 여자입니까 아니면 남자입니까?"

"그건 나도 모르네."

"하지만 곧 알게 될 텐데요!"

"어디서?"

"나오실 때까지 기다릴 겁니다."

"자, 그렇다면 안녕히!"

"뭐라고 말씀하셨습니까?"

"나는 그대가 필요없소."

"하지만 그렇게 명령하시고서는……."

"첩자의 감시가 아니라 고귀한 이의 도움을 바라서였지."

"조금 가혹하시군요."

"자신의 의지에 반해 다른 사람을 따라 나서는 사람을 뭐라고 하지?"

"분별없는 사람요."

"너무 부드러운데."

"좋습니다, 부인. 그러면 원하시는 모든 일을 해드리도록 하겠습니다."

"그렇다면 왜 즉시 할 일을 하고 있지 않지?"

"후회하지 않을까요?"

"그럼 그대는 후회한단 말인가?"

"저 자신도 모르겠습니다. 가시는 곳까지 수행하는 걸 허락하신다면 부인께서 원하시는 모든 걸 해드리겠다고 약속했다는 것만을 알고 있을 뿐입니다."

"그러면 나를 귀찮게 하지 않을 거란 말이지?"

"예."

"첩자 짓도 않고?"

"예."

"명예를 걸고 하는 약속인가?"

"명예를 존중하는 사람의 약속입니다."

"그렇다면, 자 이렇게 내 팔을 잡고 가세."

모든 연재소설은 매 연재분이 끝날 때마다 주의가 산만해질 수밖에 없는 독자를 다시 끌어들이기 위해 다음과 같은 전략을 구사한다. 어떤 사람이 100페이지에서 한 이야기를 다른 사람이 150페이지에서 다시 꺼낼 수 있도록 하려면 그 얘기를 중간 중간에 끈질기게 반복해야 한다. 하지만 이 점에 대해서는 굳이 언급하지 않겠다. 단지 처음의 세 장(章)만 읽어보아도 충분하다. 에드몽 당테스가 기회 있을 때마다 이 사람 저 사람 가리지 않고 결혼만 하면 행복할 것이라는 생각을 얼마나 자주 털어놓고 있는지를 봐라 — 그처럼 신경이 무딘 사람은 이프 성(城)에서 14년을 썩어도 싸다!

그리고 대담해 보이지만 터무니없이 은유가 줄줄이 이어지며, 지독한 감기에 걸려 더이상 콘세큐치오 템포룸(시칭의 일치 — 옮긴이)을 지킬 수 없는 할머니가 이야기하는 듯 기묘한 왜곡어법이 두드러지게 나타난다. 광전보에 대해 이야기하면서 언덕 위의 비바람에 시달린 낡은 종탑을 할머니와 비교하고 있는 한 장(LX II)처럼 전혀 상관없는데도 기이하게 서로 닮은 것으로 묘사되고 있는 문장이 줄줄이 이어진다(한 백여 개는 된다).

"On n'eût pas dit, à la voir ainsi ridée et fleurie comme une aïeule à qui ses petits-enfants viennent de souhaiter la fête, qu'elle pourrait raconter bien des drames terribles, si elle joignait une voix aux oreilles menaçantes qu'un vieux proverbe donne aux murailles."[4]

따라서 우리는 손조노 출판사에서 나온 옮긴이 미상의 이탈리아 번역판처럼 유려한 언어와 원본 못지않은 대담함을 갖고 원본의 문장론뿐만 아니라 유들유들함까지 그대로 옮겨놓은 번역본에 대해 경탄을 금치 못하게 된다.

"Si sarebbe detto, vedendola così ornata e fiorita come una bisavola di cui i suoi nipontini celebrano il giorno natalizio, che essa avrebbe potuto raccotare drammi assai terribli se avesse aggiunto la voce alle orecchie minacevoli che un vecchio proverbio attribuisce alle muraglie."

하지만 아무 소용없다. 은유는 가망 없을 정도로 서로를 은폐시키고 있으며 비유법은 너무 과장되어, 옮긴이는 이러한 후안무치함이 주는 마력에 몸을 맡기는 도리밖에 없다.

『몽테크리스토』를 번역하기

몇 년 전에 나는 『몽테크리스토』를 새롭게 번역해달라는 에이나우디 출판사의 제안을 수락했다. 나는 이 소설을 읽으면서 이 소설의 서사구조에 너무 매료되었으며 문체 때문에 모골이 송연했던 경험을 한 바 있다. 따라서 이 소설을 넘겨받아 (이 점에 특히 주의하라) "자역(子譯)에 그치거나" 아무것도 첨가하지 않고 남의 이야기를 그대로 반복하는 데 그치지 않고 그러한 구조를 간결하고 엄정한 문체로 가다듬어 보자는 생각이 나를 매료시켰던 모양이다. 그렇게 하면 독자들이(그리고 출판업자가) 수백 페이지쯤을 읽거나 출판하는 수고를 덜어줄 수 있으리라고 생각했다. 그렇다고 뒤마에 대한 존경심을 깎아내릴 필요는 전혀 없이 말이다. 그러한 요구를 충족시키려면 옮긴이는 어떻게 해야 할까? 글자 그대로 번역하는 일은 자존심이 허락지 않을 테고, 매 줄마다 똑같은 단어, 똑같은 클리셰를 반복하는 것에 대해서는 번역하는 손도 주저하리라. 짜증내지 않으려면 건너뛰고, 빼먹고, 텍스트를 압축할 필요가 있다. 대가다운 솜씨로 구성된 이야기 구조를 살리려면, 서사적 기능과 무관한 삽화는 축역해버리는 쪽이 바람직하다. 게다가("마르세유"라는 제목의 첫 부분과 "파리"라는 제목의 마지막 부분 사이의 "로마"라는) 중간 부분은 뒤마가 나중에 이 작품에 삽입한 이탈리아 여행에 관한 일련의 삽화의 일부분으로, 원래 1부에 들어가야 하는데 이처럼 중간에 삽입되어 버렸다. 따라서 일종의 서곡보다는 포괄적으로 제시하는 쪽이 훨씬 논리적으로 타당하다(마케트Auguste Maquet가 작가에게 당테스가 젊었을 때부터 즉 소추와 투옥 그리고 탈옥에서 시작하는 쪽이 더 낫지 않겠느냐는 이야기를 한 것은 소설이 한참 진행되고 나서였다).

뒤마는 다른 사람과 공동으로 글을 쓴 작가가 아니었을까? 그렇다면 약 백 년 후의 새로운 옮긴이와 공동으로 일해서 안 될 무슨 이유라도 있단 말인가? 뒤마는 시장의 요구에 따라 제품을 만든 수공업자가 아니었을까? 그렇다면 지금 시장이 보다 간결한 문체로 씌어진 소설을 원하는 이상 뒤마가 먼저 나서서 축약과 생략 그리고 축역을 권해야 하지 않을까?

옮긴이는 텍스트를 축역할 수 있다. 그리고 서사적 기능과 무관한 장황한 삽화는 시간의 흐름에 대한 감각만을 흐트러뜨리기 때문에 이를 간단하게 줄여버림으로써 독자들이 보다 신속하게 사건을 쫓아갈 수 있도록 해주어야 한다. 축약된 행에 대해서도 돈을 지불해 주었더라도 뒤마는 지금과 같은 형태를 고수하거나, 한 줄도 빼버리지 못하도록 하기보다는 얼마든지 리듬과 호흡 문제를 융통성 있게 처리했을 것이다. 예를 하나 들어보자. 원문은 다음과 같다.

Danglars arracha machinalement, et l'une apres l'autre, les fleurs d'un magnifique orangier. quandi il eut fini avec l'orangier, il s'adressa à un cactus, mais alors le cactus, d'un caractére moins facile que l'orangier, le piqua outrageusement.

우리는 아무런 내용도 빼지 않고, 또 단 한차례도 위의 구절 전체를 관류하고 있는 은근한 빈정거림을 놓치지 않고서도 위의 불어를 아래와 같이 이탈리아어로 멋지게 번역할 수 있다.

Strappo macchinalmenre, uno dopo l'altro, i fiori di un magnifico arnncio. quando ebbe finito si rivolse a un cactus, il quale, di carattere più difficile, lo punse oltraggiosamente.[5]

　육안으로도 축역된 사실을 확인할 수 있다. 프랑스어로는 42자인데 반해 이탈리아어로는 29자에 불과하며, 프랑스어는 4행인데 반해 이탈리아어로는 채 3행이 되지 않는 등, 거의 1/4이나 줄어들었다. 물론 지면을 줄이는 것이 아니라 독서를 신속하게 하고 그렇지 않아도 독자들이 건너뛸 수밖에 없는 모든 내용을 간결하게 건너뛰는 것이 중요하다. 따라서 프랑스어에서와는 달리 이탈리아어에서는 흔히 규칙상 그리고 대개는 관례상 사용되지 않는 반복적인 요소(예를 들어 반복되는 주어나 대명사)뿐만 아니라 당시 프랑스 사회의 언어와 관습에 따라 일반적으로 사용되던 일부 장식용의 화려한 미사여구는 텍스트의 정신에 충실하기 위해 빼버려도 무방했다. 한 예만 들어보자. 하층 계급의 두 사람이 나누는 대화에서 감사의 인사는 프랑스어로는 대략 "메르시, 무슈" 정도이다. 하지만 이탈리아어에서는 "그라치, 시뇨르"라는 말(이 말은 저자의 의도나 이 말의 함의와 전혀 부합하지 않는다)이 주종관계를 연상시키기 때문에 간단히 "그라치"라고 번역된다. 물론 이러한 현상은 어떤 프랑스어 책이라도 이탈리아어로 번역하면 나타나지 않느냐고 이의를 제기할 수도 있지만, 앞에서 이야기한 이유에서 "메르시, 무슈"와 같은 말이 수 없이 반복되는 이러한 책에서는 당연히 축역의 좋은 예로 간주될 수 있으며, 독서의 속도를 가속시켜 준다.

　다른 예를 하나 들어보자. "comme pour le prier de le tirer de

l'embarras où il se trouvait"(마치 자신이 처해 있는 당혹감에서 벗어나게 해달라고 애원하는 듯이)와 같은 문장은 그저 "마치 당혹감에서 벗어나게 해달라고 애원하는 듯이"라고 번역하면 그만이다. 또는 "M. Morrel ne peut ceder son chval, son honneur étant engagéà ce qu'il le garde"의 경우 모렐이 끼어드는 이유는 이 구절의 앞뒤에서 장황하고 상세하게 묘사되기 때문에 "모렐 씨는 체면 때문에 말을 내줄 수 없었다"라고 번역해버리면 그만이다. 또는 다른 사람과 이야기를 하다가 옆의 하인에게 무슨 이야기를 건네 놓고는 채 이야기를 마치지도 않은 채 다시 원래의 이야기로 되돌아가는 예를 보기로 하자. 이 경우 뒤마는 독자들에게 그 사람은 지금 독자들도 알다시피 이리저리하다가 중단되었던 앞 사람과의 대화를 계속하고 있다는 사실을 장황하게 설명해주어야 한다. 이 경우 문장의 흐름이 뒤죽박죽될 뿐만 아니라 통상 이러한 구절에서 매회 연재분이 끝나기 때문에, 독자들은 텍스트에서는 바로 몇 줄 앞에서 벌어졌지만 신문에서는 며칠 전에 벌어진 사건을 연상해야 한다(게다가 1844년 12월부터 1845년 6월까지는 작가가 다른 일을 해야 했기 때문에 연재가 중단되었다).

마지막으로 옮긴이는, 작가가 예컨대 똑같은 의미의 형용사를 남발하는 등 텍스트의 경제(즉 절약 — 옮긴이)에는 전혀 도움이 되지 않는 난필을 휘두르는 경우 그 구절의 문체를 조탁해야할 과제를 기꺼이 떠맡아야 한다. 두 행 뒤에서 신부는 정말 아름다웠다고 강조하면서 굳이 빌레포르가 "젊고 아름다운" 여자와 결혼했다고 말할 이유가 있을까? 앞 문장의 경우 그저 신부가 우아

했다고 하거나 아니면 두 번째 문장에서 그녀의 우아함에 관해 묘사하면 그만이다. 작가가 채 몇 페이지 넘어가지도 않아 — 분명히 천재일우의 호기를 틈타 — 멋진 수사학적 기교를 동원해 "heureux"나 "bonheur"와 같은 단어를 동원해 말장난을 늘어놓을수록 축역자는 간단히 "운 좋게", "행운의"라고 옮기면 그만이다. 아름다운/추한, 행운의/불운의, 차분한/흥분한 등의 미시적 대립항을 조직적으로 검토해보면 뒤마가 형용사를 얼마나 제멋대로 구사하고 있는가를 확인할 수 있다. 이러한 형용사나 주어는(무한대로 이어진다 — 따라서 역자는 텍스트의 리듬이 불규칙하게 비틀거리지 않도록 만들고, 단어의 선택이 아무리 요란하게 바뀌더라도 양극으로 나누어 특징을 묘사하고 평가하는 작가의 방법을 존중하는 등 이중의 목적을 제대로 달성할 수 있어야 한다.

나는 이런 식으로 대략 100여 페이지를 검토해보았다. 그리고는 고백건대 포기해버렸다. 근 2,000여 페이지(가르니에판은 1,640페이지나 되었다)나 계속 그러한 일을 해야 한다는 것과 또 문체의 과장이나 온갖 허물, 끊임없는 반복도 이야기의 메커니즘의 일부가 아닌가 하는 생각이 들어 포기해버렸다. 19세기의 오래된 번역본이라도 일단 한 번 읽어본 사람이라면 『몽테크리스토백작』을 사랑할 수밖에 없지 않았는가?

멋지게 씌어진 소설

이리하여 우리는 결국 다시 처음의 주장으로 되돌아가게 된다. 『몽테크리스토』는 이제까지 씌어진 가장 매력적인 소설 중의 하나이다. 뒤마는 한방으로(또는 오히려 수많은 묘사의 일제사격과 규칙적인 집중포격을 통해) 페쇠의 희미한 이야기에서 시작하여 세 개의 원형적 상황을 겹쳐놓는데, 이것이 사람의 애간장을 녹이게 된다.

먼저 죄를 뒤집어쓰고 게다가 연인에게 배반당하는 젊은이. 두 번째는 거대한 유산 상속이라는 갑작스런 행운. 이것은 투옥된 희생자에게 무한한 가능성을 마련해준다. 세번째는 복수의 전략인데, 이러한 복수의 전장(戰場)에서 정도를 넘어 너무 극악무도하게 나가는 사람은 모두 인과응보를 면치 못한다.

하지만 이것만으로는 충분하지 않다. 이를 뼈대로 100일 천하와 그에 뒤이어 집권한 루이-필립 왕정 치하의 프랑스 사회에 대한 묘사가 펼쳐진다. 이러한 파노라마 속에는 온갖 멋쟁이와 은행가들, 타락한 법관과 간통사건, 결혼계약, 국회 개원, 국제관계, 국가 전복 음모, 광 전보, 신용장, 후안무치한 자본투기와 부동산 투기, 할인어음, 환시세, 어음, 무도회, 장례식 등이 등장한다.

그리고 무엇보다 먼저 로만 페이용(연재소설 — 옮긴이)의 가장 뚜렷한 토포스인 초인(superman)이 권좌에 오른다. 하지만 뒤마는 (『파리의 비밀』의)외젠 쉬나 대중소설의 이러한 유행에 매료된 그 밖의 다른 모든 수공업자들보다 한 발 더 나간다. 그는 이러한 초인의 영혼의 분열상을 멋지게 묘사한다. (돈과 지식을 통해 얻게 된) 전지전능함과 자신이 복수자의 역할을 해야 하는 데 대한 경악감 사이에서 현기증을 일으키며 번민하는 모습이나 또 이처럼 회의에 젖어 번민하다가도 자신의 그러한 전지전능함은 자신의 고난의 대가라는 생각에 스스로를 위안하는 모습은 초인 심리학의 최초의 원형이라 해도 별 무리가 없을 것이다. 이리하여 몽테크리스토백작은 그리스도가 된다(이름의 위력). 언뜻 보면 악마처럼 이프 성의 지옥으로 여행에 나섰다가 다시 인간의 사악함을 바로잡기 위한 속죄양이 되어 이 세상에 부활해 지복천년에 다시 발견될 보물의 휘광 속에서 생자(生子)와 사자(死子) 모두를 일으켜 세우는 (그리스도와 비슷한 — 옮긴이) 크리스토 말이다. 물론 그는 사람의 아들이다. 이러한 상호텍스트성의 속임수와 뻔한 사례에 짜증을 내거나 그러한 수작을 훤히 꿰뚫어 보고 그를 비판할 수도 있다 — 그럼에도 불구하고 우리는 베르디의 오페라에서처럼 어쩔 수 없이 이러한 유희에 꼼짝없이 사로잡히고 만다. 멜로드라마와 키치는 일단 제대로 제어되지 못하면 고귀함으로 이어지며, 무절제함은 천재성으로 돌변해버리고 만다.

확실히 매번 반복된다. 하지만 이처럼 반복적인 구도가 동원되지 않는다면 과연 에드몽 당테스가 적들을 찾아내는 순간마다 드러나는 새로운 사실의 연속적인 폭로와 노출을 즐길 수 있을까?

이처럼 똑같은 내용이 반복되는 메커니즘을 즐기기 위해 그러한 장면을 세 개만 떠올려 보기로 하자. 매번 우리는 (고백건대!) 공포심이나 분노 때문에 머리털이 쭈뼛 서고 이마에는 식은땀이

맺힐 것이다.[6]

"맙소사!" 빌레포르는 깜짝 놀라 뒤로 물러서면서 외쳤다. "이 목소리는 부조니 신부의 목소리 아냐?"
"아냐!"
신부라면 한가운데를 깎아낸 머리를 좌우로 흔들어댈 것이다. 그리고 억지로 밀고 나온 듯한 검은 머리카락이 어깨 위에서 치렁거리며 창백한 얼굴을 둘러싸고 있을 터였다.
"몽테크리스토의 얼굴인데!"라고 빌레포르가 당혹스런 표정으로 외쳤다.
"아냐, 아직도 모르는군, 검사양반 나리, 좀더 자세히 기억을 떠올려봐, 한참 더 뒤로 돌아가 기억을 더듬어보란 말이야!"
"이 목소리! 이 목소리! 어디서 이 목소리를 처음으로 들었더라?"
"당신은 아마 이 목소리를 23년 전 마르세유에서, 생-메랑 양과 약혼하던 날 들었을 거요. 기억을 자세히 더듬어보시오!"
"부조니가 아니란 말이오? 몽테크리스토가 아니오? 맙소사! 그러면 당신이 이제까지 숨어 있던 무자비한 불구대천의 원수였단 말이오! 마르세유에서 당신에게 무슨 짓을 한 것 같은데……. 맙소사!"
"그렇지, 맞았어, 그랬지." 이렇게 말하며 백작은 넓은 가슴 위로 팔짱을 꼈다. "기억해봐, 기억해보란 말야!"
"하지만 내가 당신에게 무슨 짓을 했죠?"라고 빌레포르가 외쳤다. 이미 그의 정신은 이성과 광기의 경계선 사이에서, 꿈도 아니고 그렇다고 깨어 있는 상태도 아닌 몽롱한 상태를 왔다 갔다 하고 있었다.

"내가 당신에게 무슨 짓을 했단 말이오? 밝히시오! 말하란 말이오!"
"당신들은 나를 소름끼치는 죽음으로 내몰고 갔으며, 아버지를 죽이고, 연인과 함께 자유를, 그리고 연인과 함께 행복도 빼앗아가 버렸소!"
"당신은 누구시오? 도대체 당신은 누구시오, 하느님 맙소사!"
"나는 당신들이 이프 성의 어두운 감옥 속에 파묻어버린 한 불행한 사람의 유령이오. 그의 무덤에서 나온 유령은 신에게 몽테크리스토의 가면을 빌려와 다이아몬드와 금으로 그 가면을 잔뜩 뒤덮어 버렸기에 그대들은 이제야 나를 알아볼 수 있었던 거요"
"당신이구려, 알아보겠어"라고 검사가 말했다. "당신은······."
"내가 에드몽 당테스요!"
"당신이 에드몽 당테스구려!"라고 검사가 외치며 백작의 팔을 움켜잡았다. "올 것이 오고야 말았군!"
그리고 검사는 그를 계단으로 끌고 갔다. 그런데 놀랍게도 백작은 검사가 자기를 어디로 끌고 가는지도 모른 채 순순히 따라갔다. 물론 새로운 재앙이 그를 기다리고 있을 거라는 예감은 충분히 갖고 있었다.
"보시오, 에드몽 당테스"라고 말하며 그는 백작에게 부인과 아들의 시체를 가리켰다. "보시오, 잘 보시오, 이제 복수한 셈이죠?"
몽테크리스토는 이처럼 끔찍한 장면을 보고 얼굴이 창백해졌다. 그는 복수의 권리를 남용했으며, 더이상 신이 자신의 편이며 자신과 함께 있다고 말할 수 없다는 걸 깨달았다.

*

"아!"라고 장군은 외쳤다. 아마 그 말이 뜨겁게 달구어진 강철처럼 그를 후려 친 모양이었다.

"아, 이 불쌍한 양반아, 죽이려고 하면서 이처럼 모욕을 가하다니! 아니, 내가 당신을 모른다는 이야기를 한 적은 없소 이 악마야, 나는 당신이 과거의 어느 밤으로 살며시 숨어들어가 몰래 꾸미고 나와서는 무슨 목적에서인지 내 삶의 전모를 읽었다는 걸 알고 있어. 하지만 나는 이처럼 치욕스런 순간에도 겉만 번드르르하게 꾸민 당신보다는 명예를 존중하지. 그럴 수 없지, 암 그럴 수 없고말고, 당신은 나를 잘 알고 있소, 나는 그걸 알지, 하지만 나는 당신, 금과 보석으로 치장하고 있는 당신이 누구인지를 몰라. 파리에서는 몽테크리스토로 행세하더니 이탈리아에서는 선원 신밧드로 행세하고, 말타에서는, 에, 뭐라고 했는지 기억이 안 나는군. 다시 묻지만 본명이 뭐요, 당신의 가슴에 칼을 찔러 넣으면서 결투장에서 외칠 수 있도록, 수백 가지나 되는 가명 말고 본명을 알려주시오!"

몽테크리스토는 노여움에 얼굴이 창백해졌으며 눈에서는 야수적인 불길이 일었다. 그는 옆방으로 달려가 순식간에 넥타이와 저고리 그리고 외투를 벗어버린 다음 선원복으로 갈아입고 선원의 모자를 썼는데, 모자 아래로는 그의 길고 검은 머리카락이 흘러내리고 있었다. 그는 무시무시한 표정을 한 채, 단호한 모습으로, 팔짱을 끼고 한 발 한 발 그를 기다리고 있던 장군에게 다가갔다. 그의 모습을 본 장군은 이빨을 덜덜 떨며 뒤로 비틀거리며 물러서다가 의자를 잡고서야 겨우 자세를 되찾을 수 있었다.

"페르디낭"하고 백작은 외쳤다. "네가 끽소리도 못하게 하려면 수백 가지나 되는 이름 중에서 하나만 불러주면 그만이지! 하지만 그 이름이 무엇인지 생각조차 할 수 없을 걸. 그의 이름을 기억해봐, 온갖 불행과 고통에도 불구하고 나의 얼굴은 지금 복수가 주는 희열 때문에 회춘하고 있는 듯하지 않소 아마 당신도 결혼한 다음부터 …… 메르세데스, 나의 약혼녀와 결혼한 다음부터 이 얼굴을 꿈속에서 여러 차례 보았을 텐데, 아마!"

장군은 머리는 뒤로 제치고 양팔은 앞으로 내민 채 이 끔찍한 괴물을 골똘히 바라보더니 벽에 기대고는 문으로 천천히 물러나기 시작했다. 그의 가슴 속에서 무시무시한 괴성이 터져 나왔다. "에드몽 당테스!" 신음소리를 내며 비틀비틀 겨우 주랑까지 간 다음 술 취한 사람처럼 갈지자 걸음으로 정원으로 걸어 나가 동료들의 팔 위로 쓰러져버렸다. 그런 다음 알 수 없는 목소리로 "집으로, 집으로"라고 중얼거렸다. 신선한 공기와 그를 빤히 바라보고 있는 하인들 앞에서의 수치심 때문인지 그는 곧 정신을 차린 다음 하나하나 생각을 수습해보았다. 하지만 집하고는 멀지 않았기 때문에 집으로 가까이 갈수록 고통이 그를 더 빠른 속도로 엄습해왔다. 집에 도착하기 몇 걸음 못 미쳐 마차를 세운 다음 내렸다. 대문은 활짝 열려 있었으며 임대마차는 정원에서 멈추었다. 정원은 호화로운 주변을 배경으로 자태를 뽐내고 있었다. 장군은 겁에 질린 표정으로 정원을 바라보고 있었지만 감히 누구도 말을 뗄 생각은 못하고 서둘러 자신의 자리로 돌아가 버렸다.

두 사람이 계단 아래로 내려왔다. 아들의 팔에 기대어 집을 나서고 있던 메르세데스였다. 이들과 마주치지 않기 위해 급히 옆방으로 갈 시간은 얼마든지 있었다. 이들은 이 불행한 사람을 스쳐 지나갔다. 문직물로 된 커튼 뒤에 숨어 있던 그를 메르세데스의 비단옷이 스치고 지나갔으며, 아들의 따뜻한 숨결도 느낄 수 있었다. 하지만 바로 그 순간 낮은 목소리로 "어머니, 사랑하는 어머니, 이리 오세요. 여기는 더 이상 우리의 집이 아니에요"라고 말하는 아들의 말이 들려왔다.

그들이 나누는 대화소리가 길게 여운을 남기며 발자국 소리도 멀어져 갔다. 장군은 양손으로 커튼을 꽉 잡고 겨우 일어설 수 있었다. 그는 부인과 아들이 버리고 떠난 아버지의 가슴에서 쏟아져 나오는 비참하기 짝이 없는 흐느낌을 겨우 억누를 수 있었다. 얼마 후에 마차소리와 함께 마부의 목소리가 들려왔다. 무거운 마차가 떠나는 소리가 가볍게 유리창을 울리고 있었다. 그는 자신이 이 세상에서 그토록 사랑했던 사람을 다시 한 번 보기 위해 침실로 급히 달려갔다. 하지만 이미 마차가 떠난 뒤라 창문 밖으로는 고독한 집과 이제 버리고 떠나는 아버지 그리고 정원에, 이별과 아쉬움 그리고 이와 함께 용서의 눈길이 담긴 마지막 인사를 하기 위해 밖으로 내민 메르세데스와 알베르의 머리가 보일 리 만무했다.

마차가 도시로 나가는 포장도로를 돌아나가려는 바로 그 순간 총소리가 울리더니 침실의 창문에서는 탄약이 폭발하는 순간의 충격으로 발생한 검은 연기가 솟아나왔다.

*

"후회하지 않는가?" 깊은 곳에서 울려나오는 불길 같은 목소리가 이렇게 물었다. 이 목소리를 들은 당글라르는 소름이 오싹 끼쳤다. 그는 헬쑥해진 눈길로 사방을 둘러보며 사물을 식별해보려고 애쓰고 있었다. 마침내 그는 산적들 한가운데 검은 옷을 입고 있는 남자를 발견했다. 그는 기둥 뒤에 서 있었다.

"내가 뭘 후회해야하지." 당글라르가 더듬거리며 이렇게 말했다.

"이제까지 네가 저지른 모든 악당 짓을." 똑같은 목소리로 대답이 들려왔다.

"예, 예, 후회합니다"라고 외치며 당글라르는 여윈 손으로 가슴을 쳤다.

"그렇다면 용서해주지"라고 말하며 그 사내가 외투를 벗고 밝은 빛 앞으로 한 발 나섰다.

"몽테크리스토백작!" 하고 외치며 당글라르는 굶주림과 재앙을 앞에 두고 있는 양 깜짝 놀라 얼굴이 하얗게 변했다.

"착각하지 마시오, 나는 몽테크리스토백작이 아니오"

"그렇다면 당신은 누구요?"

"나는 당신이 팔아넘기고 모략한 사람이오 나는 당신이 가슴을 창부로 만들어놓은 사람이오 부자가 되기 위해 당신이 두 발로 짓밟아 놓은 사람이오 당신이 굶겨 죽인 사람이 바로 그의 아버지요, 당신이 아사형을 구형했지만 지금 그대가 용서를 구하니 용서하고 있는 사람이오 — 나는 에드몽 당테스요!"

당글라르는 비명을 지르더니 마루 위로 쓰러졌다.

"일어나시오"라고 백작은 말했다. "당신의 인생은 당신 것이오. 당신과 같이 일을 꾸민 두 명의 공범은 결코 이러한 행운을 나누어 가질 수 없었소. 한 명은 미쳤고 다른 한 명은 죽었소! 지금까지 남아 있는 5만 프랑은 가지시오. 그대에게 주겠소. 병원에서 빼돌린 5백만 프랑은 이미 익명의 사람을 통해 되돌려 놓았소. 이제 먹고 마시시오, 오늘 저녁 당신은 나의 손님이오. 밤파, 맘껏 잡수신 다음에 보내드리도록 해라."

백작이 떠나가는 동안 당글라르는 그대로 바닥에 누워 있었다. 고개를 들었을 때는 문밖으로 사라져가며 산적들이 고개 숙여 인사하고 있는 그림자만을 볼 수 있었다.

백작이 명령한 대로 당글라르는 밤파의 시중을 받았다. 밤파는 최고의 포도주와 이탈리아의 맛있는 과일을 날라다 주었다. 그런 다음 역마차에 태워 나무가 늘어서 있는 거리로 데려다 주었다. 그곳에서 당글라르는 새벽 어스름까지 남아 있었다. 하지만 자신이 어디에 있는지를 알 도리가 없었다. 날이 밝자 그는 자신이 뱃가에 앉아 있음을 알았다. 갈증을 느낀 그는 아래로 기어 내려갔다. 물을 마시려고 머리를 숙인 그는 자신의 머리가 백발이 된 걸 알았다.

*

그런데 최소한 이 구절에까지 이르면 누구나 우려를 금치 못할 것이다. 만약 뒤마가 자신이 그대로 넘긴 행수대로가 아니라 편집부에서 축약된 행수대로 고료를 지불받기로 하고 원고를 축약했다면 과연 『몽테크리스토』는 오늘날과 같은 소설 메커니즘을 유지할 수 있었을까? 곁가지는 처버리고 유죄판결과 투옥, 탈옥, 보물의 발견, 파리에 재등장, 복수 등 이 모든 내용을 200~300페이지로 줄여버리더라도 여전히 인기를 누리고 또 전후 상황을 전혀 모른 채 장황한 묘사가 들어 있는 페이지는 그대로 건너뛰어도 여전히 감동을 줄 수 있을까?(뛰어넘더라도 그러한 페이지가 있다는 사실은 알고 있으며, 주관적으로야 속도를 빨리하려 하지만 객관적으로는 독서시간이 오래 걸리게 마련이다). 이렇게 볼 때 사람을 질리게 만드는 양식주의적 방탕함은 확실히 신문이나 잡지의 빈 면을 채우는 일종의 일단 기사에 불과하지만 원자핵반응로의 흑연막대와 같은 구조적 가치를 갖고 있음이 입증되는 셈이다. 그것은 우리가 점점 더 안달을 내고 우리가 점점 더 대담하게 예측하도록 리듬을 제어한다. 이렇게 보면 뒤마의 소설은 고뇌의 제조기로, 그러한 고뇌에서는 질이 아니라 길이만이 중요할 뿐이다.

확실히 이것은 양식상의 문제인데, 서사 양식은 시적 양식 또는 편지 양식과는 아무런 관계도 없다. 의문의 여지 없이 알렝-푸르니에르(Alain-Fournier)의 『위대한 몰네스』와 같은 소설이 『몽테크리스토』보다 훨씬 잘 쓰여졌다. 하지만 단지 소수의 환상과 감수성만을 다루고 있기 때문에 『몽테크리스토』만큼 헤아리기 힘든 깊이를 갖지 못하며 또 호머의 서사시처럼 웅대하지도, 그렇다고 막강한 힘과 지속성을 갖고 대중의 상상세계를 키워내지도 못한다. 그것은 단지 하나의 "예술 작품"일 뿐이다. 이와 달리

『몽테크리스토』는, 이야기하는 방법(art)도 예술(art)이라면 이러한 장르의 예술의 규칙은 다른 문학 장르와는 다르다는 사실을 분명하게 확인해준다. 그리고 현대의 감수성을 기준으로 본다면 예술 작품 여부는 얼마든지 논란의 여지가 있겠지만, 아무튼 이야기를 하고 위대한 이야기 기술(art)을 만들어낼 수 있다는 점을 말이다.

완벽한 예술 작품보다는 시궁창을 지향하는 뻐딱한 서사시도 있다. 이러한 시는 미학의 규칙을 충족시키지는 않지만, 미학적 기능과는 그리 직접적으로 연결되어 있지 않은 파불라*의 기능만큼은 제대로 충족시킨다. 이러한 시는(남미의 원주민인 — 옮긴

---

* 파불라(fabula). 러시아 형식주의자들은 서사물의 바탕이 되는 이야기의 소재 혹은 서사물에서 담론화의 대상이 되는 사건 전체를 파불라로 부르며, 그러한 사건들을 텍스트로 구성하는데 사용되는 모든 인위적 요소와 더불어 작가에 의해 구축된 이야기의 질서 즉 구조화된 이야기를 수제(syuzhet)라고 부른다. 파불라는 집단적 경험이 합성되어 있는 복합적 기호로, 흔히 전통적인 서사물이나 원형적 이야기를 형성하는 재료가 되기도 한다. 수제는 텍스트를 드러내는 기법과 관련해 문학텍스트의 표면에 속한다면 파불라는 일종의 심층구조를 구성하고 있으며 텍스트의 내부로부터 이끌어 내어 축약될 수 있다. 러시아 형식주의자들은 또 파불라는 "일군의 모티브에 따라 원인에서 결과로, 연대기적 순서로 연속적으로 이어져 나가는" 반면 수제는 "그러한 모티브들이 작품과 맺는 질서에 따라 나타나기 때문에 정상적인 연대기적 흐름으로부터 일탈하는" 것으로 보고 있다. 따라서 파불라가 "결과적으로 일어나는 일"인데 반해 수제는 "독자가 일어난 일을 어떻게 인식하는가" 즉 작품 자체 내에서 사건들이 일어나는 질서를 의미한다. 요약하면 파불라는 재료로서의 이야기고 수제는 작가의 서사전략에 의해 그 재료가 예술적으로 조직되어 표현으로 구체화된 이야기다. 1부의 첫번째 글 「거짓말의 전략 — 닉슨의 서사전략과 TV의 영상전략」 그리고 3부의 『플리니우스 2세의 초상으로서의 플리니우스 1세의 초상 — 어떻게 명성을 쌓을 것인가』를 읽을 때는 특히 이 점을 염두에 두어야 한다.

이) 보로로(Bororo) 신화처럼 얼기설기 엮어져 있으며, 브르통(Breton)의 연작처럼 처음부터 다시 쓰거나 개작할 수 있다 — 따라서 『몽테크리스토』에 뒤마의 손길이 더 미치고 있는가 아니면 마케트의 손길이 더 미치고 있는가 하는 문제는 하등 중요치 않다.

『몽테크리스토』는 모든 신화와 마찬가지로 왜곡과 허위로 가득 차 있다. 하지만 좀더 정확히 들여다보면 내적인 진리를 갖고 있다. 속내를 드러내 보이는 진리 말이다. 이 때문에 이 소설은 대중적 서사의 규칙을 훤히 꿰뚫고 있으며, 이야기꾼이 온갖 세상사의 속내를 까 보이면서 순진한 대중을 사로잡고 있을 때 그러한 사실을 지적하는 사람까지도 옴짝달싹 못하게 만든다.

따라서 우리는 이 소설에서 멋진 방식으로 뭔가를 다룰 때마다 이러저러한 동작이 언제나 우리 속내의 생리학에 관해 뭔가를 이야기해준다는 점을 간파하게 된다. 이렇게 볼 때 거대한 거짓말의 메커니즘도 어쨌든 진리도 이야기해주는 셈이다.

(1984)

2 63그룹 ― 실험예술과 아방가르드 예술

재회합의 이유들

지난 1960년대 이탈리아 문화의 흐름을 회고해보면 의문의 여지 없이 63그룹(Gruppo 63) 또한 특수한 자리를 차지하고 있음을 알 수 있다. 하지만 그저 이 그룹의 역사를 소묘하고 구성원 하나하나를 거명하거나 이 집단에 의해 자극받았거나 직접 산출된 작품을 거론하는 데 그치지 않으려면, 끝에서부터 시작해 왜 이 그룹의 20주년 창립기념일(1983)이 그렇게 도처에서 축하받고 상찬(賞讚)되었는가를 자문해보아야 한다.

이처럼 뒤늦게 새삼스레 환호성이 울려 퍼지는 이유를 추적해보면 1960년대와 1980년대 이탈리아 문화의 저변에 흐르고 있던 흐름을 동시에 분석해낼 수 있을 것이다.

누구나 알고 있듯이 예상했던 수준을 훨씬 뛰어넘어 이 그룹에 대한 축하가 쇄도했다. 각 주간지들의 대대적인 특집은 차치하더라도 전국지나 지방지 중 최소한 문화면 전체를 이 그룹을 추억하는 기사로 할애하지 않은 신문은 하나도 없었을 정도였다. 그리고 바리케이드의 양쪽 진영에 있던 주인공들, 즉 한때 이 그룹의 구성원이었던 사람뿐만 아니라 오랜 적대자들도 이처럼 이상적인 원탁토론회에 참석하도록 초대받았는데 이들은 증언자의 역할과 함께 일정한 거리를 둔 판정자의 역할을 동시에 해주었다.

분명히 지난 몇 년간 매스미디어는 미국인들이 인스턴트 노스텔지어(instant nostalgia)라고 부르는 것, 즉 최근에 지나간 시간에 대한 향수어린 회고를 대대적으로 부추기고 있다. 이러한 회고 기사의 엄청난 양이나 확산범위로 볼 때 혹시 그 이변에 뭔가 다른 동기가 숨겨져 있는 건 아닐까하는 추측을 불러일으키고 있다. 막상 이 그룹이 활동했던 여러 해 동안 본인들의 의사와 전혀 무관하게 부도덕 운운하는 구설수에 올랐듯이 지금 사방에서 쏟아지고 있는 온갖 덕목 또한 이들과는 전혀 무관하다. 따라서 이탈리아 문화는 외견상으로는 이 그룹의 공과(功過)를 말끔하게 정산한 듯이 보이나 실제로는 뭔가 다른 것, 결국 이탈리아 문화 자체를 청산해버린 건 아닌가하는 의구심이 든다.

1960년대와 1980년대 초반에 실제로 무슨 일이 일어났는지를 이해하려면 무엇보다 먼저 다음과 같은 문제를 제기해야만 한다.

— 도대체 이 그룹이 존재하기는 했나?
— 이 그룹은 아방가르드 집단이었는가?
— 이 그룹은 실험주의 집단이었는가?

— 위에서 언급한 두 가지 특징적 속성이 공존했는가? 그렇다면, 어떻게?
— 이 그룹의 다양한 특성 간의 변증법은 이들의 활동, 목표 그리고 20년 후의 재발견에 영향을 미쳤는가?

63그룹의 실존방식

많은 사람들이 63그룹은 결코 존재한 적이 없다고 말해왔다. 조직적인 의미에서라면 맞는 말이다. 이미 오래 전부터 서로 알고 지내며 공동의 관심사를 파고 들어가기 위해 함께 일하고 있던 일군의 작가, 비평가, 화가 그리고 음악가들이 이 그룹의 주류를 이루고 있었다.

이 그룹은 페 드 구툼(관습적인 사실 — 옮긴이) 내지 문화적 관습으로 그리고 그때그때마다의 선언으로 존재했다 — 마치 다양한 직업에 종사하는 사람들이 비슷한 경향에 고무되어 각자에게 할당된 부분을 연습한 후 여섯 달에 한 번씩 관객들 앞에 서기 위해 이따금씩 모이는 무대가 존재하듯이 말이다.

아마 다른 사람들이 이 그룹에 대해 당혹감을 느끼면서도 아주 영향력 있는 집단으로 생각하도록 만들어준 건 이처럼 "도대체 뭐하는 집단인지 모르겠는" 성격이었던 것 같다. 이 그룹은 결코 믿을 만한 사람의 추천을 받아들여야 하고 성원의 다수가 이 추천을 받아들여야 비로소 은밀하게 가입할 수 있는 프리메이슨이나 비밀 결사체가 아니었다. 오히려 이 그룹은 자리를 함께하고 있는 사람은 누구나 일반적인 정신이나 분위기에 따라 즉석에서 동참할 수 있는 일종의 마을 잔치와 비슷했다.

성원들이 각자의 솜씨를 다 내보인 다음, 무자비하고 가차 없이 서로를 비판하기 위한 전투가 벌어지고 나서야 비로소 이 그룹은 제 모습을 갖추게 되었다. 이러한 맥락에서 우리는 무엇보다 먼저 번갈아가며 서로에게 아부를 늘어놓거나, 이렇게 말해도 좋다면 형님 좋고 아우 좋고 하는 식의 모델에 기반을 두고 있던 문단의 관행에 항의하려고 했던 셈이다. 따라서 63그룹 안에는 (미미한 차원이기는 하나) 1968년의 저항운동을 예견케 하는 뭔가가 있었던 셈이다. 새로운 교제형태, (나중에는 이러한 관행도 어쩔 수 없이 고유한 몇 가지 관행을 발전시킬 수밖에 없었지만) 모든 허례허식을 넘어선 자유로운 담론형성 등이 그러했다.

하지만 이 그룹은 결코 68운동과 같은 "운동"집단은 아니었다. 이 그룹의 성원들은 68세대와 달리 젊은이들이 아니었기 때문에 생산과정에의 편입을 기다리거나 그러한 편입을 거부하거나 하는 문제로 고민하지는 않았다. 30~40대의 지식인들로 이루어진 이 그룹은 이미 문화사업이나 출판사, 편집부와 대학교에서 일하고 있었다. 따라서 학생운동이 등장했을 때 이 그룹은 전반적으로는 모순적인 태도를 보였으며, 이렇게까지 말할 수 있을지 모르겠으나 의구심을 갖고 그 운동을 바라보았다. 그러나 이 그룹의 잡지인 『퀸디치』는 즉시 68운동에 관심을 표명하면서 이 운동의 지도자들의 글을 게재하기 시작했다. 물론 이들의 견해를 싣는 것만으로 만족할 수 없어 필요한 경우에는 비판을 가하기도 했다. 이 그룹의 성원들은 앞 세대와 뒤 세대를 중재하는 세대라는 새로운 규정을 선호했다. 따라서 63그룹이 더이상 그룹이 아니라는 사실이 분명해지는 셈이다. 이 그룹은 확고한 조직이 아니었다. 이 그룹은 정신적 분위기나 환경으로 존재했고, 이러한 분위기가 극히 애매모호하고 변화무쌍하고 쉬 사라졌기 때문에 그럴 수밖에 없었는지도 모르겠다.

문학적 차원 그리고 일반적으로는 예술적 차원에서 "동지들" 간의 관계는 언제나 아주 복잡했다. 일부 구성원들은 이 그룹을 지적-실험적 서클로 바라보아, 적극적인 저항이라는 과제는 언어의 실험실에서 해결해야 할 문화적 과제로 간주했다. 이와 달리 다른 성원들에겐 이 그룹이 일종의 아방가르드 운동으로서, 결코 정적(靜的)이거나 보수적인 태도를 보여서는 안 되었다.

하지만 이제까지 역사적으로 등장해온 아방가르드 운동이 어떤 의미에서는 "삶 속에서" 스스로를 구현하고 일상적인 관행이 되려고 애썼던 반면, 63그룹의 지식인들은 이러한 가능성에 대해 무척 회의적이었던 것 같다.

어쨌든 이 그룹은 말하자면 초현실주의와 다다이즘을 쉬르 나투르하게(본래의 맥락을 벗어나 ― 옮긴이) 모방해, 아방가르드의 기교를 직접 일상적인 삶 속으로 옮겨놓자는 1968년 이후의 급진주의의 도발적 호소에 아무런 반응도 보이지 않았다. 그리하여 곧 ― 내가 『7년간의 기다림』에서 보여주려고 했던 것처럼 ― 소위 "운동"의 위기가 닥치자, 운동은 태곳적의 미학적 유토피아의 희생물이 되어버리고 만다. 예술 또한 일종의 정치라는 신념에 따라 삶 속에서 예술을 실현해 예술이 곧 삶이 되도록 하려는 그 유토피아 말이다. 불가능하다고 말하기도 뭐하고, 참으로 어려운 문제다.

63그룹은 그러한 길로 나갈 수가 없었다. 이 그룹 자체가 아방가르드 그룹인 동시에 실험 작가와 실험적 글쓰기의 이론가들의 연합조직이었기 때문이다(물론 신중에 신중을 기해 이런 판단을 내리는 것이며, 실험주의적인 속성에 내재되어 있는 연금술적인 기법에 따라 창작된 작품에 대해서는 함구하기로 한다).

그러면 여기서 이 그룹의 많은 필자들, 예를 들어 굴리엘미(Angelo Guglielmi)가 이미 1960년대에 제시하고 있듯이 실험주의 예술과 아방가르드 예술을 좀더 상세하게 구분해보기로 하자.

실험예술

만약 실험한다는 말을 기존의 전통에 맞서 혁신적인 기법을 동원하는 것으로 이해한다면 우리가 중요한 작품으로 찬양하는 모든 작품은 그 나름대로 모두 혁신적이었다.

중세를 영광에 가득 찬 민족의 흥성기로 내세우며 민족에 대한 자부심에 가득 찼던 리소르지멘토의 와중에서 17세기, 즉 민족의 자존심이 밑바닥까지 떨어진 시기를 배경으로 한 소설을 쓴 만초니는 실험적이었다. 소르본의 주변에서 회자되던 문화유산을 아이러니컬하게 풍자한 라블레도 실험적이었다. 그의 글쓰기 방식은 현대의 파리 고등기술학교(Ecole Pratique Hautes Etudes)의 미세한 기호학을 의문시하도록 만들 정도로 실험적이었다. 콘래드(Joseph Conrad)도 실험적이었으며(그의 소설의 주인공인 말로우 Marlow는 이전에 그 누구도 말해본 적이 없는 방식으로 이야기하는데, 아무튼 다른 소설에서는 그러한 방식을 찾아볼 수 없다), 헨리 제임스(Henry James)가 탁월하게 보여준 바 있는(그리고 이론화한 바 있는) 시점의 전환을 통한 유희도 실험적이었다.

분명히 ― 소위 문학의 동물농장에는 ― 다른 사람보다 한층 실험적인 작가와 예술가들이 있다. 거의 직관적으로 제임스보다는 조이스가 더 실험적이라는 사실을 간파할 수 있다. 어떤 예술가의 실험성의 정도를 가늠할 수 있는 직관적이고 사회학적인 훌륭한 시금석은 "얼마나 이해되니?"라는 질문이라고 할 수 있다. 물론 "전혀"라는 대답이 곧 그가 극히 실험적인 예술가라는 걸 보장해주지는 않는다. 왜냐하면 난삽하기 짝이 없는 현학자가 존재할 가능성도 있기 때문이다. 그렇지만 해당 작품의 실험적 성격의 정도는 검토할 수 있도록 해준다. 당연히 문법을 습득하지 못했거나 아니면 의도적으로 전통적 문법의 규칙을 어겨가면서 글을 쓰기 때문에(그리고 간접적으로 문법을 새롭게 구성하기 때문에) 이해할 수 없는 것처럼 보이는 작가도 있다.

어찌되었건 ― 텍스트적으로는 어떨지 몰라도 ― 사회학적으로 보아 **수용되기를 바라는** 의지야말로 실험적 작가(앞에서 우리는 모든 위대한 작가는 많건 적건 실험적이라는 사실을 살펴보았다)의 전형적인 특징이라 할 수 있다. 규칙을 어기기는 하지만 교육학적인 의도에서 즉 동의를 얻기 위해 그렇게 한다. 자신의 실험이 곧장 규범이 되는 것이야말로 실험적 작가의 꿈이라고 할 수 있다.

당연한 이야기지만 실험적 작가를 제대로 평가하려면, 시학이 아니라 작품을 기초로 삼아야 한다. 왜냐하면 하나의 작품 속에는 수많은 시학이 투사되어 있지만 그 중 일부만이 실현되기 때문이다.

아방가르드

하지만 아방가르드에서는 사정이 이와 다르다. 우선 무엇보다 먼저 아방가르드적인 작품은 있을 수 없으며 단지 아방가르드 운동에서 산출된 작품(또는 비非-작품, 시학의 엑스포제〔해설서 — 옮긴이〕, 선언문, 강령)만이 있을 뿐이다. 아방가르드 운동에서는 도발적인 태도 그리고 도저히 받아들일 수 없는 작품을 갖고 문학적 제도나 예술적-문화적 제도의 규범과 충돌하려는 의지가 전형적으로 나타난다.

20세기의 모든 아방가르드 운동에 관한 가장 명확한 평가로는 아직까지 레나토 포기올리(Renato Poggioli)의 저서 『아방가르드 예술론』[1]을 따라갈 만한 책이 없다. 그는 모든 아방가르드 운동의 특징으로서 다음과 같은 요소를 꼽는다.

— 행동주의: 열정, 모험욕, 맹목성.
— 적대성: 어떤 것 또는 누군가에 대한 반대.
— 니힐리즘: 전혀 머뭇거리지 않고 모든 전통의 한계를 허물어버리며 당대의 가치를 경멸한다.
— 청춘숭배.
— 명증성: 거울로서의 예술.
— 불가지론: 자기희생에 이르기까지 전투적인 헌신성을 보이며 때로는 자살을 감행하기도 하며 자신의 몰락을 선호하는 경향이 있다.
— (문화적 의미에서의) 혁명주의와 테러리즘.
— 자기과시: 자신의 모델을 유일한 모델로 무조건 관철시키려는 태도
— 작품보다는 시학(詩學)이 상위에 놓인다.

나는 미래주의에서부터 63그룹에 이르는 20세기의 모든 아방가르드운동에서 이러한 요소를 (무타티스 무탄티스하게〔필요한 수정을 가하여 — 옮긴이〕) 재발견할 수 있으리라 확신한다.

실험예술 대(對) 아방가르드 예술

이제 앞의 검토를 토대로 실험예술과 아방가르드 예술을 비교해보기로 하자. 실험예술은 개별 작품에 기반하고 있다. 물론 이

러한 개별 작품에서 시학을 도출할 수 있지만, 그것은 무엇보다 먼저 작품으로 간주된다. 아방가르드 예술은 일군의 작품 또는 비-작품에 기반하고 있다. 이 중 몇몇 작품은 시학의 예시(例示)에 불과한 경우가 많다. 전자의 경우에는 작품에서 시학을 끌어내지만 후자는 시학에서 작품을 끌어내는 셈이다.

실험적인 문학은 특정한 문학적 제도의 역사 속에서도 발을 부추기는 경향(반反-소설로서의 소설, 비非-시로서의 시)이 있는 반면, 아방가르드 문학은 사회 전체가 자신들의 제안을 이용해 문학제도를 새롭고 아무 제한 없이 구상하도록 촉구하면서 외부에서 도발을 부추기는 경향이 있다.

소수의 독자만이 구독하고 있던 문학잡지에 발표된 마리네티의 「아드리아폴리스의 전투」는 실험주의의 제안서에 다름 아니었다. 사회적으로 통상 "시"로 통용되는 글을 낭송하는 줄 알고 살롱에 모인 청중들 앞에서 낭독된 그의 작품은 격렬한 거부감과 함께 일대 소란을 일으켰다.

흰색 캔버스를 그린 피에로 만초니(Piero Manzoni)는 실험주의적인 회화를 보여주었다. 박물관에 이상야릇하게 생긴 상자를 갖다 놓은 다음 안에 "예술가의 똥"이 들어 있다고 선언하는 그는 아방가르드 예술가인 셈이다. 그의 첫번째 행동은 회화의 가능성과 한계를 논란거리로 만들었으며, 그 다음 행동은 예술이념 자체와 예술의 박물관화를 논란거리로 만들어버렸다.

이를 단순화하여 텍스트 기호학의 몇몇 도식에 기대어 이 문제를 재검토해보자. 한편으로 텍스트의 경험적 저자와 텍스트의 경험적 독자 사이의 변증법을 염두에 두고 다른 한편으로는 "모델-저자"와 "모델-독자"(이 둘 모두 텍스트 전략으로 이해해야 한다) 사이의 변증법을 염두에 두는 경우, 아방가르드 문학은 경험적 저자와 경험적 독자 간의 관계에 주목한다고 할 수 있다.

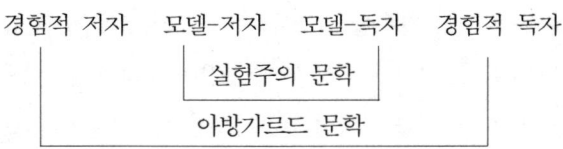

의문의 여지 없이 63그룹 내에는 이 두 영혼 즉 아방가르드적 영혼과 실험주의적 영혼이 공존해 있었으며, 이 그룹의 기본적인 성격이 그처럼 애매모호해 보였던 것도 이 때문이다. 이 그룹에 비토리니(Elio Vittorini)(그의 『메나보』는 분명히 실험주의적인 문학 잡지지 결코 아방가르드 잡지가 아니다)나 플로렌스의 70그룹과 아방가르드의 행동파들뿐만 아니라 만가넬리(Giorgio Manganelli)와 같은 신(新)바로크 작가처럼 아주 다양한 사람들이 합류한 것 또한 이 때문이다.

따라서 이 그룹이 왜 "죽게 되었는지" 그리고 이들의 아방가르드적인 영혼은 어떻게 되었는지를 파악하는 것이 중요하다. 물론 그렇다고 하여 이 그룹이 축적해온 실험주의의 성과를 간과해서는 안 된다.

모든 아방가르드 집단은 의식적으로 자신들의 붕괴를 재촉한다는 원칙대로, 63그룹 또한 『퀸디치』의 폐간과 함께 스스로를 해체했다. 『퀸디치』는 1969년에, 즉 상업적으로 가장 커다란 성공을 거두고 있었고 성가도 한창 높았던 바로 그 순간에 폐간되었다.

역설인 것은 전혀 없었다. 당시의 상황을 떠올려 보자. 『퀸디치』는 새로운 자유공간이 되어, 이 그룹과 발기인들의 원래의 "문화적" 요구와 체제 전복을 추구하는 "정치운동"의 요구를 동시에 표현해야 했다. 그러나 막상 어떤 결정을 내려야 하는 상황에 직면하게 되자 이 그룹은 자신들이 아무런 이데올로기적 통일성도 공유하고 있지 않다는 사실을 발견하게 되었다(진작 이러한 사실을 의식하고 있었으나 아방가르드로서 활동하려는 공동의 의지가 이러한 차이를 은폐시키고 있었다). 바로 그 순간 이 그룹은 누구를 위해 그리고 누구에 맞서 투쟁해야 하는지 전혀 의견 통일이 되어 있지 않은 상태에서는 아방가르드 그룹으로서 아무런 기능도 할 수 없다는 사실을 깨닫게 되었다. 1968년에는 새로운 전선이 형성되어 과거의 동맹관계를 무(無)로 돌려버리고 수많은 정치적 투쟁의 상처를 치유해주었다. 이 그룹은 아방가르드 운동이(잡지를 통해) 아무런 열정 없이 생명만을 부지하지 않으려면 언제 운동을 그만두어야 하는지를 제대로 파악한 점에서는 나름대로 역사적 소임(유일한 사명이었지만 위대한 사명이었다)을 다했다.

이제 이 그룹의 다양한 실험주의적인 구성요소를 해당 영역에 되돌려 줄 필요가 있다. 이 그룹은 공동의 유산으로 남아 있으며, 외로운 이방인으로서 계속 살아가려는 사람에게는 비옥한 토양으로 남아 있을 것이다.

63그룹과 북부 이탈리아의 계몽주의

그러면 이제 63그룹의 실험주의적인 단초와 당시 국제적 문화상태 간의 관계를 좀더 자세히 살펴보자. 이 그룹은 전후 첫 세대의 성원을 규합했는데, 이들에게 유럽은 아무런 경계선도 없어 레오파르디(Giacome Leopardi)뿐만 아니라 T. S. 엘리엇 모두 아주 친숙하게 느껴졌다. 우리 그룹의 창립 20주년과 관련된 기념기사를 보면 언어학, 구조주의, 매스커뮤니케이션 사회학, 기호학 등에 관심을 기울이고 이러한 학문을 "발견해낸" 것 모두를 우리 공으로 돌리고 있지만, 아무래도 무리가 있다. 게다가 "발견"과는 거리가 멀었다. 왜냐하면 1963년에 소쉬르(Ferdinand de Saussure)를 발견했다고 하는 이야기는 뭐랄까 오늘날 미국을 제트기로 여행해도 비용이 별로 들지 않는다는 사실을 발견하는 것과 비슷하기 때문이다.

예를 들어 당시 나는 구조주의를 집중적으로 연구하고 있었다. 하지만 우리 그룹과는 전혀 무관하며 게다가 미학이나 이데올로기에서도 정반대 입장을 견지하고 있던 이탈리아와 그 외의 다른 여러 나라의 학문과 비교해가면서 연구하고 있었다. 그럼에도 불구하고 지금 이탈리아 문화는 당시 새로운 것으로 회자되던 현상이면 모두 이 그룹의 공으로 돌리고 있다. 아마 이것이 이 그룹이 미친 실로 긍정적인 영향이었던 것 같다. 즉 이 그룹은 지방의 신화에 맞선 혁신과 투쟁의 상징이자 리트머스 시험지였다. 오늘날 정치적인 저항운동에, 전후좌우 아무런 맥락도 닿지 않는데도, 항상 이 운동이 끼어들어가는 것은 바로 이 때문이다. 하지만 당시 이 그룹과 얼마 후 1968년 운동을 고무하게 되는 정치잡지들 사이에는 격렬한 논쟁이 벌어졌다.

당연히 모든 사람이 똑같은 풍토 속에서 호흡하고 있었다. 당시에는 누구도 개인의 지엽적인 회고담을 늘어놓을 수 있는 분위기가 아니었으며 유럽과 미국 모두 똑같은 문제를 논하고 있었다.

이러한 의미에서 63그룹을 북부 이탈리아의 계몽주의[2]라고 부를 수 있는 보다 포괄적인 운동의 가장 현저하고 도발적인 동시에 풍부한 내용을 가진 아류로 볼 수도 있다. "북부 이탈리아의 계몽주의"라는 표현은 분명히 너무 일반적이지만 19세기부터 롬바르디아의 계몽주의와 남부 이탈리아의 관념론 사이에 존재해 온 대립 관계를 해명하려면 반드시 이 문제에 부딪히게 된다.

먼저 롬바르디아의 계몽주의에 관해 살펴보기로 하자. 나중에 이 그룹에서 함께 일하게 된 몇몇 동료들이 서로 만나 최초의 실험을 하고 있던 안세스치(Luciano Anceschi)의 잡지가 밀라노의 계몽주의자 베리(Pietro Verri)의 이름을 따서 제목을 붙인 것은 우연이 아니었다. 그리고 이미 1832년에, 따라서 데 상티스(De Santis)와 스파벤타(Spaventa) 그리고 베라(Augusto Vera)의 나폴리 문화가 헤겔주의 유산을 받아들이기도 전에 플로렌스의 『안툴로지아』지에 롬바르디아 문화의 대표적 논객인 로마노시(Giandomenico Romagnosi)가 필봉을 휘둘러 헤겔주의를 비판하는 격렬한 논조의 소책자를 게재한 것 또한 전혀 우연이 아니다.

간단히 말해 이탈리아 문화가 크로체의 관념론에 의해 지배되고 게다가 파시즘이 지배하던 시기에 즉 크로체의 관념론(그리고 그로부터 도출되는 미학주의와 문학주의)이 수많은 이탈리아인들에게 자유주의적이고 "유럽적인" 사유의 유일한 모델로 보이던 시기 내내 북부 이탈리아에서는 방피(Antonio Banfi)의 반(反)관념론 학파가 발전하고 있었다. 아바냐뇨(Nicola Abbagnano)의 실증적 실존주의에서 출발해 게이모나트(Ludovico Geymonat)의 신합리주의를 거쳐 파시(Paci)에 이르기까지 당대에 논의되던 철학의 주제는 정신적 기조에서는 한결같이 신관념론에 반대하고 있었다. 그리고 출판업자 로사와 발로카(아직도 전통주의적인 연재소설 작가들은 "토스카니아어풍"으로 글을 쓰고 있었던 데 반해) 브레히트와 예이츠 그리고 독일의 표현주의자들과 조이스의 초기 작품을 출판하고 있었다. 그리고 토지노의 프다시넬리는 카프카(Franz Kafka)와 (파베제Cesare Pavese를 경유하여) (J. 조이스의 — 옮긴이) 『초상』을 소개하였다. 그리고 비토리니는 처음으로 미국문학을 번역해냈으며, 잡지 『메나보』를 통해 "공업 삼각지대"(토리노-밀라노-볼로냐) 문학의 최초의 형태를 연구했다. 또 베네치아에서는 이미 오래 전부터 쇤베르크(Arnold Schonberg)와 스트라빈스키(Igor Strawinsky)가 밀수입 되고 있었으며, 얼마 후 밀라노에서는 유럽 최초의 전자음악 실험실 중의 하나가 만들어지게 된다. 그보다 훨씬 이전 즉 세기 초에 오스트리아-헝가리 제국의 지배 아래 있던 트리에스테에서 진행된 일에 관해서는 굳이 언급하지 않겠다.

위에서 언급한 이름만으로도 "북부 이탈리아 계몽주의"라는 표현이 저널리즘적 용어라는 사실이 분명해진다. 왜냐하면 북부의 이러한 관념론적 벨트안샤웅(세계관 — 옮긴이)에는 남부 사르디니아인인 그람시와 시칠리아인인 비토리니도 가담한 반면 밀라노와 토리노 또는 볼로냐에 거주하고 있던 수많은 지식인들은 남부 이탈리아의 관념론의 철저한 대변인 역할을 했기 때문이다.

하지만 고차노(Guido Gozzano), 파스콜리(Giovanni Pascoli) 그리고 몬탈레(Eugenio Montale)와 같은 사람도 북부 이탈리아의 이러한 흐름에 속했다는 점을 간과해서는 안 된다. 나중에 『일 베리』의 젊은 비평가들은 이들을 (단눈치오 그리고 당연히 카르두치 그리고 표현미학 전체에 맞설 수 있는) 우리 시대의 진정한 거장으로 바라보았다. 당연히 이러한 차이는 결코 인종적이거나 지리적인 차이가 아니며, "북부 이탈리아의 계몽주의"라는 표현 또한 지중해적이라기보다는 중세유럽적인 사고방식을 가리키고 있다. 하지만 이 때문에 이러한 사고방식은 어쩔 수 없이 리네아 고티카(고딕식 노선에 따라 — 옮긴이)에 따라 북부식으로 이상화되어 양극화되며, 다시 북부의 이러한 문화는 토리노-밀라노-볼로냐의 공업 삼각지역의 발전 과정에 다양한 방식으로 유기적으로 얽혀 들어가게 된다 — 전통주의에 젖어 있는 이탈리아 문화가 (팔레르모에서 결성되었는데도) "신자본주의의 똥파리"라고 욕지거리를 퍼붓고 북부 이탈리아 냄새가 너무 짙게 풍긴다는 이유로 63 그룹을 그렇게 격렬하게 비난한 것 또한 충분히 이해할만하다.

자세히 살펴보면 이러한 종류의 속류 마르크스주의적인 비난이 하필이면 남부 이탈리아의 관념론에서 나오고, 당시 이탈리아의 마르크스주의적인 사유의 대부분이 합리주의보다는 신관념론의 모체에 기반을 두게 된 일도 전혀 우연만은 아닌 셈이다. 따라서 이탈리아의 마르크스주의자들은 아무리 유물론적으로 되고자 해도(그렇게 되는 일은 아주 드물었다) 어쩔 수 없이 『백과전서』의 정신뿐만 아니라 자신들의 대부인 그람시, 즉 장르 간의 차이와 고고함을 내세워 다른 사람들이 무시하고 있던 대중문학과 마그나 그라에시아(Magna Graecia)보다는 파다니아(Padania)의 취향에 더 걸맞은 그 밖의 다른 현상에 깊은 관심을 기울인 그람시보다 "포에지아 에 논 포에지아"("시와 비시" — 옮긴이) (그리고 역사주의)의 크로체를 선호할 수밖에 없었다.

나중에 아르바시노는 이미 1910년대 초부터 유럽의 여러 아방가르드 운동의 효소, 그리고 크로체의 학자로서의 권위와 젠틸레의 학교 개혁을 통해 이탈리아인들은 교양의 지평선 위에 떠오른 유럽의 다른 많은 사상가들이나 과학자들과 긴밀한 관계를 맺을 수 있었고 또 지식인 흉내를 내려면 반드시 그렇게 해야 했다는 점을 상기시키기 위해 '치아소로의 소풍'[3)]이라는 멋진 정식을 내놓았다. 이러한 정식은, 치아소로의 소풍이 당시 북부 이탈리아인들에게는 아주 정상적인 일이라는 점을 보여주고 있다.

다소 조잡하게 보일지 모르나 현대 이탈리아 문화의 각 시기를 다음과 같이 구분해보기로 하자. 20세기 중반까지는 나폴리의 관념론이 이탈리아 문화를 지배했다(크로체가 사망한 1952년을 상징적인 해로 잡을 수 있다. 마치 예술사 편람에서 1520년이 르네상스에서 매너리즘으로의 이행을 상징하듯이 말이다). 20세기의 하반기에는 북부 이탈리아의 계몽주의의 모델이 뚜렷하게 우세를 점하였으며, 실증주의의 유산을 재발견했다. 그리고 이탈리아 문화는 정신철학을 주창했지만 결국 사이비개념을 논하다 연옥으로 추방된 페아노(Giuseppe Peano), 바일라티, 파레토(Vilfredo Pareto) 같은 사람만을 낳았다는 사실을 "깨닫고", 아방가르드와 앵글로색슨계의 시(특히 파운드, 엘리엇)를 연구하기 시작했다……. 일종의 풍토가 조성되어 이러한 분위기에서 크로체가 주도했던 바리의 라테르차 출판사의 유겐트양식(19세기 말부터 20세기 초까지 뮌헨의 잡지 『유겐트』가 주창한 일종의 표현주의 전파라고 할 만한 화풍 — 옮긴이)의 총서에 맞서 봄피아니 출판사는 안토니오 방피가 제안한 '이데 누오베(Idee Nuove)' 총서를 발간하기 시작했다. '에디치오니 에이나우디(Edizioni Einaudi)'도 나오기 시작했으며 나중에 볼로냐에서는 '일 뮬리노' 총서가, 밀라노에서는 '펠트리넬리 총서'가 나오기 시작했다. 사회학에 대한 관심이 폭발하고 알프스 이북의 언어학적 구조주의 집단과 연대하고 사르트르와 비트겐슈타인 그리고 후설이나 메를로 퐁티를 읽기 시작했다. 공업 삼각지역의 신합리주의 건축이 당대의 철학과 언어학의 성과를 건축학의 원리로 수용하고, 거대한 신자본주의 콘체른 안으로 통합된 지식인 세계가 새로운 과학적 호기심을 갖고 매스미디어의 우주(이탈리아에서 TV는 맨 처음 토리노에서 그 다음에는 밀라노에서 방영되기 시작했으며 1950년대 말에 가서야 비로소 로마 쪽으로 확산되기 시작했다)에 접근할 수 있었던 것 또한 바로 이러한 분위기 속에서였다. 또 (남부 이탈리아 문화 그리고 북부 이탈리아 문화가 남부 이탈리아 문화를 길러온 식민지적 방식에 대한 의식실험과 양심 실험이라고도 할 수 있는) 람페르두사의 『표범』이 발간되었다. 그리고 이제 막 가다(Carlo Emilio Gadda)와 스베보를 읽게 되면서 이 땅에도 이처럼 아주 조용하지만 이미 오래 전부터 정신분석학의 대가들이 살고 있었다는 사실을 파악하게 된 것 또한 바로 이러한 분위기에서였다.

분위기가 바로 이러했으며, 『일 베리』 그리고 나중에는 63그룹이 바로 이러한 분위기를 표현했다. 그리고 이미 앞에서도 말했듯이 이 그룹은 정말 "목소리만 큰" 소수였기에 단지 그러한 일만을 할 수 있었다.

오늘날 우리는, 상귀네티(Edoardo Sanguineti)가 상징과 알레고리를 중시하는 중세풍의 시를 편애하고 표현과 감수성의 시학에 맞서 무의식에 호소하고 나선 이유를 너무나 잘 알고 있다. 팔리아라니(Elio Pagliarani)가 시를 쓰면서 일상용어와 전문학술용어를 뒤섞어 쓰는 이유나 "롬바르디아 노선"을 추종하는 많은 시인들이 앵글로색슨계의 상징주의를 전거로 삼는 이유 또는 박식함을 과시하듯 어려운 전거만을 인용하는 — 똑같은 지역의 — 루치아노 에르바(Luciano Erba)(63그룹은 나중에 전혀 부당하게도 이 젊은 형제를 무시하는 우를 범했다)의 마술적 기호가 어디에서 유래하는지도 분명하게 알고 있다. 이 모든 것은 북부 이탈리아 문화의 테두리 안에서는 '당연한' 일로 보이지만 중부 이탈리아인의 귀에는 추잡하게 들릴 수밖에 없을 것이다. 63그룹의 출판국(난니 발레스트리니Nanni Balestrini가 신이 나서 "테러리스트"로 자처하면서 열정적으로 출판국을 이끌고 있었다 — 하지만 채 일 년도 못가 그의 이러한 도발적 몸짓이 수사관의 눈에 체제전복 "파괴분자"로 비치도록 하는 데 기여할 줄 누가 알았으랴)의 도발적이고 기교와는 거리가 먼 기괴한 언어 그리고 그 밖의 온갖 소란에 직면한 이탈리아 문화 대중은 63그룹 속에서 서서히 드러나고 있던 불안하기 짝이 없는 모습을 볼 수밖에 없었다. 사람들은, 자꾸 중세에 기대려는 상귀네티의 태도 속에서 너무 부드러운 그의 스승 조반니 게토(Givanni Getto)가 노정했던 위험과 똑같은 위험을 간파해냈다. 게토는 몇 년 전부터 낭만주의 이전과 이후의 여러 훌륭한 관행에 맞서 단테의 「천국」편을 알레고리적-철학적으로 독해하는 방법을 주도적으로 높이 평가하기 시작하고 있었다.

마지막으로 왜 이 문제가 중요한지를 살펴보자. 북부 이탈리아 계몽주의는 오랫동안 남부 이탈리아의 관념론에 치명적인 타격을 가하면서 낭만주의 정신의 최후의 후계자를 일소할 준비를 하고 있었다.

우리 그룹이 결성된 지 이십 년이 지나서가 아니라 결성되자마자 사실상 북부 이탈리아 계몽주의 일반에도 똑같이 해당되는 온갖 죄목과 덕목을 우리 그룹이 뒤집어쓰게 된 것은 바로 이 때문이다. 북부 이탈리아의 계몽주의는 "과학적이고" "합리주의적"이었던 만큼 실험적이었다(그리고 이들은 이 "두 문화" 간의 단절을 믿지 않았다). 63그룹은 실험적이며 "기술적"으로 될 수도 있었지만 아방가르드적인 구성요소 때문에 아카데미즘적인 북부 이탈리아 계몽주의의 울림판 기능만을 하게 되었다.

마지막으로 이 그룹이 20여 년이 지난 지금, 당시 이들의 적극적인 적대자였던 사람들로부터 칭송을 받고 이 그룹에 대해 가장 격렬하게 맞서 싸웠던 사람들이 이제는 짐짓 태연자약하게 63그룹에 대해 논하고 있는 것 또한 이 때문이다. 실제로 이 사람들은 63그룹과는 전혀 상관없던 내용을 칭송한 셈이다. 따라서 여기서는 사이비 개념이 절대정신을 비추고 있다고 즉 절대정신에 맞서 승리하고 있다고 할 수 있다. 63그룹에 대한 기념축제는 이제 자신들이 제멋대로 그려놓은 승리자들에게 패배자들이 바치는 아부의 공물의 다양한 측면 중의 하나에 불과하다.

하지만 이러한 일이 가능한 것은 이 그룹이 연대기와 기록집에서 실험주의적 그룹이라는 통일된 모습으로 계속 남아 있기 때문이기도 하다. 그리고 싸움에서 승리했을 경우 즉시 이를 확인하는 것이 실험주의 초기에 나타나는 전형적인 특징이기도 하다. 63그룹은 실험주의적 그룹으로서는 칭송받을 만하다. 왜냐하면 이 그룹은 1969년에 아방가르드 그룹으로서는 명료하고 절제 있는 태도로 스스로를 청산해버렸기 때문이다.

오늘날에도 여전히 칭송받는 이유는 당시 이 그룹이 사망했기 때문이다. 따라서 이 그룹에 대한 추도식에서는 뭔가 다른 것 즉 그 이후 재삼 그 유효함이 입증되고 확인되어오고 있는 이탈리아 문화와 유럽 문화 간의 재화해를 축하해야 한다.

(1984년 5월)

3 예술에서의 시간

만약 칸트가 옳다면 시간과 공간의 "순수 직관"에 포함되지 않는 지각(知覺)이나 범주는 있을 수 없다.

따라서 모든 미학과 예술 이론은 당연히 예술 작품을 이해하는 데서 시간이 어떤 역할을 하는지를 질문해야 한다. 만약 칸트가 옳다면 모든 예술 작품은 하나의 지각대상이기 때문에 시간과 특수한 관계를 맺고 있으니 말이다.

하지만 어떤 시간과? 당연히 시간 개념을 물리적-우주론적으로 규정하는 것은 매우 어렵다. 시간을 규정하는 과정에서 물리학과 형이상학이 부딪혀온 난점이 예술과 관련된 모든 물리학과 형이상학의 난점에 추가된다면 예술에서의 시간 문제는 한층 복잡해진다.

따라서 먼저 예술 작품에서의 시간이란 주제를 일반적으로 검토해보기로 하자(이 개념을 직관적으로 사용하려면 일단 예술 작품에 대한 규정을 포기해야 한다 — 여기서 디노 포르마기Dino Formaggi

의 멋진 설명이 기억나는데, 그는 소책자 『예술』을 다음과 같은 말로 시작하고 있다. "이제까지 사람들이 예술이라고 불러온 모든 것이 다 예술이다"[1]).

아래에서는 "시간"이라는 구성요소가 예술에 대한 우리의 관계를 규정하는 데서 어떤 방식으로 끼어드는가를 살펴보기로 하겠다. 나는 예술에서의 시간에 관한 자세한 이론을 전개할 생각은 전혀 없으며, 예술에서의 시간이라는 말이 도대체 어떤 의미인지만을 설명해볼 생각이다.

이러한 목적을 원활히 달성하려면 기호학에서 널리 사용되고 있는 일련의 기본 개념에서 출발하는 것이 도움이 될 것이다. 이러한 개념에 대한 정확한 규정을 보려면 이전의 나의 저서를 참조해야 하지만[2] 앞으로의 논의 과정에서 이를 자세히 설명해볼 생각이다. 어찌 되었건 이 개념을 다음과 같은 도식으로 분류해보기로 하자.

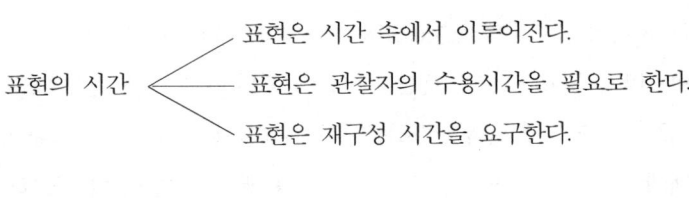

표현의 시간

시간 속에서의 표현: 물리적 소비

먼저 예술 작품은 하나의 대상이다. 따라서 다른 모든 물리적 대상처럼 인간이 그것을 소비하는 방식과는 무관하게 시간 속에서 살아가고 있다. 이러한 규정은 흔히 하나의 제스처, 인용문, 단순한 기억으로 끝나 버리고 마는 "개념예술"*에도 해당된다. 어떤 "개념" 예술가가 X년 12월 12일 12시 55분부터 56분 사이에 자신의 일곱번째 생일을 떠올리도록 할 수 있는 작품을 만들기로 결심했다고 가정해보기로 하자. 그렇게 하려면 우리의 삶이 끊임없이 이어지는 일련의 예술 작품이거나, 다른 사람들이 이러한 사건과 예술과는 무관한 다른 사건을 구분할 수 있도록 그 예술가는 해당 사건을 예술적으로 묘사하고 또 이러한 묘사과정을 스케치해야 한다. 이러한 스케치는 물리적 대상 속에 구체화되어야만 실제로 예술 작품을 형상하게 되며, 따라서 자체가 시간에 따라 소비되는 대상이 된다. 이러한 대상이 없다면(특정한 예술이론에 기반을 두고) 예술을 생산할 수는 있으나 그에 대해 아무 이야기도 할 수 없게 된다 — 또는 기껏해야 일시적인 그러한 예술형태에 대해 이론적으로 서술하는 철학적 에세이 정도만이 가능하다. 하지만 이 경우 시간문제는 예술과는 상관없는 철학적 문제

---

* 개념예술(Conceptual art). 미니멀 아트 이후의 현대 예술의 한 경향으로 완성된 작품 자체보다는 제작상의 아이디어나 과정이 바로 예술이라고 생각하는 반-미술적 경향을 가리킨다.

가 되어버리고 만다(그리고 실제로 어떤 개념 예술가가 내게 규정상 도저히 말로 표현할 수 없는 뭔가를 이야기해주길 기대하는 경우 나는 당황하게 된다).

이러한 이야기부터 시작하는 이유는 예술 작품은(혹시 가능할지 모르나) 전혀 내용을 드러내거나 표현하지 않더라도 무엇보다도 먼저 물질적 기체(基體)이며 매질(媒質) 또는 물리적 "표현"이라는 점을 강조하기 위해서다. 따라서 다른 모든 물리적 대상과 마찬가지로 시간 속에서 살아가고, 마모라는 자연법칙에 종속되어 있다. 미학적 관점이나 기호학적 관점에서 본다면 동상(銅像)이나 그림이 시간이 흐름에 따라 점차 마모되어 마침내 사라져버리는 일은 전혀 중요한 문제가 아니다. 바빌로니아의 거대한 건축물이 붕괴해가면 미학뿐만 아니라 기호학은 아무 할 말이 없게 된다. 하지만 기호학과 미학은 어쨌든 우리 문화가 이러한 과거의 대상에서 만들어낸 표상에 대해 뭔가 말할 내용을 갖고 있다. 그러나 바벨탑 이전에 아담도 얼마든지 언어를 갖고 있었을 수 있지만(단테부터 13세기 영국의 기호학자들에 이르기까지 수많은 학자들이 이 언어를 재구성해보려고 시도해왔다) 전혀 물리적 흔적이 남아 있지 않기 때문에 그 언어에 의해 창조된 시작품의 기호학이나 문학비평은 결코 있을 수 없었다.

거의 사라져버렸지만 완전히 사라져버리지는 않은 작품의 나머지 부분의 경우 이 문제는 한층 흥미로워진다. 우리는 이러한 부분에서 시간의 작용에도 불구하고 아니 오히려 바로 그 때문에 뭔가 미학적으로 한층 흥미로운 사실을 읽어낼 수 있다. 시간의 파괴 작용에 종속되어 있는 나머지 부분에서 이 작품의 가능한 형태를 연역해볼 수도 있다. 이를 위해서는 시간이 작품의 일부를 파괴해버렸지만 내재적인 합법칙성과 유기적 구조라는 기준에 따라 전체를 재구성할 수 있도록 해주는 형태의 유기적 (합)법칙성에 관한 이론이 필요하다(이 문제에 관해서는 루이지 파레이손 Luigi Pareyson의 매우 흥미로운 발언을 참조하라[3]).

하지만 추정컨대 한 작품이 물리적 대상으로서 갖는 이러한 시간적 속성은 시간과 예술 간의 관계와는 별 상관이 없다. 왜냐하면 예술과는 아무런 관계도 없는 고고학적 발굴물이나 다양한 형태의 삶의 흔적 그리고 도구를 재구성하는 데서도 이 시간문제는 그대로 제기되기 때문이다.

시간 속에서의 표현. 연사체(連司體)적 흐름

여기서 우리는 음악, 영화 또는 콜더(A. S. Calder)의 "모빌"과 같은 구상예술 작품과 만나게 된다.

표현은 시간 속에서 이루어지지만 원칙적으로 내용에는 아무런 영향도 미치지 않는다. 영화는 시간 속에서 표현되고, 또 추측컨대(내용적 차원에서도) 마찬가지로 시간 속에서 진행되는 사건에 관해 이야기하지만 음악작품이나 "모빌"은 전혀 그렇지 않다. 시간성은 무엇보다도 표현이 우리 눈앞에서 진행되는 방식과 관련이 있다. 움직임은 (영화에서처럼) 연속적으로 이루어질 수 있으며, 또 "모빌"에서처럼 점적-원적으로 이루어질 수도 있다. 이로부터 표현을 지각하는 방식의 다양한 역동성이 나타나게 된다.

음악처럼 통사론의 시간이 동시에 의미론의 시간이기도 한 예술형태도 있다. 음악이나 영화처럼 수행시간과 마모시간이 정확히 일치하는 형태도 있다.

부동의 작품과 수용시간

그런데 이와 달리 공간적으로나 시간적으로 움직이지 않지만 내용과 상관없이 한바퀴 둘러보려면 제법 시간이 필요한 예술 형태가 있다.

통상 3차원적 작품이 그렇다. 작품에서 부분적인 인상을 얻는 것에 그치지 않기 위해(통상 2차원적 재구성을 통해 이러한 인상을 얻게 된다) 제대로 한바퀴 돌아보려면 일정한 시간이 필요하다. 건축물과 조상(彫像)이 이에 해당된다. 이것들은 관찰자에게 일정한 시간을 요구한다. 물론 일 년이 걸리더라도 샤르트르 대성당을 수십 차례 방문해 확실히 한바퀴 다 돌아보리라고 결심 못할 바는 아니나, 의문의 여지 없이 천천히 돌아보며 만족할 만큼 "파악하는 데 필요한" 최소한의 시간이 있다. 작품의 차원이 이처럼 한 번 둘러보는 데 필요한 최소한의 시간을 결정한다. 당연히 작품은 형태를 통해서도 이처럼 둘러보는 시간을 연장하거나 단축할 수도 있다. 예를 들어 4면이 똑같고 각 면의 창문의 숫자도 동일한 예일 대학의 바이네케 도서관을 둘러보는 데 드는 시간이 다양한 정문과 정문마다 늘어서 있는 조각품들을 하나하나 자세히 살펴보아야 하는 샤르트르 대성당을 둘러보는 데 드는 시간보다는 적을 수밖에 없다.

샤르트르 대성당을 미니멀 아트의 입방체처럼 바라보는 것은 전적으로 관찰자의 자유지만, 건축학적이고 장식적인 세부사항을 하나도 놓치지 말아야 비로소 제대로 평가할 수 있다고 가정하는 쪽이 합리적으로 보인다. 어떤 의미에선 풍부한 장식적 요소는 건축(학)적 형태가 관찰자에게 부가하는 강요라고도 할 수 있다. 세부적인 항목으로 가득 채움으로써 형태는 관찰자에게 더 많은 시간을 요구하는 셈이다. 물론 그렇다고 하여 장식적인 세부사항 자체가 더 많은 시간을 요구한다고는 할 수 없다. 흔히 건축형태는 관찰자의 주의를 건축의 독특한 기본구조에 집중시키기 위해 꼼꼼한 세부장식을 에로틱한 자극처럼 **생산해낸다**. 나는 건축의 장식을 단순한 치장으로서뿐만 아니라 그 건물을 둘러보는 데 필요한 시간의 추정치로 보려는 사람은 정말 흥미로운 예술비평적 고찰로 나아갈 수 있으리라고 믿는다.

공간적으로 움직일 수 없는 작품은 일직선을 따라가며 보아야 하는 작품과 한바퀴 돌아보아야 하는 작품으로 세분된다. 후자의 작품 중에는 "한바퀴" 돌아볼 때마다 전망이 바뀌고 작품에 대한 이해가 심화되기 때문에 여러 차례 돌아보아야 하는 작품도 있다. 확실히 모든 작품은 반복적인 관람을 요구하며, 몇몇 작품은 이러한 원리를 미학의 기초로 삼고 있다.

비구상 예술과 소위 액션페인팅(Action Painting)이 이러한 작품의 예에 해당된다. 얼핏 무심하게 보면 이러한 작품의 모습은 물질을 제멋대로 쌓아놓은 듯이 보이나 다시 자세히 "읽어보면" 그것을 만들어내는 과정에서 "굳어진" 흔적을 찾아볼 수 있게 된다.

마침내 관찰자는 창조 행위의 시간적 진행을 발견하고 즐기게 된다.

물론 여기서 아직도 우리는 표현을 수용하느라 그렇게 시간이 걸리는 건 아닌지 자문하게 된다. 왜냐하면 우리가 위에서 예를 든 작품의 경우 마치 작품의 형태가 내용이라도 되는 양 창조의 매 단계를 "이야기하기" 때문이다. 따라서 내용의 시간 그리고 특히 이야기된 이야기 시간과 관련하여 이러한 현상을 다시 한 번 되돌아보는 것이 바람직해 보인다.

여기서 비구상 예술과 액션페인팅을 언급하는 이유는 다름 아니라 이러한 예술에서는 시간적 광학(光學)을 작품 속으로 끌어들일지의 여부가 전적으로 관찰자의 몫으로 돌아가기 때문이다. 물론 제작하는 데 든 시간을 생각하지 않고도 얼마든지 작품을 감상할 수 있다.

재구성 시간

마지막으로 재조합 또는 재구성하는 데 일정한 시간이 필요한 작품도 있다. 퍼즐 또는 "레고(Lego)"가 전형적인 예라고 할 수 있다. 이러한 작품은 손동작의 개입을 요구하는데(이러한 개입 없이는 즐길 수 없다) 당연히 그렇게 하려면 시간이 필요하다. 그러한 작품을 재조립하는 데 전혀 시간을 할애할 수 없다면 그러한 작품은 무용지물이다. 순수한 총보(總譜)로 나타나기 때문에 처음에는 당연히 해석되고 상세히 설명되어야 하는 음악 또한 이러한 설명 시간 ― 이것은 동시에 언제나 수단 또는 표현의 물리적 조작시간이기도 하다 — 의 필수불가결성과 유희를 하는 건 아닌지 자문해볼 수 있다. 표현의 형상화에 동참하지 않는 한 실제로 작품을 향유할 수 없다.

내용의 시간

형상화된 또는 이야기된 시간

사건의 시간적 흐름에 대한 이야기를 내용으로 하는 예술의 경우에는 형상화된 또는 이야기된 시간(탕 에농세temps énoncé)이 나타난다. 시간은 무엇보다 먼저 서사 산문에서 형상화되는 듯이 보이나 시와 영화 심지어는 회화에서도 사건의 연속적인 흐름이 형상화된다. 역사적 사건을 그리는 경우에도 회화는 언제나 "현재 속에서" 이야기하는 듯이 보이며, 특히 고대 회화에서 초상과 제단 대각(臺脚)의 그림 또는 세 폭 달린 성단장식 그림은 흔히 "전"과 "후"를 분명히 구분하면서 일련의 사건의 연속적인 흐름에 대해 이야기하곤 한다.

전통 회화의 수많은 작품은 시간을 공간적 틀 내에서 형상화하기 때문에 공간의 다양한 점은 다양한 시점과 일치한다. 예를 들어 히에로니무스 보슈(Hieronymus Bosch)의 <헤우바겐-성단장식>에서 왼쪽 날개는 인간의 타락을, 가운데 화판은 세속의 삶과 최후의 심판의 날을, 그리고 오른쪽 날개는 지옥을 가리킨다. 원칙상으로야 한 번 흘긋 쳐다보아도 이야기 전체를 파악할 수 있지만, 실제로는 눈을 움직여야 이러한 성단장식의 구조를 제대로 이해할 수 있다. 관찰자의 눈은 한 측면에서 다른 측면으로 옮겨가야 하며, 좌측과 우측의 공간적 관계를 전과 후의 시간적 관계(내용)의 표현으로 읽어야 한다. 우리는 여기서 시간적 흐름은 전혀 표현되지 않지만(아주 짧은 수용시간 만을 요구하는) 무언의 표현이 이야기된 시간의 내용으로 표현되는 예를 보고 있는 셈이다.

흔히 표현의 시간은 내용의 시간을 파악하기 위한 수단이 되기도 한다. 아레초에 있는 피에로 델라 프란체스카 성당의 프레스코 연작 "성십자가의 전설"을 생각해보자. 관찰자는 사건의 진행을 쫓아가려면 걸어가면서 하나하나 살펴보아야 한다. 프레스코의 공간적 배치 때문에 이러한 표현을 제대로 이해하려면 일정한 수용시간이 필요하지만, 시간을 집중적으로 이용할수록 이러한 연작이 이야기하는 "역사적" 시간을 그만큼 더 잘 파악하게 된다.

바로 이 지점에서 내가 왜 위에서 비구상 예술과 액션페인팅에서 내용의 시간을 찾아볼 수 있다고 이야기했는지를 이해할 수 있을 것이다. 형태는 작품을 만드는 데 필요한 시간과 시간적 단계에 대해서도 "이야기해준다." 드리핑(dripping. 물감을 물방울처럼 떨어뜨리는 기법 — 옮긴이)과 색칠하는 손의 사생(寫生)방향을 인식할 수 있도록 해주며 부동의 기호가 걸어온 길을 보여주며, 이제 사람들이 간파하고 읽어내게 되는 "이야기"의 흔적을 보여준다. 이를 위해서는 시간-공간, 즉 이러한 기호를 만들어내는 행위의 역동성 속으로 파고 들어가기 위한 수용과정이 필요한데, 이러한 과정은 일직선도 구형도 아니며 오히려 나선형적이다.

구어적 예술, 즉 시간이 세계의 다양한 상태에 관한 연속적인 발언의 형태로 나타나는 구어적 예술에서는 시간의 형상화가 전혀 다른 식으로 이루어진다. 실제로 소설에서 파불라를 구성하는 사건의 연속적인 진행이 반드시 일직선적일 필요는 없다. 문체 또는 담론의 차원에서 텍스트는 사건을 일직선적인 순서(물론 그렇다고 연대기적 순서를 따를 필요는 없다)대로 배치하지만 파불라 또는 이야기의 차원에서는 이와는 다른 순서로 재구성되어야 한다. 즉, 파불라의 연대기적 순서가 A-B-C이더라도 텍스트의 일직선적인 순서는 B-A-C일 수 있다(이때 A는 B의 회상 역할을 한다). 파불라와 담론은 이야기되는 내용의 시간과 함께 작동한다. 구어적 이야기에 "빨간 모자를 쓴 소녀가 숲에서 늑대를 만난 다음 곧장 할머니의 집으로 갔다"는 이야기가 들어 있는 경우 우리는 세 개의 시간의 단편과 마주하게 된다(빨간 모자를 쓴 소녀는 숲으로 갔다. 늑대를 만났다. 할머니의 집으로 갔다). 텍스트는 이러한 시간의 단편을 그 나름의 방식대로 형상화된 또는 말로 표현된 시간의 연속선에 따라 배치한다. 그러나 형상화의 시간에서는 상황이 이와 다르게 나타난다.

형상화 또는 이야기 시간

발화(에농시아송)라는 말은 이야기하는 행위 또는 구어적 텍스트건 아니면 시각적 텍스트에서건 "말하는 행위"를 의미한다. 물론 이러한 행위를 자체만으로 볼 때 그것은 작가의 사생활의 일부일 뿐 기호학이나 미학과는 전혀 무관하다. 하지만 우리는 폴록(Jackson Pollock)의 초상화에서 초상화와 관련된 이야기(초상화를 그리는 행위)가 그러한 이야기를 들려주는 "이야기" 부분을 없애버리는 것을 보았다. 그 경우 우리는 형상화된 형상화 또는 발화된 서술(에농시아숑 에농세) 즉 이야기하는 행위를 **장면 속에** 배치된 텍스트의 내용으로 바라보게 된다.

풍경 묘사에 작가가 많은 시간(그리고 지면)을 할애하는 경우 우리는 이야기되는 내용이 진행되는 시간 속에서는 아무런 특이한 사건도 찾아볼 수 없으며, 오히려 이야기하면서 그가 소비하는 시간의 흥미진진한 전개를 보게 된다.

이야기하는 데 드는 시간은 독자들이 머뭇머뭇 시간을 죽이면서 이야기되는 사건에 느릿느릿하게 접근할 수밖에 없도록 만들기 위해서 저자가 텍스트에 부여하는 리듬의 형태를 취할 수도 있다. 이야기 시간은 한없이 긴 데 반해 이야기되는 내용의 시간은 몇 문장으로 요약할 수 있는 이야기가 있다. 예를 들어 케노의 『문체 연습』을 생각해보기로 하자. 이야기되는 내용의 시간은 최소한으로 축소되지만 독자는 완강하게 그리고 전례가 없을 정도로 형상화의 시간을 즐기도록 부추김을 받게 된다. 케노가 99개의 문체 연습을 고안하기 위해 들인 시간은 작가의 개인적 삶의 일부만은 아니다. 그 시간은 텍스트의 통합적인 구성요소로서, 다른 사람이 볼 수 있도록 배경 속에 배치된다. 따라서 이야기하는 행위 자체가 이야기되며 텍스트 안에서 그리고 텍스트에 의해 분명하게 드러나는 독특한 시간성을 갖게 된다.

독해 시간은 이야기되는 내용의 시간이 아니라 이야기 시간과 관련된다. 이때 우리는 강독의 경험적 시간(그리고 경험적 독자)을 텍스트가 요구하고 전제하는 모델-독자, 즉 이상적 독자의 강독 시간으로부터 구분해야 한다.[5] 여기서 강독의 경험적 시간은 우리의 관심사가 아니다 — 누구든 그림형제의 동화책을 읽는 데는 6개월을 허비하는 반면 성경을 통독하기 위해서는 한 주만을 할애할 수도 있기 때문이다. 그럼에도 불구하고 성경은 이상적인 독자에게 그림형제의 동화와는 전혀 다르고 또 훨씬 많은 강독시간을 요구한다. 이야기되는 이야기의 시간 영역에서 장황한 풍경 묘사는 뒤마의 소설에 나오는 간결한 대화보다 훨씬 장황하고 지루한 모델-독자를 요구한다.

마지막으로 작가가 독자에게 요구하는 **새로운 강독 시간**도 이야기 시간에 속한다. 애거서 크리스티는 『로저 애크로이드 살인사건』에서 독자들에게 살인자에 관한 일련의 추정을 연속적으로 제시하지만 모두 진범이 아니다. 왜냐하면 살인자는 화자이기 때문이다 — 이것은 추리소설의 역사에서 획기적 사건이다. 하지만 마지막 부분에서 화자는 완곡어법 형태로 말해서 그렇지 심지어는 살인을 저지르는 경우를 포함해(예를 들어 "나는 내가 해야만 하는 일을 해치웠다") 그때그때마다 범인을 추리하는 데 필요한 모든 행동을 그대로 독자에게 이야기해주었기 때문에 자신은 결코 독자들을 속이지 않았다고 이야기한다. 그리고 독자들도 살인범의 단서를 잡을 수 있다는 사실을 확인하려면 소설 전체를 다시 한 번 읽어보라고 촉구하고 있다. 이처럼 이 책은 독자와 **계약**을 맺고 있다. 이 책은 독자들에게 두 번 읽을 수 있는 가능성을, 즉 한번은 "소박하게" 그리고 다른 한번은 "비판적으로" 읽을 수 있는 가능성을 약속하면서, 소박하게 읽는 일이 끝날 때쯤 소설 전체를 다시 읽어볼 것을 촉구하고 있다. 이처럼 크리스티의 책은 독특한 구성방식 때문에 다시 한 번 읽고 싶은 충동을 일으키는데, 이처럼 다시 읽는 데 필요한 시간은 작가와 텍스트 자체에 의해 공동으로 계산된다. 우리는 이러한 작품을 원환모양의 서사시간으로 부를 생각인데, 이러한 이야기에서 독자는 ("go to"라고 말하는 베이직 컴퓨터 명령어처럼) 이상적으로는 언제나 다시 한 번 처음부터 책을 읽게 된다.

시리즈와 상호텍스트성의 시간

시리즈적 작품, TV-시리즈 그리고 그밖에도 이전의 연재소설은 어떤 종류의 시간성을 요구하는지를 검토해보기로 하자. 여기서는 표현의 시간(TV-시리즈) 또는 이야기되는 내용과 이야기 시간과는 전혀 무관하게 관람객의 특이한 시간감각이 두드러지게 된다. 즉 시리즈적 작품에서는 이전보다 훨씬 다양한 종류의 시간성이 교차하게 된다.

a) 작품은 시간의 흐름에 대해 이야기하지만, 우리가 곧 보게 되듯이 이 시간은 "가면으로 가려져" 있다.

b) 작품은 소비자로 하여금 작품 자체가 시간 속에서 진행된다는 사실을 간파할 수 있도록 해준다. 고전적인 연재소설이나 신문 연재소설을 보라. 이때 저자는 독자의 편지에 동의해, 일종의

모델-공저자가 되고 싶어 하는 경험적 독자의 바람에 따라 기꺼이 이야기를 바꾸거나 어떤 인물을 부활시킨다.

c) 작품은 마침표와 쉼표를 삽입해 넣음으로써 독자에게 리듬을 강요한다. 소위 클라이맥스를 강조하고, 기대하게 만들고 (느릿느릿한)사건의 진행을 탐욕스럽게 고대하도록 만드는 긴장된 순간을 적절히 배치한다.

d) 작품은 이전의 연재분에서 이야기되었던 내용을 "상기하고" 그것을 매번 읽을 때마다 새로이 알게 되는 내용과 결합시키도록 강요한다. 따라서 독자의 심리학적이고 개인마다 특이한 시간을 이야기 전략 속에 끌어들이게 된다.

e) 마지막으로 "시리즈"로 환원되기보다는 오히려 미하일 바흐친(Michail Bachtin)이 "대화주의"라고 부른 상호텍스트적 인용문의 유희와 결합되는 경우도 있는데, 이 경우 관람객의 시간은 백과사전적인 용량을 검토하는 데 드는 시간이 된다.

우리는 이미 「예술과 매스미디어 우주의 시리즈 문제」에서 시리즈와 관련된 여러 문제를 집중적으로 검토했으니 여기서는 이 정도로 그치기로 하겠다. 그 논문에서 서술되고 있는 유형론(재탕, 베끼기, 시리즈, 사가 등)을 통해 우리는 시리즈적 작품 또한 이야기되는 내용의 시간을 두 가지 방식으로, 즉 한 번은 신속하게 줄거리의 진행만을 주목하고 다른 한번은 천천히(질질 끄는) 담론-전략을 주목하는 등 두 가지 방법으로 이러한 시간을 체험할 수 있는 일종의 모델-독자를 구성한다는 점을 확인할 수 있었다.

이와 동시에 우리는 그 논문에서 인용의 시간도 있다는 점도 확인할 수 있었다. 이전의 텍스트를 인용하면 독자들은 그 텍스트와 자신의 경험세계와는 다른 세계에 관한 자신의 지식, 따라서 전체적으로는 자신의 백과사전의 용량을 검토하도록 요구받는다. 이러한 검토에는 시간이 필요하다. 여기서는 무조건 몰(mol) 단위로 측량 가능한 시간이 아니라(번쩍 머리에 떠올라 알게 되는 경우도 허다하다) 어찌되었건 1/1,000,000초 단위로만 측정 가능하더라도 분자적 시간이 중요하다. 열역학 제2법칙이 가리키듯이 언제나 시간과 관련된 에너지의 지출을 주시해야 한다. 작품을 이해하려면 작품이 이전에 말해놓은 내용에서 벗어나와 자세히 살펴보아야 한다.

따라서 우리는 위의 논의에서 개별 작품 안에서의 시간 현상뿐만 아니라 상호텍스트적 시간의 재현을 위한 다양한 전략을 가능하게 해주는 아주 복잡한 현상을 검토해본 셈이다. 이를 통해 예술에서의 시간성이라는 우리의 개념은 내용을 이야기하는 데 드는 시간과 이야기하는 시간에서 소비자의 심리학적 시간과 역사적 시간 또는 문화의 시간으로 확대될 수 있을 것이다.

(1985)

■ 주

『몽테크리스토백작』을 찬양함 — 대중문학과 번역에 대해

1) 나의 저서 『대중의 영웅』, 밀라노, 봄피아니, 1976을 보라.
2) 1845년에 아우구스트 출러가 번역한 번역본을 보라(1975년에 에드가 페슬러가 재편집한 '뷔허길드 구텐베르크 총서', 프랑크푸르트에서 인용한다).
3) 페슬러가 편집한 독일어판은 여기까지만 번역하고 있다 — 독일어판 옮긴이 주.
4) 글자 그대로 번역하면 대략 다음과 같다. "사람들은 그가 손자들의 생일을 축하해주려는 할머니처럼 얼굴이 주름살투성이일 것이라고는 생각조차 못했다. 그래서인지 그가 이야기를 듣지 못해 안달하며 벽에 오래된 속담을 적으며 이야기를 재촉했던 사람들의 귀에 목소리를 바꾸어가며 무시무시한 드라마를 그처럼 수 없이 늘어놓을 수 있을 줄 아무도 몰랐다." 현재 나와 있는 번역본에는 이 문장 전체가 삭제되어 있다. 1913년에 옮긴이 미상으로 베를린의 퀼달/한센 출판사에서 나온 판에서는 이 문장 전체가 다음과 같이 잘못 축역되어 있다. "손자들의 생일을 축하하기 위해 온통 푸른색으로 꾸미고 나선 할머니처럼 생긴 그가 풍파에 시달린 종탑과 비슷하다고 생각했다. 따라서 그가 사방의 벽에 쓰여 있는 유혈이 낭자한 드라마에 얽힌 이야기를 그처럼 많이 들려주리라고는 상상조차 못했다"(la tour(종탑 — 옮긴이)가 여성형인 불어에서와 달리 독일어에서 이러한 은유가 훨씬 더 이상하게 들린다) — 독일어판 옮긴이 주.
5) 독일어로는 대략 다음과 같은 의미이다. "그는 기계적으로 오렌지 나뭇잎을 하나하나 따냈다. 나뭇잎을 다 따내자 그는 선인장을 하나 꺼냈는데, 당연히 훨씬 질겼기 때문에 자주 찔릴 수밖에 없었다" — 독일어판 옮긴이 주.
6) 각각 「속죄」, 「자살」, 「용서」에 나오는 장면이다. 이미 앞에서 이야기했듯이 원본의 대담무쌍함에 질려버리지 않고 그나마 번역을 시도한 경우에는 앞에서 잠시 인용한 옮긴이 미상의 번역본도 참조해서 인용한다 — 독일어판 옮긴이 주.

63그룹 — 실험예술과 아방가르드 예술

1) 볼로냐, 『일 물리노』, 1962.
2) 이탈리아 원어로는 illuminismo padano("북부 삼각지대의 계몽주의" — 독일어판 옮긴이 주).
3) 1950년대에 이탈리아의 속물들은 조금이라도 외국냄새를 맡을 수 있는 스위스

근처의 치아소로 대거 몰려가곤 했다. 지금도 마찬가지다(『철학의 위안』의 p. 51을 참조하라 — 옮긴이).

예술에서의 시간
1) 디노 포르마기, 『예술』, 밀라노, 이세디, 1973.
2) 나의 논문 「일반 기호학 이론」을 참조하라.
3) L. 파레이손, 『미학. 형식형성 이론』, 토리노, 에이나우디, 1954.
4) 나의 저서 『열린 예술 작품』, 밀라노, 1962를 참조하라.
5) 나의 저서, 『렉토르 인 파불라』, 뮌헨, 한저, 1987을 참조하라.

3부 세계에 대해 요모조모 생각해보기

1 우크바르에서의 유괴
— 보르헤스의 공상과학 소설과 새로운 글쓰기

추리소설 이론가들의 저술(예를 들어 S. S. 반 다인S. S. van Dine 이 제시한 규칙)을 기준으로 본다면 보르헤스와 비오이-카사레스(Bioy-Casares)가 쓴 돈 이시드로 파로디(Don Isidro Parodi)의 탐정 이야기[1]는 완전히 "이단"처럼 보일 것이다. 이것은 체스터턴(G. K. Chesterton)에 대한 풍자라고들 말해왔지만, 체스터턴 또한 나름으로 포(E. A. Poe)와 그 후계자들의 추리소설을 패러디(Parody) 해왔다고 할 수 있다. 얼마 전 파리의 『우브르와 드 리데라튀르 포탕셸Ouvroir de Littérature Potentielle』은 이제까지 고안된 모든 추리소설적 상황의 유형을 분류하면서(살인자는 집사이다. 살인자는 화자이다. 살인자는 탐정이다 등등) 이제 독자가 살인자인 유형만이 남아 있다고 지적한 바 있다. 나는 일반적으로 이것이 『오이디푸스』부터 보르헤스의 단편소설에 이르는 모든 위대한 저서가 내리는 대단원의 결론(독자들로 하여금 결국 자신 또는 우리 모두 죄인이라는 사실을 발견하도록 하는 것)이 아닐까 자문해본다. 어쨌든 보르헤스와 비오이-카사레스는 1942년에 추리소설적 상황의 멘델레예프 주기율표의 빈 자리를 발견해냈다. 탐정은 수인(囚人)이다. 따라서 폐쇄된 공간 속에서 자행되는 범죄가 (외부에서) 해결되는 대신 이제 밖에서 자행되는 일련의 범죄행위가 감옥이라는 폐쇄된 공간 속에서 해결되는 역설적 상황이 나타나게 된다.

추리소설의 전통에서는 일반적으로 다른 사람이 제공한 몇 개의 정보를 단서로 자신의 머리로 사건을 풀어나가는 탐정이 이상적인 모델로 제시된다 — 렉스 스타우트의 탐정 네로 울프만을 생각해봐도 충분할 것이다. 그는 결코 자신의 거처를 떠나지 않고 아키 굿원에게서 정보를 얻으며 사무실과 난초과 식물 사이를 왔다 갔다 한다. 하지만 감방을 떠날 수 없으며, 지금 어떤 사건이 벌어지고 있는지를 전혀 모르는 사람에게서 정보를 얻어내는 돈 이시드로 파로디와 같은 탐정은 분명 아주 주목할 만한 서사적 투르 드 포르스(힘든 곡예 — 옮긴이)의 산물이다.

독자들은 마치 돈 이시드로가 자신의 의뢰인들을 우롱하고, 비오르헤스(비오이-보르헤스의 기이한 2인승 자전거를 사람들은 이렇게 부른다) 또한 자신들을 조롱하는 듯한 인상을 받는다 — 그의 소설은 바로 이 점에서, 오직 이 점에서만 독자들의 흥미를 끌게 된다.

보르헤스의 단편소설이 어떻게 씌어졌는지는 익히 알려져 있다. 아마 기념비적인 보르헤스의 서지(書誌)를 만든 에미르 로드리게스 모네갈(Emir Rodriguez Monegal)만큼 이를 상세하게 파헤치고 있는 사람도 없을 것이다.[2] 하지만 보르헤스 자신이 「자서전적인 에세이」[3)]에서 하고 있는 이야기를 직접 들어보기로 하자.

그해 — 그리고 보다 일반적으로는 나의 삶 — 의 가장 중요한 사건 중의 하나는 아돌프 비오이 카사레스와 사귀게 된 일이었다. 우리는 1930년인가 1931년에 만났는데 당시 그는 약관 17세였으며 나는 막 30을 넘어서고 있었다. 관례대로 한다면 좀더 나이가 든 사람이 스승이고 보다 젊은 사람이 제자여야 했다. 하지만 처음에는 어땠는지 몰라도 몇 년 후 같이 일하기 시작하게 되자 어느새 그가 스승이 되었다. 그와 나는 수많은 문학적 모험을 함께 했다. 우리는 아르헨티나 시 선집과 환상적인 이야기 그리고 추리소설 선집을 편집했다. 논문과 서문도 제법 많이 썼다. 우리는 토머스 브라운(Thomas Browne) 경과 그라시안에 관한 주석서를 썼다, 우리는 비어봄(Beerbohm), 키플링(Kipling), 웰스(Wells), 던새니 공(Dunsany)의 단편소설을 번역했다. 3호까지 내고 말았지만 잡지『데스티엔포』를 창간했다. 그리고 예외 없이 거부당했지만 대본도 썼다. 그리고 나는 패스티시나 경구주의 그리고 바로크풍을 애호하고 있었지만 비오이는 자제와 절도가 가장 먼저 추구되어야만 할 가치라고 나를 설득시켰다. 나는 뭔가를 절대 완벽하게 표현해야 직성이 풀리는 반면 비오이는 차분히 나를 고전주의로 이끌어주었다.

이러저러하다가 1940년대 초에 우리는 공동으로 집필하기 시작했다 — 그때까지만 해도 공동 집필은 전혀 불가능해 보였는데도 말이다. 나는 추리소설을 위한 — 나중에 둘이 동의한 대로 — 멋진 줄거리를 하나 구상해냈다. 비가 억수처럼 쏟아지는 어느 날 아침 비오이는 한

번 시도해보자는 이야기를 했다. 주저주저하면서 나는 동의했으며, 얼마 후 그날처럼 비가 억수로 퍼붓던 날 오전에 최종적으로 합의했다. 제3자인 오노리오 부스토스 도메크(Honorio Bustos Domecq)라는 이름을 이 계획에 끌어들여 우리 두 사람을 대표하기로 했다.

결국 도메크가 우리를 가혹하게 통솔하기 시작했다. 처음에는 만족스럽게 그리고 그 다음에는 불안하게 그를 바라보았지만, 몇 가지 우여곡절을 겪고 말장난과 정선된 양식을 실험하는 가운데 우리 자신이 이전과 전혀 다른 사람이 되어버렸다. 도메크는 비오이의 증조할아버지의 이름이었으며 부스토스는 코르도바 출신인 나의 증조할아버지의 이름이었다. 부스토스 도메크의 첫번째 책은 『돈 이시드로 파로디의 여섯 가지 임무』(1942)로, 이 책을 쓰는 동안 그는 한 번도 우리 곁을 떠나지 않았다. 막스 카라도스(Max Carrados)는 맹인 탐정을 고안해냈다. 비오이와 나는 여기서 한걸음 더 나아가 탐정을 감방에 가두어버렸다. 이 책은 동시에 아르헨티나인에 대한 풍자이기도 했다. 몇 년 동안 부스토스 도메크의 이중적인 정체는 드러나지 않았다. 그러자 사람들은 부스토스는 사람을 희롱하고 있으며 따라서 그의 작품을 진지하게 받아들일 필요가 없다고 생각하게 되었다.

그러나 아르헨티나 대중이 농락당했다고 느끼거나 당황하게 된 데에는 또 다른 이유가 있었다. 이 책에는 소설의 주인공 중의 하나인 게르바시오 몬테네그로(Gervasio Montenegro)의 서문이 들어 있다. 하지만 책의 주인공이 자신이 주인공으로 등장하는 책에 서문을 붙이는 것만으로는 충분하지 못했던 모양이다. 이 몬테네그로는 이야기 하나하나마다 얼간이나 우쭐대기만 하는 수다쟁이로 끼어드는 등 상황은 한층 끔찍해진다. 그러니 온갖 미사여구와 현혹적인 허장성쇠로 가득 찬 수사학을 동원해 열정적으로 저자를 칭찬해대고 있는 그의 이야기에 도대체 어떻게 귀를 기울일 수 있단 말인가? 우리는 여기서 크레타의 에피메니데스의 역설에 마주치게 된다. 에피메니데스는 크레타 사람은 모두 거짓말쟁이라고 말하지만 그 역시 크레타 사람이고 따라서 거짓말쟁이인데 어떻게 그를 믿을 수 있단 말인가?(지나가는 김에 보르헤스가 고안해낸 사람처럼 행동하는 사람을 하나만 더 살펴보기로 하자. 파울루스 폰 타르소스Paulus von Tarsos라는 사람은 티투스Titus에게 보내는 편지에서 앞에서 말한 에피메니데스의 격언을 크레타인들의 위선을 증명해주는 신뢰할만한 전거로 인용하고 있다 ― 왜냐하면, 파울루스가 덧붙이고 있듯이, 크레타 토박이인 에피메니데스가 크레타인을 잘 알고 있다고 맹세하는 한 우리는 그를 믿어야 하기 때문이다).

하지만 『여섯 가지 과제』가 아르헨티나 대중들을 당혹스럽게 만든 것이 이 때문만은 아니었다. 이 책에 들어 있는 단편소설들 속에는 아무리 정확하게 번역해내더라도 어쩔 수 없이 원래의 매력을 잃어버릴 수밖에 없는 절묘한 풍자가 들어 있다. 다양한 면회객들이 감방 안의 돈 이시드로에게 하는 이야기는 실은 아르헨티나 지식인들의 지저분한 말의 작열로 교양을 내세우기 위한 변덕풀이, 온갖 유행어와 비속어가 뒤섞여 애매모호한 말과 짐짓 꾸미는 허장성쇠로 이루어진 말잔치를 이루고 있다. 최고의 번역(이 스페인어를 다른 스페인어로 즉 라발레와 코리엔테스 그리고 라플라타 어귀 사이에서 쓰이는 사투리 이외의 다른 스페인어로 번역하는 것은 전혀 불가능하다)이라 해도 이처럼 다양한 아이러니적 풍자는 사라져버리고 만다. 왜냐하면 독자들은 스페인어라는 다른 언어를 알지 못할 뿐만 아니라 1942년의 아르헨티나 독자들과는 전혀 다른 상황에 놓여 있기 때문이다. 따라서 당시의 부에노스 아이레스와 (로드리게스 모네갈이 쓰고 있는 대로) "다양하게 변형되는 구어체 아르헨티나어(프롤레타리아의 속어, 사이비 지식인들이 애용하는 프랑스어 미사여구, 스페인인들이 애용하는 시적인 고어 투의 스페인어 그리고 이탈리아 사투리)의 장중함이 서사적 인물보다는 사랑방 이야기에 나오는 인물과 흡사한 여러 등장인물을 통해 처참하게 일그러뜨리는" 패러디의 매력을 제대로 떠올리려면 잔뜩 긴장해 요모조모 상상해보지 않으면 안 된다. 그리고 "아르헨티나에서 이야기 형태와 언어에 대한 패러디를 통해 소설을 쓰려는 시도가 성공적으로 이루어진 것은 이번이 처음이다".

그러면 여기서 성공하리라는 보장은 없지만 어원학적 유희를 하나 시도해보기로 하자. 물론 성공여부는 세비야의 이시도르와 하이데거 그리고 데리브(우회 — 옮긴이) 연습의 대가인 데리다(Jacques Derrida)를 좋아하는 사람들이 판단할 문제다. 돈 이시드로의 성이 파로디라 해서 놀랄 필요는 없다. 왜냐하면 파로디는 이탈리아에서는 아주 흔한 (리구리아 지방의) 이름이고 또 이탈리아 이름만큼 아르헨티나에서 자연스러운 이름도 없기 때문이다

(어떤 사람이 이탈리아에 와서 모든 이탈리아 사람이 아르헨티나식 성을 쓰는 것을 보고 놀랐다는 재담이 기억난다). 그런데 "파로디(Parodi)"와 "패러디"(Parody. 이탈리아어로는 "Parodia"이다 — 옮긴이) 간의 거리는 그리 멀지 않다. 우연일까?

그건 그렇다 치고, 그런 식이라면 오늘날까지 이러한 이야기를 읽어야 할 이유는 별로 없어 보일지도 모르겠다. 은어에 대한 풍자를 누가 이해할 것이며, "진짜" 추리소설의 아이러니컬한 영상만을 비추는 추리소설을 읽고 만족할 사람이 누가 있겠는가? …… 그래서? 그렇다면 차라리 보르헤스의 진짜 위대한 소설, 『죽음과 나침반』과 같은 『피치오네스(허구 — 옮긴이)』의 진짜 추리(또는 허구적인) 이야기를 읽는 쪽이 낫지 않을까?

돈 이시드로의 이야기를 접하게 되는 독자들은 먼저 — 일단 은어와 유행어에 대한 난해한 풍자는 논외로 하고 — 다양한 유형의 수다스런 장광설은 전혀 공허하며 아무런 이야기도 하지 않는 듯한 인상을 받을 것이다. 누구나 무한정 계속되는 독백을 대충 훑어본 다음 일종의 음악적 스케치겠지 하고 가볍게 생각하고는 마침내 돈 이시드로를 해치웠다(물론 이것은 정당화될 수 없다)고 외치고 싶은 유혹을 쉽사리 떨칠 수 없을 것이다. 그리고 그의 이야기는 "배와 선장"처럼 익히 알려져 있는 위트(문제. 배는 30m, 주 마스트는 10m이고 선원의 수는 네 명이다. 그러면 선장은 몇 살인가? 답, 40. 왜? 선장이 나에게 그렇게 말해주었으니까)와 같은 **가짜 수수께끼**의 오락적 해결에 불과하지는 않은가 하는 의문이 들지도 모르겠다.

하지만 전혀 그렇지 않다. 여섯 편의 이야기는 모두 추리소설의 기본법칙에 근거하고 있다. 탐정이 사건을 해결하는 데 필요한 모든 정보는 독자들에게도 전달된다. 앞에서 이야기한 머리가 텅 빈 바보들의 수다 속에 **중요한** 정보가 모두 들어 있다.

고전적인 추리소설과의 차이를 보자. 고전적인 추리소설의 경우, 이미 범인이 누구인가를 아는 상태에서 다시 읽으면 독자는 끊임없이 "그렇지! 어떻게 내가 그것을 놓쳤지"라고 말하게 된다. 이와 달리 돈 이시드로의 이야기를 다시 읽는다면 머리를 절레절레 흔들며 "아, 도대체 다른 것도 아니고 이처럼 미세한 차이를 어떻게 알아챌 수 있단 말인가? 왜 돈 이시드로는 하필 이 정보는 부각시키면서 다른 정보는 내팽개친단 말인가?"라고 자문하게 된다.

예를 들면 네번째 이야기인 「사려 깊은 상기아코모(Sangiácomos)」를 살펴보기로 하자. 어느 날 밤, 저녁을 먹고 난 사령관은 책상의 세번째 서랍 안에 도자기로 된 퓨미타(작은 퓨마)를 갖고 있다고 주장한다. 퓨미타라는 이름의 소녀는 의아해한다. 이러한 사실은 단서와는 한참 거리가 멀다. 당연히 퓨미타라는 이름의 소녀는 퓨미타 이야기에 귀를 기울이게 된다. 나중에 돈 이시드로(그리고 그와 함께 독자들은)는 실제로 사령관의 서랍에는 도자기로 된 뱀이 들어 있다는 사실을 알게 된다. 여기서 우리로 하여금(그리고 돈 이시드로가) 그 서랍 안에는 퓨미타가 아니라 뱀이 들어 있다고 추정할 수 있도록 해주는 것은 무엇인가? 혹시 사령관은 서랍 안에 두 개의 점토상을 가져다놓지 않았을까? 하지만 이를 단서로 돈 이시드로가 사령관이 그날 밤(실제로는 뱀이 들어 있는데도 퓨미타가 들어 있다고) 거짓말을 했을지도 모른다고 생각하게 되었다고 가정해보기로 하자. 그렇다면 돈 이시드로로 하여금 소녀 퓨미타가 서랍 안에서 먼지가루가 된 건 아닌지 하는 의문을 풀기 위해 사령관이 거짓말을 하고 있다고 생각하도록 만드는 것은 무엇일까?

돈 이시드로의 이야기에는 그러한 단서가 우글거리고 있다. 두 가지 예를 들어보기로 하자. 먼저, 여러 유형의 횡설수설은 다 이런저런 식으로 사건과 관련이 있으며 따라서 단지 언어에 대한 패러디라고만 할 수 없다. 따라서 구조적인 의미를 가진다. 두번째, 돈 이시드로는 이러한 횡설수설을 읽기 위한 "열쇠" 또는 아주 강력한 가설을 갖고 있다. 무엇이 이러한 열쇠가 될 수 있을까?

곧 알게 되겠지만 앞에서 이야기한 이유에서 돈 이시드로의 이야기를 읽는 일은 아주 자극적이며 흥겹다. 재미있기만 해도 충분히 공을 들여 그 책을 읽을 만하다(이러한 주장의 미학적 조야함을 관대하게 보아주시길 바란다. 하지만 나는 아직도 재미있기만 해도 충분히 소설을 읽을 만하다고 생각하는 사람 가운데 하나이다). 하지만 이 문제는 우리의 본래 논지와는 무관하다.

돈 이시드로 이야기의 메커니즘은 보르헤스, 아마 거의 모든 작가들의(나중의) 다른 수많은 이야기의 기본형을 예견해주고 있다. 나는 여기서 그것을 병든 스피노자-세계에서의 추론의 메커니즘이라고 부르기로 하겠다(아래에서 이렇게 부르는 이유를 검토해보기로 하겠다).

보르헤스는 자신이 이야기한 책은 모두 읽은 듯이 보인다(아니 그보다 훨씬 많은 책을 읽은 것 같다. 심지어 실제로 존재하지도 않는 책에 대해서조차 이리저리 논평하고 있으니 말이다). 하지만 추정컨대 그는 아마 현대기호학의 원조인 찰스 샌더스 퍼스의 『철학논문집』[4]은 결코 읽지 않은 것 같다. 내가 잘못 알고 있을 수도 있으나 적어도 로드리게스 모네갈의 보르헤스 서지목록에서는 퍼스의 이름을 찾아볼 수 없다. 혹시 내가 잘못 알고 있다면, 나는 정말 멋진 사회에 살고 있는 셈이다.

어찌되었건 보르헤스가 퍼스의 저술을 읽었는지 그렇지 않은지는 별로 중요하지 않다. 저자들(암탉이 다른 닭을 만들어내기 위해 이용되는 수단이듯이 이들에게 책은 이야기하기 위한 수단이다)은 서로 알지 못해도 책들은 서로 이야기를 주고받고 있다고 가정하는 쪽이 진짜 보르헤스다울 것이다. 아무튼 보르헤스의 많은 이야기들은 퍼스가 유추 또는 가설을 통한 사고 — 그런데 이것은 추론과 하등 다를 바 없다 — 라고 부른 추론기술의 전형적인 예시(例示)처럼 보인다.

퍼스에 따르면 우리는 세 가지 방식으로 생각하고 추론한다. 연역, 귀납 그리고 유추가 그것이다. 퍼스가 제시한 예를 통해 이 세 가지 사고방식을 보다 명확하게 살펴보기로 하자. 여기서는 논리학이나 기호학의 전문용어 때문에 독자들이 너무 애먹지 않도록 개략적으로 요약해볼 생각이다.

책상 위에 하얀 완두콩으로 꽉 찬 작은 자루가 있다고 가정해보자. 나는 자루 안에 하얀 색 완두콩이 들어 있다는 것을 알고 있다(나는 그것을 믿을만한 상인에게서 샀다). 따라서 나는 **법칙**을 세울 수 있다. "이 작은 자루 속에 들어 있는 모든 완두콩은 하얗다." 일단 이러한 법칙을 세운 다음 (속을 들여다보지 않고) 눈을 감고 자루에서 한 줌의 완두콩을 꺼낸다. 당연히 우리는 결과를 미리 예측할 수 있다. "내 손 안에 들어 있는 완두콩은 하얗다." 이처럼 하나의 경우를 통해 이루어지는 (올바른) 법칙으로부터의 연역은 절대적인 정확성을 갖고 결과를 예측할 수 있도록 해준다.

하지만 유감스럽게도 규범적으로 규정된 몇몇 체계 안에서라면 몰라도 정확한 연역은 아주 드물다. 작은 자루가 앞에 놓여 있더라도 안에 무엇이 들어 있는지는 알 길이 없다. 완두콩을 한 줌 끄집어낸 다음에야 꺼낸 콩이 하얗다는 사실을 확인한다. 이러한 실험을 X번 반복해야 한다(얼마나 자주 반복해야 하는지는 내가 얼마나 많은 시간이 있는지 또는 그 작은 자루에 들어 있는 완두콩에 관한 과학적 법칙을 만들기 위해 포드 재단에서 얼마나 많은 돈을 얻어낼 수 있느냐에 따라 달라진다). 충분한 회수의 실험을 한 다음 나는 다음과 같은 결론을 내리게 된다. 매번 흰 완두콩이었다. 나는 합리적으로 나의 실험결과가 모든 경우에 동일한 법칙을 갖고 있다면 작은 자루에 있는 모든 완두콩은 희어야만 한다고 가정하게 된다. 많은 경우 동일한 법칙을 드러내고 있음이 검증된 일련의 (실험) 결과를 근거로 나는 이러한 (개연적인) 법칙을 귀납적으로 정식화하게 된다. 잘 알다시피 마지막으로 검토하기 위해 자루에 손을 집어넣었다가 검은 콩을 한 알이라도 꺼내게 된다면 나의 모든 귀납노력은 도로아미타불이 되어버리고 만다. 인식론학자들이 귀납법을 그렇게 미더워하지 않는 이유는 바로 이 때문이다.

실제로 얼마나 많은 실험을 반복해야 법칙으로서 타당할지를 알 수 없기 때문에 귀납의 타당성을 확인할 수가 없게 된다. 10번이면 충분할까? 9번이면 안 되는 이유는 무엇인가? 또 8번이면 안 되는 이유는? 그렇다면 한 번으로 안 될 무슨 이유라도 있단 말인가?

이 지점에서 귀납법은 사라지고 연역법이 나타나게 된다. 연역법에서도 기이하고 특이한 현상에 직면하게 된다. 다시 앞의 예를 계속 이용하자면, 책상 위에 작은 자루가 놓여 있고 옆에는 한 줌의 흰색 완두콩이 놓여있다. 나는 어떻게 콩이 거기에 놓이게 되었는지 그리고 누가 그 위에 갖다 놨는지 또 그 콩이 어디서 나왔는지 잘 모른다. 이것은 특수한 경우로 간주하기로 하자. 나는 이제 법칙을 — 이러한 법칙이 진리이고 지금 내가 보고 있는 상태가 이 법칙의 하나의 경우라고 전제하는 가운데 — 그러한 현상이 더이상 특수한 결과가 아니라 완전히 합리적인 결과로 연결시켜 주는 법칙을 찾아내야 한다.

따라서 나는 추정을 하게 된다. 나는 a) 그 자루 안에는 완두콩이 들어 있으며 b) 이러한 완두콩은 하얗다는 가설적인 법칙을 세워본다. 그런 다음 지금 눈앞에서 보고 있는 상태를 그러한 법칙의 하나의 경우로 간주할 수 있는지를 검토한다. 작은 자루 안에 들어 있는 완두콩이 모두 하얗고 이 자루에서 나왔다면 당연히 책상 위의 콩은 하얗다.

그런데 퍼스가 지적하고 있듯이 이러한 유추적 사고방식은 과학의 모든 "혁명적" 발견의 전형적 특정이기도 하다. 케플러(Johannes Kepler)는 선행자들을 통해 행성의 궤도는 원형이라는 걸 "알고 있었다". 하지만 그는 수성의 두 위치를 관찰한 다음 수성은 두 점 x와 y를 접하고 있지만, 이 두 점은 원 위에 있지 않다는 사실을 확인했다. 이러한 사실은 일단 특수하다. 하지만 (가설적으로) 행성은 원형과는 다른 종류의 곡선을 그리는 궤도를 따라 운행한다고 가정한 다음 점 x와 점 y는 이처럼 (구형이 아닌) 전혀 다른 종류의 곡선 위에 있다는 점을 증명할 수만 있다면 이러한 사례는 더이상 특수하지 않게 된다. 따라서 케플러는 새로운 법칙을 발견해내야 했다. 그는 행성의 궤도가 포물선 또는 정현곡선(正弦曲線)을 따라 회전한다고 상상했을 수도 있다 ……. 하필이면 왜 그가 타원형에 착안하게 되었을까는 여기서 우리의 관심사가 아니다(그 나름대로 충분한 근거가 있었을 것이다). 그는 다음과 같이 유추하게 된다. 행성의 궤도가 타원형이고 수성의 두 개의 위치(x와 y)가 이러한 법칙의 경우라면 관찰된 결과는 더이상 놀랄 만한 것이 못 된다. 물론 케플러는 새로운 연역을 행하는 가운데 이러한 유추를 검증해야만 한다. 행성(또는 수성)의 궤도가 타원형이라면 수성은 타원형의 특정한 점에 가 있을 것이다. 케플러는 그렇게 예상했고 그리고 바로 그 지점에서 수성을 찾아냈다. 원칙상 이와 함께 유추의 올바름이 입증된다. 이제 이러한 가설의 오류 여부는 이러한 검증을 수없이 반복하면 쉽게 확인된다. 당연히 얼마든지 이러한 발견의 단계를 줄일 수 있다. 실제로 수천 번씩이나 귀납적 실험을 할 필요는 없다. 가설, 가능하면 일련의 연쇄고리를 이루는 정교한 가절을 세우고 검증한다. 실험결과가 긍정적이면 입증된 셈이다.

탐정의 추리기법 또한 이와 하등 다르지 않다. 셜록 홈스가 자신의 추리 방법을 설명하는 내용을 자세히 읽어보면 그가 (그리고 코난 도일이) 말하는 연역과 관찰은 실제로는 퍼스의 유추와 아주 유사한 추론방식을 따르고 있음을 어렵지 않게 발견할 수 있다.[5]

퍼스가 유추와 같은 개념을 사용하고 있음은 주목할 만하다. 분명히 그는 연역이나 귀납에서 유추해서(그리고 아리스토텔레스의 용어법을 참조하여) 이 개념을 만들어냈지만, Abduction이라는 이 말은 영어로는 "유괴"와 "약탈"이라는 의미도 갖는다(모차르트의 <후궁으로부터의 유괴>는 영어로는 "The Abduction from the Serraglio"로 번역된다). 아직도 미처 연구되지 않은 문제영역에서 특수한 사례를 발견하면 못 본 체 그냥 넘기지 않고 이러한 영역의 법칙을 찾아내려고 한다(만약 그러한 법칙이 있고 내가 그것을 알게 된다면 그러한 현상은 더이상 특수하지 않게 된다). 자세히 살펴본 다음 어딘가 다른 곳에서 법칙을 "끌어내거나" "빌려와야 한다". 그렇게 하려면 유비(analogy. 어떤 사물 상호 간에 대응적으로 존재하는 동등성 — 옮긴이)를 통해 앞으로 나가야 한다.

다시 흰색 완두콩에 관한 유추로 되돌아가보자. 나는 책상 위에서 한 줌의 완두콩과 작은 자루를 발견한다. 완두콩과 작은 자루를 결합시켜야 한다고 누가 그리고 무엇이 내게 말해줄 수 있을까? 완두콩은 서랍에서 나왔거나 또는 누군가 다른 사람이 갖고 들어왔다 놓고 나갔을 수도 있다. 작은 자루(하지만 왜 하필 이 자루란 말인가)에 주목하는 이유는 머릿속에 일종의 개연성, 다음과 같은 종류의 추정 즉 "그래도 완두콩들이 이 자루에서 나왔다는 것이 논리적"이라는 추정을 떠올리기 때문이다. 하지만 아무것도 이러한 가설의 올바름을 보증해주지 않는다.

그럼에도 불구하고 수많은 위대한 과학적 발견은 바로 이러한 과정을 통해 이루어질 수밖에 없었다. 수많은 추리소설적 발견 그리고 병의 종류와 원인에 관한 의학의 수많은 가설(그리고 몇 행이 빠져 있거나 혼란스러운 텍스트를 이해하기 위한 서지학의 수많은 가설)도 마찬가지다. 다시 한 번(또는 이제 한 번) 돈 이시드로의 두번째 이야기인 「밤의 골리아드킨들」을 읽어보기로 하자. 팬 아메리카익스프레스(Panamerica-Express)를 이용하여 여행을 하는 게르바시오 몬테네그로(Gervasio Montenegro)에게 일어나는 모든 일은 기이하고 놀라우며 어떠한 논리로도 설명이 불가능하다……. 돈 이시드로는 이러한 사건을 통상적인 논리와는 완전히 다른 법칙, 즉 연출이라는 법칙의 결과일 뿐이라고 가정함으로써 문제(그가 체험하게 되는 사실은 이미 사전에 알고 있던 결과를 드러내 준다)를 해결한다. 여행 중에 기차 안에서 일어나는 모든 일은 일종의 무대에서 벌어지는 일처럼 누구도 스스로 자임하는 모습과 실제로 똑같지 않다는 사실이 드러나자 사건의 복잡한 연결고리는 더이상 신비로울 것이 없게 된다. (친애하는 와트슨) 이리하여 모든 일이 아주 분명해지고 명확하게 되는 셈이네. 그리고 실제로도 그렇다. 몬테네그로는 수다쟁이로 다음과 같은 명제를 통해 돈 이시드로의 추리기법의 정수를 보여준다. "냉정하고-사변적인 지성은 예술가의 천재적 직관의 위력을 드러낸다." 거짓말쟁이에다 사기꾼이지만 그는 위대한 진리를 설파한다. (가장 높은 단계에서는) 냉정하고-사변적인 지성과 예술가의 천재적 직관 사이에는 아무 차이도 없다. 과학적 발견 속에도 예술적인 것이 들어 있으며, 순진한 사람들이 "예술가들의 천재적 직관"이라고 부르는 것 속에도 과학적인 것이 포함되어 있다. 두 경우 모두 멋진 유추가 이루어지고 있기 때문이다.

하지만 "멋지게" 몬테네그로의 보고 속에서 관련정보를 간파해내려면 예비적인 추정이 필요하다. 기차에서 일어나는 사건의 모든 요소를 무대연출의 요소로 가정해야 한다. 돈 이시드로는 어떻게 이러한 추정에 이르게 되는가? 이러한 추정과정을 설명할 수 있으면 우리는 유추절차뿐만 아니라 보르헤스의 형이상학도 대략이나마 파악할 수 있게 된다.

유추에는 최소한 세 단계가 있다. 첫번째 단계에서 사례는 아직 불분명하고 특수하지만 이미 어딘가에, 아마 해당 문제영역의 내부에 법칙이 존재하기 때문에 이러한 법칙(가장 커다란 개연성을 가진 법칙)을 찾아내야 한다. 두번째 단계에서는 법칙을 인식하기가 어렵다. 이 법칙은 어딘가 다른 곳, 다른 문제영역에 존재하며 따라서 이러한 법칙이(케플러의 경우처럼) 이전의 문제영역에서 확대되어 나온다고 추정해보아야 한다. 세번째 단계에서 아직 법칙은 존재하지 않으며 따라서 법칙을 찾아내야 한다. 코페르니쿠스를 보라. 그는 어느 날 균형과 "정확한 형상"으로 미루어보아 태양이 중심에 놓여 있음에 틀림없다는 결론을 내리게 된다.[6]

언제 그리고 어떻게 두번째 단계와 세번째 단계의 유추가 진행되는 지를 확인하려면 여기서 자연과학, 범죄학, 텍스트해석, 의학(그리고 그 밖의 다른 과학)의 역사 전체를 살펴보아야 한다. 하지만 과학자나 탐정, 서지학자 그리고 비평가가 유추를 통해 발견하는 해결책(가설형성적인 상상력에서 나오는 가능한 세계)은 언제나 현실세계에 상응한다고 추정할 수밖에 없다. 따라서 실험과 검증을 계속해나가야 한다.

코난 도일에서 렉스 스타우트에 이르는 (고전적) 추리소설에서 이러한 검증은 필요하지 않다. 탐정은 머릿속에서 사건을 해결한 다음 그것이 진리인 양 "말한다" — 그리고 즉시 이러한 가설은 와트슨, 또는 자리에 같이 있는 살인자 아니면 그 밖의 다른 사람에 의해 검증된다. 이들은 다음과 같이 말한다. "정말 그래!" 그러면 탐정은 정확하게 추리했다고 확신하게 된다. 추리소설에서는 (신의 자리를 대신하고 있는) 작가가 탐정이 상상한 **가능한** 세계와 **현실** 세계 간의 조응을 보장해준다. 추리소설을 벗어나면 유추는 항상 위험해지며 난파할 위험에 직면하게 된다.

그런데 돈 이시드로는 자신이 상상한 해결책이 맞았다는 이야기를 다른 사람에게서 들은 적이 있다는 이야기를 단 한 번도 하지 않는다. 이로 미루어 보아 보르헤스의 단편소설은 고전적인 추리소설에 대한 패러디라고 할 수 있다. 그는 자신의 추리기법의 올바름을, 그리고 이와 함께 보르헤스-비오이의 정당성(그리고 이들과 함께 독자도)을 확신하고 있다. 왜?

탐정은 머릿속에서 연속적으로 벌어지는 사건과 법칙을 실제의 모습 그대로 재구성한다고 주장하려면 철저하게 스피노자적인 다음과 같은 주장을 따라야 한다. 오르도 에트 코넥시오 이데아룸 이뎀 에스트 악 오르도 에트 코넥시오 레룸"(사물의 질서와 연관은 이념의 질서와 연관과 동일하다. 스피노자, 『윤리학』, II, 7 — 옮긴이). 우리의 탐구하는 정신의 운동은 현실과 동일한 법칙을 따른다. "올바르게" 생각하려면 사물의 질서와 연관을 규제하고 있는 바로 그 법칙에 따라 생각해야 한다. 살인자의 입장이 되어 생각해보면 탐정은 반드시 살인자와 똑같은 지점에 도달하게 된다. 이러한 스피노자적 우주에서, 탐정은 살인자가 **저지른 짓**을 알아낼 뿐만 아니라(정신과 사물에도 논리가 있기 때문에 그렇게 할 수 있다) 살인자가 그 다음에 **무슨 짓을 할지**도 알게 된다. 그리고 탐정은 범인을 만나기 위해 다음 번 범죄가 일어날 장소로 달려간다.

그런데 탐정이 그렇게 추리할 수 있다면 역으로 살인자 또한 그렇게 할 수 있다. 살인범도 탐정이 다음 번 범죄 장소에서 자신을 기다리기 위해 그곳으로 올 수 있다는 점을 간파하고 행동할 수 있다. 이렇게 되면 다음 번 범죄의 희생자는 탐정 자신이 될 수밖에 없다.

단편소설「죽음과 나침반」에서 그리고 실제로 보르헤스의 모든 단편소설에서, 아무튼 아주 매력적이며 심정을 격동시키는 소설에서는 바로 이러한 일이 벌어진다.

보르헤스의 우주는 다양한 사람과 정신이 도서관의 법칙에 따라 사고하고 있는 세계이다.

이러한 도서관이 바로 '바벨의 도서관'이다. 이러한 도서관을 지배하고 있는 법칙은 신실증주의 과학의 법칙이 아니라 **역설적 법칙**이다. 비논리가 정신과 (이와 동일한) 세계의 법칙 모두를 지배하고 있다. 고차원적인 비논리학이다. 이러한 조건 하에서만 피에르 메나르(Pierre Menard)는 또다른 『돈키호테』를 새로 쓸 수 있었다. 하지만 유감스럽게도 이러한 조건이라면 그처럼 새롭게 씌어진 『돈키호테』는 다시 다른 『돈키호테』가 되어버리고 말 것이다.

보르헤스의 우주에서 엄밀하게 비논리적인 것은 무엇이고 또 돈 이시드로로 하여금 엄밀한 비논리학을 동원해가면서 마찬가지로 전혀 비논리적인 외부 세계의 여러 과정을 재구성하도록 해주는 것은 무엇일까? 보르헤스의 우주는 연출, 즉 픽션(fiction)의 법칙에 따라 움직인다.

그러니 한번 돈 이시드로의 여섯 편의 이야기를 모두 읽어보시라. 어느 편을 읽어보아도 사건이 실제 삶에서처럼 전개되는(우리는 이렇게 생각하고 있다) 소설은 하나도 없다. 돈 이시드로는 항상 의뢰인들에게 일어나는 모든 일은 뭔가 **다른 사람의 머리에서**

고안된 사건이 연속적으로 이어짐으로써 발생하게 된다는 것을 발견한다. 그는 의뢰인들이 이미 특정한 이야기의 틀 내에서 특정한 이야기의 법칙에 따라 움직이고 있으며, 이미 다 각본이 쓰여 있는 한 편의 드라마의 무의식적인 드라마티스 페르조네(등장인물 — 옮긴이)에 불과하다는 점을 발견한다. 돈 이시드로는 "진실"을 발견한다. 그는 모든 것을 재빨리 꿰뚫어보는 정신을 갖고 있을 뿐만 아니라 자신이 하는 이야기의 주제를 픽션과 동일한 법칙에 따라 이끌어 나간다.

내가 보기에 이것은 보르헤스의 다른 소설을 읽을 때에도 한번 써봄직한 아주 훌륭한 해결책이다. 인간은 단 한 번도 우연이나 운명에 내맡겨져 본 적이 없으며, 항상 다른 사람이 도서관의 법칙과 하등 다를 바 없는 환상적인 논리학의 법칙에 따라 고안해 낸 (우주론적 또는 상황에 따라 약간씩 변주되는)음모, 즉 파불라 속에서 살고 있다.

병든 스피노자—세계에서의 추론 메커니즘이라는 말은 이러한 의미로 이해될 순 있다. 물론 "병든"이라는 말은 스피노자에게나 해당되지 보르헤스에게는 해당되지 않는다. 보르헤스가 보기에 탐정과 살인자 모두 동일한 환상적 비논리(학)를 따르기 때문에 결국 언제나 서로 만나게 되는 이 세계가 이제까지의 모든 세계 중에서 가장 건강하고 "진실이 넘치는" 세계이다.

이 점에 동의한다면 돈 이시드로의 사고방식은 더이상 역설적으로 보이지 않을 것이다. 돈 이시드로는 이러한(이제 막 등장하고 있는) 보르헤스적 세계의 완벽한 주민이다. 감옥에 갇혀 있지만 그가 사건을 해결하는 것 또한 아주 당연하다. 이념의 무질서와 산만함은 사물, 즉 세계의 무질서와 산만함과 동일하다.

따라서 이러한 세계 속에서 살면서 사실에 민감한 육감을 갖고 추리하든 또는 유폐된 감방 안에서 순진한 관찰자가 무의식적으로 이야기를 왜곡해서 전달하는 방식에 민감하게 반응할 수 있는 감각을 갖고 추리하든 그것은 전혀 중요하지 않다. 어찌 보면 감옥이 세계보다는 낫다. 이곳에서 정신은 바깥 세상의 "번잡스러움"에 방해받지 않고 제대로 기능하게 된다. 조용한 정신은 사물과 하나가 된다.

그렇다면 도대체 사물이란 무엇인가? 그리고 이러한 사물에 대해 왈가왈부하는 문학이란 무엇인가?

아하, 친애하는 독자 여러분, 너무 많은 질문을 하지 마시길. 나는 단지 보르헤스의 돈 이시드로는 보르헤스가 만들어낸 인물로 따라서 그의 추리방법에 대해 한 번 곰곰이 생각해볼 만하다는 점만을 말하고 싶다. 보르헤스는 농담을 하는 것이 아니다. 그는 "진지하게" 즉 파로디-아(Parodi-a)를 통해(즉 패러디해서 — 옮긴이) 이야기하고 있다.

하지만 세계가 "정말!" 그렇게 움직여 나갈까? 나는, 보르헤스라면 이러한 질문에 웃음으로 답했을 것이라고 믿는다. 빌리에 드 릴라당(Philippe Auguste Villiers de L'Isle Adam)을 따라 마음을 비워라. 세상은 얼마나 허무한가! 우리의 심부름꾼이 우리 대신 세상의 산전수전을 겪도록 하면 그만인 걸!

(1983)

2 공상과학 소설의 세계

사람들은 통상 어떤 식이든 미래 세계나 유토피아 세계, 간단히 말해 아우터 스페이스(outer space)를 다루기만 하면 문학적 장르와 관계없이 무조건 공상과학 소설(이하 SF 소설)로 분류하려는 유혹에 빠지게 되는 모양이다.

이렇게 본다면 SF 소설은 현대적 형태의 로망스 내지 기사로망스에 다름 아니게 되는데, 단지 공상과학 소설에서는 마법의 열쇠와 용이 우주선과 외계의 괴물로 바뀐다는 점만이 다르다. 그런데 ― 너무 일반적으로 ― 서사시, 신화, 피카레스크 소설의 본질에 대해 언급하지 않으면서도 SF-장르에 대한 이러한 규정을 확대할 수는 없을까?

의문의 여지 없이 서사문학에서는 태곳적부터 소위 현실주의적인 흐름에 맞서 구조적으로 가능한 세계를 그려 보이는 경향이 발전해왔다. "구조적으로 가능한 세계"라고 말하는 이유는 ― 현실주의적인 작품을 포함해 ― 모든 서사작품은 우리의 경험 세계에서는 찾아보기 힘든 일련의 허구적 인물과 상황을 제시해보이면서 가능한 세계를 펼쳐 보이기 때문이다. 이제부터 우리는 우리 시대의 상식이나 문화적 백과사전의 규정에 따라 우리가 살고 있는 세계 또는 살고 있다고 생각하는 세계를 "현실 세계" 또는 "실제 세계" 내지 "보통 세계"라고 부르기로 하겠다 ― 물론 이러한 세계가 진짜 실제 세계라고 말할 수는 없으며(버클리George Berkeley를 보라) 또 우리 또한 흔히 이러한 세계가 이러저러한 기준에 일치할리 만무하다고 생각하지만 일단 이렇게 가정하기로 한다. 그런데 흔히 현실주의적인 이야기도 사실과 정반대되는 조건명제에 기반하곤 한다(19세기 프랑스에 라스티냐크라는 이름을 가진 사람이 실제로 살았다면 어떠한 일이 벌어졌을까? 또는 몽테크리스토백작으로 자임하는 어떤 개인이 실제로 광 전보를 통한 기사 전송을 조작해 파리 주식시장의 흐름을 바꾸어 놓았다면 어떤 일이 벌어졌을까?). "현실주의적으로" 서술된 사건도 현실 세계의 흐름과 관련하여 보면 언제나 사실과 정반대되지만, 현실주의 문학은 다음과 같은 유형의 사실과 정반대되는 문장과 유희를 하게 된다. "실제로는 벌어질 수 없지만 논리적으로는 전혀 모순이 아닌 일이 생물학적으로나 우주적으로 그리고 사회적으로 우리 세계와 비슷한 세계에서 벌어진다면 어떤 일이 일어날까?"

현실주의 문학도 일상생활에서 한 번씩은 떠올려보게 되는 다음과 같은 사실과 정반대되는 문장과 비슷한 구조를 갖고 있다. "바로 지금 이 논문의 원고를 찢어버리고 컴퓨터를 박살내버린다면 무슨 일이 벌어질까?"

이와 달리 공상적인 문학은 이 문학이 펼쳐 보이는 가능한 세계가 현실세계와 구조적으로 다르다는 점에서 현실주의 문학과 구분된다. 나는 여기서 **"구조적으로"**라는 말을 아주 포괄적인 의미로 사용하고 있는데, 이 말은 우주의 구조뿐만 아니라 사회 구조에도 그대로 해당된다. 이솝의 세계는 단지 생물학이나 동물학적 측면에서만 현실 세계와 구분되며, 시라노 드 베르주라크(Cyrano de Bergerac)의 달과 태양의 제국의 세계는 현실 세계와 우주론적으로 커다란 차이가 있는데 반해 베이컨의 뉴 아틀란티스는 본질적으로 사회 구조상으로만 우리 세계와 차이가 날 뿐이다. 따라서 공상적인 문학은 아래와 같은 유형의 사실과 정반대되는 문장과 유희하고 있는 셈이다. "현실 세계가 지금과 전혀 딴판인 세계가 된다면, 즉 구조가 전혀 달라진다면 어떤 일이 벌어질까?"

이러한 질문에서 출발해 공상적인 문학은 다양한 길을 걸어 나가게 된다.

1. 알로토피아(Allotopia). 우리 세계를 지금의 세계와는 전혀 다른 모습으로, 따라서 통상 현실 세계에서는 전혀 벌어질 수 없는 일이 그러한 세계에서 벌어지고 있는 모습을 그려볼 수 있다(호랑이가 말을 하고, 마술사와 요정이 살아 있다). 달리 말하면 대안적 세계를 구성한 다음 이 세계가 현실 세계보다 더 진짜 같다고 가정한다. 심한 경우 독자들은 이러한 공상 세계가 진짜 현실 세계라고 믿기도 한다. 이처럼 일단 대안적 세계가 제시되면 독자들은 현실 세계와의 관계에는 흥미를 잃고, 현실 세계를 알레고

리로서 바라보려 한다.

2. 유토피아. 이야기되고 있는 가능한 세계는 우리 세계와 흡사하며, 통상적인 방법으로는 접근할 수 없지만 아무튼 어딘가 다른 곳에 존재하고 있다고 상상된다. 통상 유토피아 소설은 이러한 형태를 취하고 있는데, 토머스 모어(Thomas More)의 이상 사회처럼 유토피아를 투사한 형태든 스위프트(Jonathan Swift)처럼 현실을 아이러니컬하게 왜곡한 풍자화 형태든 전혀 상관이 없다. 현실과 흡사한 이러한 세계는 이전에 존재했거나 또는 어딘가 먼 곳에 존재한다. 통상 이러한 세계는 현실 세계가 지향해야 할 모델 역할을 한다.

3. 유크로니아(Uchronia). 사실과 정반대되는 문장이 다음과 같은 형태를 취하면 유토피아는 유크로니아가 된다. "실제로 일어난 이러저러한 일이 전혀 다른 식으로 벌어졌다면 어떻게 되었을까? ― 예를 들어 시저가 3월 15일에 살해 되지 않았다면 어떻게 되었을까? 유크로니아적인 역사학을 이용해 현실의 역사적 사건을 훨씬 더 분명하게 이해할 수 있다.

4. 메타토피아(Metatopia)와 메타크로니아(Metachronia). 마지막으로 가능한 세계는 오늘의 현실 세계의 미래의 단계를 그려 보일 수 있다. 그리고 현실 세계와 구조적으로 아무리 다르더라도 이처럼 가능한 세계는 아무리 복잡한 변화를 겪더라도 그러한 일이 결국 우리의 현실 세계의 경향적 발전노선의 연장선상에서 벌어지기 때문에 그럴 듯하게 보인다. SF 소설을 보다 엄밀하게 규정하기 위해 공상 문학의 이러한 유형을 "예견-소설"이라고

부른다. 물론 몇몇 측면에서 첫번째 유형(알로토피아)의 이야기 즉 우화처럼 기능하는 소위 SF 소설도 있다는 점은 배제할 수 없다. 이러한 소설의 경우 미래세계는 우화로 그려지며, 이러한 세계의 본질은 우리 세계에서 실제로 일어나는 일의 먼 미래의 결과로 나타나게 된다. 물론 이때 우리는 이처럼 묘사되는 세계의 환상적이고 몽상적인 상태에나 관심을 가질 뿐이다. 이러한 이야기에서는 어떻게 그러한 세계가 등장하게 되었나 하는 문제가 아니라 그러한 세계에서는 무슨 일이 벌어지는가 하는 문제에 관심을 기울인다. 고딕소설의 통속적인 SF적 번안에 불과한 스페이스 오페라나 눈이 휘둥그레지는 괴물 이야기는 이러한 맥락에서 이해할 수 있다. 이야기는 예견 가능한 세계에서 진행되지만 이러한 예견 자체에 대한 반성(反省)은 찾아볼 수 없다. 이러한 종류의 이야기와 관련하여, 그러한 세계 속에서 일어나는 일은 가령 어슐러 르귄(Ursula LeGuin)의 『육지 바다』 삼부작(참으로 탁월한 로망스이지만 SF 소설과는 거리가 멀다)에서도 얼마든지 일어날 수 있는 건 아닌지를 자문해보기만 해도 이미 알로토피아가 정통 SF 소설이 아니라는 사실을 쉽게 파악할 수 있다.

이와 마찬가지로 두번째 범주 즉 유토피아 이야기에 속하는 SF 소설도 있다. 확실히 현실 세계와 흡사한 세계를 그리고 있는 SF 소설이 있다. 하지만 나는 현실세계와 비슷한 세계에 관한 어떤 이야기가 SF 소설인지 아닌지를 결정할 수 있는 기준이 있다고 믿는다. SF 소설에서 묘사되고 있는 이러한 세계는 어떤 식으로

든 항상 공간-시간적으로 이전 세계와 단절되거나 분열되는 데 반해, 고전적인 유토피아에서 이러한 세계는 쉽게 찾아내기 힘든 존재하지 않는 곳(U-Topia), 우리가 지금 살고 있는 물리적 세계와는 멀리 떨어진(이미 지나가버렸거나 오래 전에 사라져버린) 오지에 존재하고 있다. 실제로, 서사적으로 가능한 세계를 병치하거나 더 나아가 이러한 세계의 우주론적 가능성을 보여주려 했던 사람들은 이러한 종류의 유토피아 문학이 아니라 단지 우리의 희망이나 환상을 비추는 거울로서 이러한 세계를 배치하거나 그러한 세계에서 일어날 수 있는 일에만 관심을 가졌다. 이와 달리 가능한 세계에 대해 이야기하는 경우 SF 소설은 그러한 세계의 내용보다는 우주론적 가능성(그리고 그로부터 연원하는 역설들)에 더 커다란 관심을 기울인다. 물론 고전적인 유토피아는 단지 비슷한 세계만을 예견하는 반면 SF 소설은 수많은 유사 세계와 하나의 세계로부터 다른 세계로 옮겨갈 수 있는 가능성(예를 들어 프레드릭 브라운Frederic Brown의 『이 얼마나 미친 우주인가』를 보라)을 다룬다. 그리고 앞으로 보게 되겠지만 우주론적 가능성이라는 말의 의미를 설명하려면 항상 어떤 식으로든 이야기의 예견적 성격을 염두에 두어야 한다. 이러한 가능성은 널리 알려져 있는 법칙에서 유추해낼 수밖에 없다.

앞에서도 지적했듯이 과학적 발견 덕분에 과거로 여행을 할 뿐만 아니라, 과거의 여러 사건의 흐름을 뒤바꾸어 놓아 온갖 역설적 상황이 벌어지는 유크로니적 SF 소설을 수 없이 볼 수 있다. 하지만 SF 소설이 역사소설(주인공이 과거로 투사되어 레오나르도

다빈치가 되는 소설이 생각난다)이 되더라도 SF 소설의 관심사는 변형된 역사라기보다는 이러한 변형의 메커니즘, 즉 이러한 시간여행의 우주론적 가능성과 현실 세계의 여러 경향에서 출발하여 다른 시간대로 이야기를 투사할 때 제기되는 "과학적" 문제가 아닐까 한다.

현실 세계의 이러저러한 경향에서 미래 세계의 가능성을 유추해내면서 구조적으로 가능한 세계에 관해 사실과 정반대로 이모저모 생각하는 경우 SF 소설은 자율적인 장르가 된다. 즉 SF 소설은 항상 예견의 형태를 띠며, 이러한 예견은 항상 현실 세계의 실제적 경향을 매개로 하여 정식화되는 추론의 형태로 꾸며진다.

물론 우리는 과학이라는 용어를 포괄적으로 이해해야 한다. 말하자면 자연과학뿐만 아니라 사회학, 역사학 또는 언어학과 같은 인문과학도 포함시켜야 한다. 멋진 사회학적 SF 소설(예를 들어 프레데릭 폴Frederik Pohl과 크릴 M. 코른블루트Cyril M. Kornbluth의 『우주상인』) 또는 언어학적 SF 소설(예를 들어 로버트 셔클리Robert Scheckley의 『잠시 이야기 좀 하실까요』)도 있다. 이러한 소설의 독자들은 특정한 장소로의 여행이나 이러저러한 과학적 발전의 가능성을 정당화하기 위한 핑곗거리에 불과한 기술적 수단의 개연성(우주선이건 아니면 그 밖의 다른 수단이건 전혀 상관이 없다)에 대해 오랫동안 곰곰이 생각할 필요가 없으며, 단지 이러저러한 추정 즉 개연적인 추측에 근거해 그려놓은 이러저러한 사회학적 또는 언어학적 이야기 전개가 그럴듯한지 그렇지 않은지를 살펴보기만 하면 된다.

내가 SF 소설이 추론-이야기라고 고집하는 이유는 아주 간단하다. 훌륭한 SF 소설이 과학적으로 흥미로운 이유는 기술의 경이로움에 대해 이야기하기 때문이 아니라(SF 소설은 그러한 경이로움을 얼마든지 포기할 수 있다) 모든 과학의 핵심 즉 추론절차에 대한 서사적 유희를 보여주기 때문이다.

다시 말해, SF 소설은 가정, 추론 또는 유추의 이야기이다. 이러한 의미에서 SF 소설은 모든 과학이 추론과 유추를 통해 진행되는 만큼 탁월한 과학적 유희라고 할 수 있다.

유추 절차에 관해서는 이미 보르헤스와 비오이-카사레스가 쓴 돈 이시드로 파로디의 추리소설에 관한 앞의 논문에서 자세히 살펴보았다. 여기서는 이미 앞에서 제시한 퍼스의 예, 즉 책상 위에 놓여있는 한 줌의 흰색 완두콩과 작은 자루를 상기해보기로 하자. 연역을 통해 나는 그 자루 안엔 완두콩이 담겨 있으며 책상 위의 완두콩은 그 자루에서 나왔고 따라서 책상 위의 완두콩은 희다는 사실을 안다. 귀납을 통해 나는 수차례에 걸쳐 자루에서 흰색 완두콩을 꺼내본 다음 그로부터 자루 안의 완두콩은 모두 하얗다는 결론을 끌어내게 된다. 하지만 유추에서는 이와 다르다. 책상 위에 놓여 있는 한줌의 완두콩이라는 "특수한" 사례에 마주치게 되면 추론을 통해 완두콩은 어떤 식이든 자루와 관련 있다는(그리고 자루 안에는 흰 완두콩만이 들어 있다는) 가설을 제출한다. 이러한 가설에 비추어볼 때만이 책상 위에는 흰색 완두콩이 있다는 사실을 합리적이고 경제적으로 해명할 수 있다. 다시 말하면, 유추하면서 나는 나름의 법칙 즉 내가 해명해야 할 사례가 그러한 법칙의 하나의 사례인 경우 그러한 사례가 더이상 이상하게 보이지 않도록 해줄 수 있는 법칙을 상정한다.

그런데 이러한 유추는 가능한 세계의 논리학과 어떤 관계가 있을까? 다시 앞의 예로 돌아가 보기로 하자. 나는 책상 위에 한 줌의 흰색 완두콩이 놓여 있는 것을 발견한다. 그 옆에는 자루가 놓여 있다. 왜 책상 위의 완두콩과 자루를 결합시켜야 할까? 그 완두콩이 서랍에서 나온 것은 아닌지 또는 누가 밖에서 들여온 것은 아닌지를 자문해볼 수도 있다. 자루에 주목하는(하필 왜 이 자루냐?) 경우도 마찬가지인데, 왜냐하면 나의 머릿속에는 일종의 개연성이 뚜렷하게 떠오르기 때문이다. 이러한 개연성은 가능한 세계가 취하는 유기적 형태로 이해할 수 있다.

달리 말하면 추정의 결과를 기다려봐야 하지만 우리는 어떤 일이 실제로 가상한 방식대로 진행된다면 모든 일이 생각대로이고 만물은 조화를 이루고 있다고 가정하게 된다. 뉴턴은 질량에 비례하고 거리의 제곱에 반비례하는 우주의 물체들이 똑같은 힘으로 서로를 끌어당긴다면, 지상의 중력문제에서부터 하늘의 역학의 법칙에 이르는 일련의 문제들이 명확하고 효율적으로 해명될 수 있을 것이라고 생각했다. 가설을 검증하고 오류를 드러내는 데 몰두하고 있는 과학자들의 추론은 만약 현실 세계가 그가 추정한 가능한 세계와 유사하다면 현실 세계가 이전보다 훨씬 더 합리적으로 보이도록 하기 위한 경쟁이라고도 할 수 있다. 하지만 그러한 추정을 검증하지 않으면 과학자가 발견한 법칙은 구조적으로 **가능한 세계의 법칙**에 그치게 된다.

이러한 의미에서 모든 과학적 조작 ─ 자연과학뿐만 아니라 정신분석학자, 탐정, 철학자 그리고 역사가의 가설 ─ 은 처음부터 극히 복잡한 SF 소설적 유희인 셈이다. 거꾸로 모든 SF 소설적 유희는 과감한 형태의 과학적 추정이다. 과학은 사례를 현실 세계에서 끌어내며 이러한 사실을 해명하기 위해 잠정적인 법칙을 정식화한다. 물론 이러한 법칙은 처음에는 단지(과학자들이 "모델-세계"로 예견하는) 비슷한 세계에나 적용된다. 공상과학 픽션은 이와 정반대되는 조작을 행한다. 다시 한번 하얀 완두콩의 예로 돌아가 보기로 하자. 그 완두콩이 빈 접시에서 덜어낸 게 틀림없다면 다음처럼 사실과 정반대되는 문장을 정식화할 수 있다. "책상 위에 한 줌의 흰 완두콩이 있으면 무슨 일이 일어날까?"(당연히 책상 위에 한 무리의 녹색 난쟁이들이 있다고 가정해보는 쪽이 훨씬 더 흥미로울 것이다) 다른 말로 하여 SF 소설은 실제적인 사례에서 출발하지 않고 사실과 정반대되는 상황을 설정한다. 하지만 이러한 상황을 설명해줄 수 있는 미지의 법칙을 미리 설정하지는 않는다. SF 소설은 실제적인 법칙을 통해 가능한 사례를 해명하려고 하는 반면 과학은 가능한 법칙을 통해 현실의 사례를 해명하려고 한다.

이 두 분야의 처리방식 간의 분명한 차이를 하나 더 살펴보기로 하자. 과학은 일단 법칙을 정식화하고 나면 즉시 이러한 법칙의 진위를 검증할 수 있는 조건을 밝혀내려고 한다. 이와 달리 SF 소설은 진리 검증뿐만 아니라 오류 검증 과정까지 무한대로 소화해낸다. 물론 이러한 차이는 아주 근본적이지는 않다. 과학자가

SF 소설의 가설을 독창적이라고 생각하며, 역으로 과학자라고는 하기 힘든 SF 소설 작가가 이따금씩 실제 사건과 하등 다를 바 없는 예견을 내놓는 일이 일어나는 것은 이 때문이다. SF 소설가는 간단히 말해 주도면밀하지 않은 과학자라고 할 수 있는데, 흔히 가능한 세계를 예견하고 통보하면서 (특히 사회 상황에 대해 가상하는 경우) 실제로는 가능한 미래보다 앞서가려 하기 때문에 그러한 평가는 엄밀하게 도덕적인 의미로 이해해야 한다. 물론 미래에 이루어질 과학적 발견도 얼마든지 상상해볼 수 있다(그러한 본질의 아주 위험한 본질을 묘사하거나 더이상 견디기 힘든 사회상황을 그려낼 수 있다). 그러한 발견이 결코 이루어지지 않아 그러한 본질이 실현되지도 않고 또 이러한 상황이 벌어지지 않도록 하기 위해서 말이다. 이렇게 이해할 때(조지 오웰George Orwell의 『1984년』을 생각해보라) 문학은 과학적 발견을 고무하기 위해서가 아니라 방해하기 위해 예견적 솜씨를 발휘하는 셈이다. 그러한 경우에도 SF 소설은 여전히 과학의 친척이지만, 이 말은 시체해부학이 예방의학과 친척관계라는 의미로 이해해야 한다 — 마치 어느 날 갑자기 실제로 시체로 만들어버릴 수 있는 유기적 변화에 대한 경각을 불러일으키기 위해 실제로 존재하지 않는 시체의 모습을 이리저리 "예견하듯이" 말이다.

결론적으로 우리는 SF 소설을 통해 예술과 과학에서의 새로운 고안의 메커니즘은 많은 측면에서 동일하다는 점을 확인할 수 있다. 마치 예술가가 창작을 하면서 자신이 창조하려는 유기적인 작품의 형태를 예견하고 미리 내다보려 하듯이(자신이 형상화한 가설의 결과를 이모저모 검토해야 한다) 과학자들 또한 멋진 법칙을 찾아내려면 미학적 자질과 일관되고 효율적인 형식에 대한 감각을 갖추어야 한다(과학자는 우주가 예술과 하등 다를 바 없다고 가정하며, 현실이 어느 날 갑자기 자신의 가설을 입증해주길 바란다). 연구하는 지성과 통상 예술적 직관이라 부르는 것 간에 더이상 아무런 차이도 없게 되는 순간이 있다. 과학적 발견 속에도 예술적인 것이 들어 있다(그리고 과학적 발견은 결코 이미 존재하고 있는 우주의 질서를 찾아내는 것이 아니라 우리의 우주관을 우주의 질서에 투사하는 것이라고 할 때 이러한 친화성은 본질적인 것이라고까지 할 수 있다). 그리고 통상 예술가의 상상력 또한 유추적 절차를 따르기 때문에 과학적인 성격을 띠게 된다.

과학과 상상력이 만나는 장소인 SF 소설은 이러한 친화성의 생생한 사례인 셈이다.

(1984)

3 플리니우스 2세의 초상으로서의 플리니우스 1세의 초상 — 어떻게 명성을 쌓을 것인가?

친애하는 타키투스……

타키투스에게 보낸 여섯번째 편지(XVII)에서 C. 플리니우스 2세(아래에서는 간단하게 조카로 줄인다)는 A. D. 79년에 폼페이의 베수비오 화산폭발 때 숨진 플리니우스 1세(아래에서는 간단하게 숙부라고 줄인다)의 죽음에 대해 쓰고 있다.

조카가 이 편지를 쓴 것은 타키투스의 『역사』를 편집하는 데 필요한 자료를 제공해주기 위해서였다. 편지를 보면 잘 알 수 있듯이, 조카는 사건의 전말에 관해 자신이 직접 목격한 증거와 숙부가 죽음을 맞이하게 된 정황을 직접 목격한 사람들의 증언을 전하고 있다.

이러한 사실은 아래의 분석에 매우 중요하다. 편지의 서두에는 A. D. 104년경에 수신인에게 이 편지를 쓰고 있는 함축적인 에고(즉 조카)가 나오는데, 이 텍스트에서 우리가 확인할 수 있는 유일하게 올바른 명제는 "저, 플리니우스 2세는 이 순간 그대에게 p라는 내용의 글을 쓰고 있습니다"라는 명제뿐이다.

그런데 "p"에 해당되는 이야기는 무슨 이야기를 하고 있는지 애매모호하기 짝이 없다. 단지 조카가 이야기하고 있다는 점 하나만 확실할 뿐이다. 그가 진실을 말하고 있는지의 여부는 단지 추정해볼 도리밖에 없다.

하지만 이 편지에는 "나는 p라는 이야기가 진리라고 맹세합니다"라고 확언하고 있는 듯한 저음이 깔려 있다. 조차와 타키투스 간에는 암묵적으로 일종의 진리보증 계약이 이루어져 있다.[1] 따라서 타키투스 — 그리고 그 밖의 다른 가능한 모든 수신자들 — 는 p를 순수한 사실로 받아들이게 된다.

다른 한편 타키투스는 조카가 자신에게 진실을 전해주리라 생각했기 때문에 그에게 진실한 정보를 제공해달라고 부탁했던 것이다.

우리가 확인할 수 있는 한에서 조카의 이야기는 실제로 사실이다. 어찌되었건 조카가 타키투스에게 쓴 내용의 진위여부와는 상관없이 하나의 역사적 진리, 적어도 우리가 지금 그렇게 알고 있는 역사적 진리를 반영하고 있다. 왜냐하면 조카의 이 편지는 (다른 텍스트와 함께) 우리의 백과사전이 진리로 기록하고 있는 역사적 내용을 형성하는데 크게 기여했기 때문이다. 사람을 우울하게 만드는 이야기이지만 사실은 사실이다.

우리는 조카가 p라는 이야기를 하고 있다고 했지만 그러한 규정만으로는 충분하지 않다. 물론 그는 뭔가를 이야기하지만 그의 이야기는 다른 모든 이야기가 그렇듯 두 가지 구성요소, 즉 기저에 놓여 있는 파불라(또는 이야기)와 텍스트의 표면에 나타나 이러한 파불라를 전달해주고 매개하는 담론(플롯 또는 이야기의 담론적 배치 또는 몽타주)으로 구성되어 있다.[2]

플리니우스 2세의 편지를 일단 연대기적 순서에 따라 일련의 미시적 명제로 재구성해보면 그의 편지가 무슨 이야기를 하는지가 금방 드러나며 특히 이를 통해 담론은 최소한 표면적인 이야기 이외의 다른 이야기를 하고 있다는 점을 확인할 수 있다. 하지만 한편으로는 이러저러한 이야기를 하는 듯하지만 다른 한편으로는 그와 다른 이야기를 하는 듯이 보이는 이 두 차원을 구분하고 분리하기가 쉽지 않다.

먼저 편지의 첫 몇 줄을 보면 이러한 이중의 유희가 분명하게 드러난다. 타키투스는 단지 사실만을 묘사해달라고 요청했지만 조카는 후세를 위해 보고하는 일 — 즉 문화적 기념비를 남기는 일 — 이 중요하다는 것을 아주 명확하게 이해하고 있다.[3]

1. Petis ut tibi avunculi mei exitum scribam, quo varius tradere posteris possis. Gratias ago. nam video morti eius si celebretur a te, immortalem gloriam esse propositam. Quamvis enim pulcherrimarum clade terrarum, ut populi ut urbes memorabili casu, quasi semper victurus occiderit, quamvis ipse plurima opera et mansura condiderit. multum tamen per petuitat eius scriptorum tuorum aeternitas addet. Equidem beatos puto quibus deorum munere datum est aut facere scribenda, aut scribere

legenda. beatissimos vero quibus utrumque. Horum in numero avunculus meus et suis libris et tuis erit. Quo libentius suscipio, deposco etiam quod iniungis.

후세에 제 숙부의 죽음에 관한 정확한 기록을 남기기 위해 이를 자세히 알려달라고 **부탁하시니** 감사하기 이를 데 없습니다. 귀하가 숙부의 죽음에 관해 기록해주신다면 숙부께서는 불멸의 명성을 얻게 되리라 **사료됩니다**. 숙부께선 이 땅에서 가장 아름다운 지역을 파괴한 재앙의 와중에 목숨을 잃었으며, 도시 전체와 주민 전체도 똑같은 운명을 겪어야 했습니다. 하지만 너무나 엄청났던 그 사건은 숙부님의 이름을 불멸의 것으로 만들어줄 것 같습니다. 그리고 숙부 당신께서도 손수 영구히 기록될만한 가치가 있는 몇몇 저서를 남겨놓으셨습니다. 하지만 영구불변할 당신의 기록을 통해서야 비로소 숙부에 대한 기억은 영구불변하게 될 것입니다. 제 생각으로는 신께서 역사에 길이 남을 만한 일을 할 수 있는 힘을 허여하신 사람이나 또는 그러한 기록을 남길 수 있는 재주를 허락하신 사람은 행운아이며, 이 모두를 함께 허여 받은 사람이야말로 행운아 중의 행운아입니다. 숙부의 책과 당신의 책이 입증해주겠지만 제 숙부가 바로 그러한 분이셨습니다. 따라서 **당신은** 그렇지 않아도 제가 기꺼이 하고픈 일을 떠맡기셨으니 당장 그 일을 해볼 생각입니다.

조카는 노골적이다. 과학의 영웅으로 묘사함으로써 타키투스는 숙부에게 불멸의 영예를 안겨줄 수 있다. 물론 편지의 이러한 서두는 두 가지로 해석할 수 있다. 조카는 마치 "저는 사실만을 제공할 뿐, 사실들 자체가 스스로 말해줄 것입니다. 나머지는 모두 당신에게 달려 있습니다"라고 말하는 것 같다. 다른 한편 조카는 사실과 촌평, 또는 촌평을 깃들인 사실을 제공한다. 물론 이 조카는 그러한 촌평이 촌평으로 보이도록 할 정도로 순진하지는 않다. 그는 이와는 전혀 다른 설득 전략을 구사한다. 이 편지의 두번째 부분을 계속 따라가 보기로 하자.

2. Erat Miseni classemque imperio prasens regebat. Nonum kal. Septembres, hora fere septima, mater mea indicat ei apparere nubem inusitata et magnitudine et specie.

숙부께서는 미세눔에 계시면서 몸소 함대를 지휘하고 계셨습니다. 9월 월력(月曆)을 쓰기 9일 전(=8월 24일) 7시경에 어머니께서 숙부께 기이한 모양의 어마어마한 구름이 보인다고 말씀하셨습니다.

Usus ille sole, mox frigida, gustaverat iacens, studebatque. Poscit soleas, ascendit locum, ex quo maxime miraculum illud conspici poterat. Nubes(incertum procul intuentibus ex quo monte — Vesuvium fuisse postea cognitum est) oriebatur, cuius similitudinem et formam non alia magis arbor quam pinus expresserit. nam longissimo velut trunco elata in altum quibusdam ramis diffundebatur. credo quia recenti spiritu evecta, deinde senescente eo destituta, aut etiam pondere suo victa, in latitudinem vanescebat. candida interdum, sordida et maculosa, prout terram cineremve sustulerat.

숙부께서는 햇볕을 쬐시고 냉수목욕을 하신 다음 점심을 드시고 나서 책 쓰는 일을 하고 계셨습니다. 숙부께서는 구두를 내오라 하신 다음 그처럼 기이한 현상을 잘 볼 수 있는 곳으로 올라가셨습니다. 거리가 너무 멀어 어떤 산에서 그 구름이 올라오는지 분명하지 않았습니다 (나중에 베수비오라고 알려지게 되었습니다). 구름의 전체적인 모양은 뭐랄까요, 굳이 나무에 비한다면 여러 나무 중에서도 특히 소나무가 제일 가까워 보였는데요, 처음에는 일종의 커다란 줄기처럼 엄청난 높이로 치솟아 오르더니 곧 잔가지 뻗듯이 구름이 사방으로 뻗어나가더군요. 제가 그렇게 생각한 이유는 그 구름은 첫번째 폭발에 의해 위로 솟구쳐 올랐다가 압력이 줄어들자 그대로 공중에 머물렀고, 다시 자신의 무게에 눌려 하강곡선을 그리며 사방으로 흩어지면서 서서히 사라져갔기 때문입니다. 그 안에 들어 있는 흙과 재의 양에 따라 구름은 어떤 때는 하얗게 보였다가 어떤 때는 얼룩지고 또 더러워 보이기도 했습니다.

Magnum propiusque noscendum, ut eruditissimo viro, visum. Iubet liburnicam aptari. miho, si venire una vellem, facit copiam. Respondi studere me malle, et forte ipse quod scriberem dederat. Egrediebatur domo. accipit codicillos Rectinae Casci imminenti periculo exterritae (nam villa eius subiacebat, nec ulla nisi navibus fuga). ut se tanto discrimini epiperet orabat. Vertit ille consilium, et quod studioso animo incohaverat obit maximo. Deducit quadriremes, asendit ipse non Rectinae modo, sed multis (erat enim frequens amoenitas orae) laturus auxiilium.

예리한 학문적 통찰력을 소유한 숙부께서는 이 일이 좀더 자세히 살펴볼 만큼 아주 중요한 사건이란 걸 간파해내시고 즉시 빠른 배를 하나 알아보라고 명령하시고는, 원하면 같이 가도 좋다고 말씀하셨습니다. 저는 하던 일이나 계속하겠다고 여쭈었습니다. 마침 숙부께서는 저에게 일거리를 맡겨놓으신 상태였습니다.

집을 나설 때 숙부께서는 카스쿠스(Cascus)의 부인인 렉티나로부터 온 보고를 접하셨습니다. 그의 집은 그 산자락에 자리 잡고 있어서 배 말고는 달리 피할 방도가 없었습니다. 그녀는 이제 막 밀어 닥치고 있던 급박한 위험 때문에 잔뜩 겁에 질려 제 숙부님께 그처럼 무시무시한 운명에서 자신을 구해달라고 간구하고 있었습니다. 숙부님께서는 원래의 계획, 즉 왕성한 탐구정신을 갖고 시작하려던 일을 한쪽으로 밀쳐 놓고 이제 영웅적 용기를 발휘하셨습니다. 배를 띄우라고 명령한 다음 렉티나 이외에도 수많은 다른 사람들을 돕기 위해 몸소 배에 오르셨습니다. 그 아름다운 기다란 해안에는 인구가 밀집해 있었습니다.

Properat illuc unde alii fugiunt rectumque cursum, recta gubernacula in periculum tenet, adeo solutus metu, ut omnes illius mali motus, omnes figuras, ut deprehenderat oculis, dictaret enotaretque.

그는 다른 모든 사람들은 서둘러 떠나고 있던 그 위험한 지역으로 곧장 배를 몰았습니다. 그는 아무런 두려움도 느끼지 않았으며, 그처럼 불길한 사건이 매번 새로운 움직임을 보이고 변화무쌍하게 변하는 모습을 눈에 보이는 그대로 적으라고 명령하셨습니다.

Iam navibus cinis inciderat, quo propius accederent. calidiot et densior. iam pumices etiam nigrique et ambusti et fracti igne lapides, iam vadum subitum, ruinaque montis litora obstatantia. Cunctatus paulum an retro flecteret, mox gubernatori ut ita faceret monenti. "Fortes", inquit. "fortuna iuvat. Pomponianum pete!" Stabiis erat, diremptus sinu medio (nam sensim circumactis curvatisque litoribus mare infunditur). Ibi, quamquam nondum periculo adpropinquante, conspicuo tamen, et, cum cresceret, proximo, sarcinas contulerat ventus resedisset. Quo tunc avunculus meus secundissimo invectus complectitur trepidantem, consolatur, hortatur, utque timorem eius sua securitate leniret, deferri se in balineum iubet, lotus accubat cenatque hilaris, aut, quod est aeque magnum, similis hilari.

벌써 재가 떨어지고 있었고 배가 가까이 갈수록 재는 뜨거워지고 짙어졌으며, 부석(浮石)과 불길에 달구어져 산산조각이 난 검은 돌이 연달아 쏟아져 내려왔습니다. 갑자기 물길이 얕아지더니 해안이 나타났지만, 해안은 이미 산에서 쏟아져 내려온 파편에 봉쇄되어 있었습니다. 잠시 숙부님께서는 돌아가야 할지 아니면 그대로 계속 나가야 할지 몰라 망설이고 계셨으나 돌아가자는 조타수의 건의를 물리치고는 "앞으로! 운명은 용기 있는 자의 편이니 폼포니아누스로 나가자"고 명하셨습니다. 그곳에서도 만(灣)의 폭이 너무 넓어 중간에 멈출 수밖에 없었는데(해안은 물로 가득 찬 내만內灣을 휘둘러가며 곡선을 그리고 있었습니다), 구름이 사방으로 퍼져나가는 것을 볼 때 조만간 밀어닥칠 것은 분명했지만 아직 위험하지는 않았습니다. 폼포니아누스에 살던 사람들은 이미 배를 타고 역풍이 불면 떠날 채비를 하고 있었습니다. 물론 바람은 완전히 제 숙부님 편이어서 숙부께서는 배를 접안시킬 수 있었습니다. 숙부님께서는 공포에 떨고 있는 친구들을 포옹하며 용기를 내라고 격려하신 다음, 당신의 침착한 자세가 이들의 두려움을 가라앉혀 줄 수 있으리라고 생각해서인지 자신을 욕탕으로 데려가 달라고 명하셨습니다. 목욕을 한 다음 자리에 앉아 식사를 하셨습니다. 아주 기분이 좋았으며, 어쨌든 그렇게 보이려고 하셨는데, 이것만 해도 적잖이 용기 있는 행동이셨습니다.

Interim e Vesuvio monte pluribus locis latissimae flammae altaque incendia relucebant, quorum fulgor et claritas tenebris noctis exitabatur. Ille agrestium trepidatione ignes relictos desertasque villas per solitudinem ardere in remendium formiquidem somno. nam meatus animae, qui illi propter amplitudinem corporis gravior et sonantior erat, ab iis qui limini obversabantur audiebatur. Sed area, ex qua diaeta adibatur, ita iam cinere mixtisque pumicibus oppleta surrexerat, ut, si longior in cubiculo mora, exitus negaretur. Excitatus, procedit, seque

Pomponiano ceterisque qui pervigilaverant reddit. In commune consultant intra tecta subsistant an in aperto vagentur. Nam crebris vastisque tremoribus tecta nutabant, et, quasi emota sedibus suis, nunc huc nunc abire illuc abire aut referri videbantur. Sub dio rursus, quamquam levium exesorumque, pumicum casus metuebatur. Quod tamen periculorum collatio elegit. et apud illum quidem ratio rationem, apud alios timorem timor vicit. Cervicalia capitibus imposita linteis constringunt. id munimentum adversus dicidentia fuit.

그러는 사이에 베수비오 산의 몇몇 지점에서는 사방으로 번져나가는 불과 미친 듯이 포효하는 불길이 무섭게 타오르면서 밤의 어두움을 밝게 비추고 있었습니다. 이에 숙부는 공포에 떤 농민들이 피워놓은 큰 모닥불이거나 아니면 이들이 버리고 간 빈집에 불이 난 것일 뿐이니 겁먹지 말라고 하시면서 동료들의 두려움을 달래주셨습니다. 그리고는 쉬러 가셨는데, 분명히 잠이 드신 모양입니다. 신체가 건장하셨기 때문에 숨소리가 워낙 우렁차고 무거워서 문밖에서 오가는 사람들에게도 들릴 정도였습니다. 그런데 숙부님께서 묵고 계시던 방 밖의 정원은 부석과 재가 쌓여 지면이 계속 높아지고 있었기 때문에 잠시라도 방 안에 더 머물러 있었다간 바깥으로 빠져나오기가 힘들었을 겁니다. 숙부님께선 잠에서 깨어나 밖으로 나와 폼포니아누스로 내려가 밤을 홀딱 지샌 다른 사람들과 합류하였습니다. 사람들은 그냥 집 안에 있어야 할지 아니면 기회를 봐서 광장으로 나가야 할지를 놓고 격론을 벌였습니다. 왜냐하면 이제 막 사방의 건물들이 토대가 허물어졌는지 격렬한 소리를 내가며 사방으로 흔들거리고 있었기 때문입니다. 가볍고 구멍이 많기는 했으나 밖에는 한창 부석이 떨어지고 있는 중이어서 위험하기는 마찬가지였습니다. 하지만 두 위험을 비교해 본 다음 후자 쪽을 선택했습니다. 숙부님의 경우 어느 쪽이나 크게 상관없었지만 다른 사람들에게는 어떤 쪽의 공포를 선택하느냐 하는 문제였습니다. 떨어지는 부석을 막기 위해 머리 위에 베개를 얹고 옷으로 묶은 다음 바깥으로 나섰습니다.

Iam dies alibi, illic nox omnibus noctibus nigrior densior que quam tamen faces multae variaque lumina solabantur. Placuit egredi in litus et ex proximo aspicere cequid iam mare admitteret. quod adhuc vastum et adversum permanebet. Ibi super abiectum linteum recubans, semel atque iterum frigidam aquam poposcit hausitque. Deinde flammae flammarumque praenuntius odor sulpuris et alios in fugam vertunt et excitant illum. Innixus servulis duobus adsurexit et statim concidit, ut ego coniecto, crassiore caligine spiritu obstructo, clausoque stomacho, qui illi natura invalidus, angustus et frequenter interaestuans erat. Ubi dies redditus (is ab eo, quem novissime viderat tertius), corpus inventum integrum inlaesum opertumque ut fuerat indutus. habitus corporis quiescenti quam defuncto similior.

아마 그때쯤이면 다른 곳은 낮이겠지만 그곳의 사방은 어둠에 휩싸여 아직도 밤처럼 어둡고, 사방이 안 보이기로는 역사상 유례가 없을 정도여서 이들은 횃불과 등잔을 이용해 발길을 도울 수밖에 없었습니다. 숙부님은 해안으로 내려가 만에서 바다로 탈출할 수 있는 방법이 없는지를 검토해보기로 작정하셨습니다. 하지만 길은 보이지 않고 또 아주 위험했습니다. 숙부님께선 널따란 천 위에서 몸을 쉬시면서 끊임없이 찬물을 찾으셨습니다. 곧 불길과 유황냄새가 진동하면서 불길이 다가오고 있는 징조가 보이자 다른 사람들은 모두 도망가 버리고, 숙부도 자리에서 일어나실 수밖에 없었습니다. 그는 두 명의 노예에게 기대시다가 갑자기 쓰러지고 말았습니다. 아마 자욱한 증기가 기관을 막아 호흡곤란 때문에 쓰러지셨을 것으로 생각됩니다. 숙부님의 기관지는 선천적으로 약하고 좁았으며 때로는 부어오르기도 했습니다. 다시 날이 밝자 — 그가 밝은 해를 마지막으로 보고 난 날로부터 이틀이 지난 후 — 숙부님의 시신은 상처 하나 입지 않은 상태로, 입고 있던 옷도 그대로이고, 돌아가셨다기보다는 차라리 잠든 모습으로 평상시와 하나도 변함없는 모습으로 발견되었습니다.

3. Interim Miseni ego et mater …… Sed nihil ad historiam, nec tu aliud quam de exitu eius scire voluisti. Finem ergo faciam. Unum adiiciam. omnia me, quibus interfueram quaeque statim, cum maxime vera memorantur, audiveram, persecutum. Tu potissima excerpes. Aiud est enim epistulam, aliud historiam, aliud amico aliud omnibus scribere. Vale.

3. 그동안 어머니와 저는 미세눔에 머물고 있었습니다……. 하지만

이것은 역사적 관심사는 못되며, 게다가 당신은 오직 제 숙부님의 죽음에 관한 이야기만을 듣고 싶어 하십니다. 제 자신이 목격했거나 그 사건이 있고 난 직후에 아직도 그 일을 생생하게 기억하고 있는 사람들에게 들은 이야기만을 골라 모든 사건을 상세하게 묘사했다는 점을 첨언하는 것 말고는 **이상으로** 접겠습니다. 목적에 가장 알맞은 이야기를 고르는 일은 당신 몫일 것입니다. 왜냐하면 친구에게 보내는 사신과 후세를 위한 역사서술은 전혀 다르기 때문입니다. 배상

모델-독자에게 부치는 편지

이 편지를 읽는 소박한 독자라면 누구든 무엇보다 먼저, 의무감과 학문적 호기심 때문에 용감무쌍하게 화산폭발의 현장으로 향해하다가 목숨을 잃은 그의 숙부야말로 진정 과학의 영웅이라는 인상을 받게 될 것이다.

텍스트 자체에서 그러한 반응을 보이는 이유를 쉽게 간파해낼 수 있다. 안타깝게도 A. D. 70년에 『역사』가 중단되고 게다가 2부마저 망실되었기 때문에 이 편지의 경험적 독자의 다수가 타키투스의 저서의 경험적 독자와 똑같이 반응했을지도 알 길이 없다. 하지만 그 밖의 다른 경험적 독자들이 어떻게 반응했는지는 알고 있다. 전통 즉 우리의 백과사전은 이 숙부를 과학의 영웅으로 기록하고 있다. 이러한 조카의 편지를 근거로 해서 말이다. 따라서 실사구시를 중시하는 타키투스가 이 편지에 어떻게 반응했는지

전혀 알 길이 없지만 우리의 전통이 이 편지를 어떻게 읽어왔는지는 충분히 알 수 있다. 이러한 경험적 사실은 이 편지가 분명히 특정한 모델-독자를 전제하고 있다는 가설의 올바름을 새삼 확인해준다.

먼저 이 편지의 담론에서 단순한 사실들 즉 파불라를 떼어내 명제로 늘어놓으면 다음과 같은 간단한 사실만이 남는다. 숙부는 화산이 폭발했다는 사실을 알지 못한 채 불길한 기운이 돌고 있는 장소로 갔다 — 당시 베수비오 산을 활화산으로 생각하고 있던 사람은 아무도 없었으며 플리니우스 1세조차도 『박물지』[4] III, 62에서 베수비오 산을 휴화산으로 묘사하고 있다. 스타비아에에 있는 폼포니아누스 만에 도착했을 때까지도 그는 여전히 재앙의 규모를 알지 못했으며, 재앙의 형태나 곧 밀어닥칠 위력에 대해서도 전혀 아는 바가 없었다. 그는 태연히 산 위에서 포효하고 있는 불길은 농민들이 놓은 화톳불에 불과하다고 이야기하고 있다. 물론 조카의 해석대로 동료들의 두려움을 달래주기 위해 그렇게 말했을 수도 있다. 하지만 그는 잿더미에 묻힐 위험에 빠질지도 모른다는 사실은 전혀 깨닫지 못한 채 실제로 잠을 자러 간다. 마침내 도저히 피할 길이 없으며, 상황이 정말 위급하다는 사실을 깨달았을 때는 이미 너무 늦었다. 몇몇 주석가들이 지적하고 있듯이 천식환자였던 그는 순식간에 목숨을 잃을 수밖에 없었다.

이처럼 겉으로 드러나는 파불라를 주의 깊게 읽어보면 제독이 아니라 배의 조리사의 행동을 보는 듯하다. 너무 자아도취적이며, 상황을 통제하기에는 역부족이다(간단히 말해 그저 지방의 주둔군

이 긴급지원을 바랄 뿐인데도 서둘러 구원활동에 나섰다가 도움이 되기는커녕 함대의 사령관만을 잃는 결과만을 가져왔을 뿐이다). 물론 그는 아주 위급한 상태에 처했지만 상상할 수 없을 정도로 어처구니없는 식으로 상황에 대처한다. 군사적으로나 행정적으로 보아 군사재판에 처해야 마땅하다. 그나마 전쟁터 아닌 전쟁터에서 목숨을 잃어 명예만은 지킨 셈이다.

조카 또한 이러한 사실을 숨기지 않는다. 원한다면 타키투스 또한 지금 우리가 하고 있듯이 편지에서 진짜 이야기만을 간추리면 된다(아마 타키투스는 그렇게 했을 것이다).

물론 우리가 지금 관심을 두고 있는 타키투스는 경험적 독자이기도 한 진짜 타키투스가 아니다. 우리는 그를 전혀 모른다. 여기서 우리가 관심을 두고 있는 타키투스는 플리니우스 2세의 텍스트-전략이 겨냥하고 있는 모델-독자로서의 타키투스다.

이 편지는 다른 모든 텍스트와 마찬가지로 단순히 경험적 독자를 겨냥할 뿐만 아니라 그 나름의 독특한 담론-전략을 통해 모델-저자 ― 또는 객관적 텍스트전략 ― 가 의도하는 대로 텍스트가 실현되도록 협력하는 모델-독자를 만들어낸다. 물론 우리는 그러한 유희에 동참하거나 그러한 모델-독자의 역할과 스스로의 역할을 동일시하기를 거부할 수도 있지만(우리는 지금 그렇게 하고 있다) 이러한 텍스트가 담론전략을 전개해 나가려면 어떤 모델-독자가 필요한지 그리고 그 결과로서 어떤 모델-독자를 생산해내게 되는지를 분명히 인식하고 있어야 한다.

이 편지의 필자 플리니우스가 구사하는 전략을 메타텍스트적 차원에서 독해하고 규정하는 것은, 곧 다른 사람들을 설득하기 위해 텍스트가 어떤 식으로 모델-독자에게 프로그램을 주입하려 하는지를 간파하는 것을 의미한다. 이 편지는 (단정적인 어조로) 뭔가를 진실이라고 주장할 뿐만 아니라 타키투스(그리고 그 밖의 가능한 미래의 모든 독자들)로 하여금 숙부는 영웅이었다고 믿게 만들려고 하고 있으며, 타키투스가 그렇게 기록해주길 바라고 있다. 그는 다른 사람들이 뭔가 그렇게 믿게 만들려고 은근히 부추기고 있다. 그레마스라면 이러한 양식에 대해 페르 크와르(상상행위 — 옮긴이)와 페르 페르(제작행위 — 옮긴이)라고 이야기할 것이다.

모델-독자가 기꺼이 그리고 "제대로" 협력하도록 만들려면 텍스트는 특정한 담론-전략을 작품 속에서 구사해야 하는데, 주로 시칭(時稱)과 배경을 전환하고(그레마스의 용어를 인용하자면 앙브라와지〔연결하기 — 옮긴이〕와 데브라와쥬〔차단하기 — 옮긴이〕), 발화행동의 주체와 발화된 내용을 사전 계획에 따라 혼동시켜 버리는 수법이 전형적인 방법이다(엥스탕 드 에농시아송〔발화의 차원 — 옮긴이〕이 갑자기 레농세〔발화된 내용 — 옮긴이〕의 과정에 끼어들게 된다). 더 나아가 우리가 앞으로 보게 되겠지만, 파불라는 소위 "현실적" 사건의 세계뿐만 아니라 모델-독자 그리고 그러한 파불라가 이야기하고 있는 여러 등장인물의 신념, 원망(怨望), 개인적 견해, 열정의 인식론적 또는 가능한 세계를 유희상태로 만들어야 한다.

(메타텍스트적 분석을 수행할 수 없는) 모델-독자가 특정한 순간에 누가 이야기하는지를 구분할 수 없게 될수록 담론-전략은 성

공적으로 구사된다. 이때 제네트(G. Genette)[5]가 말한 대로 "목소리들" 간의 변증법이 이루어지며, 따라서 모든 요소는 독자들이 갑자기 여러 차원을 치환하면서, 이제 우리가 막 시도하고 있듯이, 이 편지에 대한 메타텍스트적 비평으로 옮겨가지 않도록 하는 기능을 하게 된다.

누가 이야기하는가?

편지의 서두에서는 함축적인 에고(스크리밤['자세히 알려달라고' — 옮긴이]의 주체)가 이야기하는데, 그는 분명히 한 개인 즉 플리니우스 2세, 즉 A. D. 104년경에 이 편지를 쓰고 있는 경험적 저자이다. 시간 t_0와 세계 W_0(과거의 시간이지만 우리는 이것을 현실 세계로 간주하기로 한다)에서 편지를 쓰고 있는 이 플리니우스를 P_1으로 규정하기로 하자. 분명히 지나친 단순화이지만, 이 편지를 서사적 픽션의 일부가 아니라(신문의 르포와 같은 뉴스) "자연적인 이야기"의 전형적인 사례로 가정하는 한 어쩔 수 없는 절차이기도 하다. 이 편지가(『클라리사』의 편지나 『위험한 관계』의 편지와 같은) 서사적 픽션의 일부라면 우리는 서사세계에 속하기 때문에 저자와 동일시할 수 없는 허구적 주체인 "저"(Ego) 말고도 P_0라는 또다른 주체, 발화행동의 경험적 생산자가 있다고 추정하게 된다. 다른 경우(3인칭 소설의 경우) 발화행동의 주체는 반(半)-허구적 주체, 즉 여러 사실에 대해 뭐라 평하며 경험적 저자와 동일시되기도 하고 그렇지 않기도 한 에고(예를 들어 필딩이나 만초니가 책 전체에 걸쳐 일인칭으로 끊임없이 토를 달고 있는『톰 존스』나『약혼자』를 보라)로서 담론에 개입할 수 있다.

하지만 앞에서 이야기한대로 우리는, (결국에 가서는 원래의 의도와는 정반대의 결과를 드러내지만) 곡진한 편지임을 끝까지 주장하는 이 편지에서 텍스트 속에서 이야기하는 나는 텍스트를 만들어내고 있는 나, 따라서 텍스트의 저자와 동일인이라고 가정하기로 한다. 이와 함께 역사적으로 존재한 플리니우스 2세와 편지에서 이야기하고 있는 나는 동일인이며 편지의 수신인은 타키투스라고 가정하기로 한다.

그런데 $\mathcal{P}_1$은 타키투스에게 $\mathcal{P}_2$에게 벌어졌던 이야기 즉 25년 전인 A. D. 79년 8월 24일에 미세눔에서 자신이 체험했던 내용을 이야기한다. 이리하여 우리는 특정한 시점 t_0에 그와는 다른 시기 또는 보다 정확히 말해 일련의 다양한 시점에 관해 쓴 편지를 마주하게 되는 셈인데 이를 다음과 같이 정리할 수 있다.

t_{-3} = 8월 24일 오후. 구름이 나타나고 숙부는 항해에 나서기로 결심한다.
t_{-2} = 숙부가 출발해서 돌아가실 때까지의 시간 또는 일련의 시점에 따른 상태(24일 저녁과 그 다음날, 즉 25일).
t_{-1} = 8월 26일. 조카는 무슨 일이 벌어졌는지를 듣게 된다.

$\mathcal{P}_1$이 파불라의 시간 t_{-3}으로 옮겨가는 순간 현재 시제도 불완

전 시제("Erat Miseni ...... regebat"[숙부께서는 미세눔에 ...... 하셨습니다])로 바뀌는 특징을 보여준다. 날짜가 삽입되고("N_1 onum kal. Semptembres"[9월 월력을 쓰기 9일 전 정오가 막 넘을 무렵에]) 이전 시점에 속하는 사람(숙부, 어머니. 전자는 erat의 함축적인 주체로 regebat, classem와 같은 몇 가지 기능적 속성을 부여받는다)이 소개됨으로써 서사적 분위기가 한층 강조된다. 이 모든 문법적 기교가 플리니우스 2세가 P_1으로서 이야기하는 서론적 부분에서 P_2가 이야기의 내재적인 또는 함축적인 예고로 나오는 2부의 본래의 이야기로의 이행을 뚜렷하게 특징짓고 있다.

우리는 이야기의 이러한 삽입을 아래의 도표처럼 나타낼 수 있다.

P_0 발화 행동의 경험적 주체로서의 조카 (A. D. 104년).	P_1 화자로서의 조카 또는 이야기하는 목소리로서의 조카, 발화된 담론의 주체 (A. D. 104년). P_0와 동일하다	P_2 파불라의 등장인물. O = 숙부, M = 어머니도 마찬가지다. 모두 A. D. 79년에 살고 있다 (t_{-3} ...... t_1) 파불라
	텍스트	

세계의 구조

P_2에게 벌어졌던 일을 이야기하고 있는 파불라는 P_1의 담론을 통해 외삽되어야 하는데, 이를 위해서는 독자의 협력이 필요하다. 소박한 독자만이 이 두번째 부분을 파불라와 동일시할 것이다. 이 부분은 담론의 핵심으로, 파불라는 이로부터 끌어낼 수 있다.

독자가 외삽하는 것은 동일한 서사적 연속성 즉 동일한 서사적 세계가 다양한 시점에 나타나는 내용일 뿐이다. 내가 『렉토르 인 파불라』에서 제시한 규정에 따르면 서사 세계의 등장인물들은 하나의 시점에서 다른 시점으로 옮겨가면 몇 가지 우연적인 속성은 바뀌지만 본질적 속성은 전혀 변하지 않는다. 이 때문에 우리는 다른 등장인물이나 개인과 비교해보아 그를 구분할 수 있다. 예를 들어 시점 t_{-3}에서 숙부는 과학자이자 로마 함대의 사령관 (핵심적 속성)으로서 아직은 살아 있다(우연적 속성). t_{-2}에서도 우연히 몇 가지 위험한 사건을 겪게 되는 로마 제독으로 나오며 t_{-1}에서도 마찬가지로 과학자이자 제독이지만 사고로 목숨을 잃는다.

하지만 여기서 우리의 흥미를 끄는 것은 이처럼 동일한 서사적 세계의 다양한 단계 간의 비교가 아니라(그런데 우연의 일치인지 몰라도 이 서사세계는 우리의 백과사전에 기록되어 있는 대로 우리가 "현실 세계"로 간주하는 세계와 일치한다) (t_0에서 정식화된 담론의 주체로서)P_1이 (그의 모델-독자인)타키투스에게 숙부의 죽음에 관해 몇 가지 지식을 공유하려고 하고 있는 사실이다. 그런데 이 P_1

은 타키투스에게 t_{-3}에서 일어난 일을 이야기하면서 자신과 숙부에 대해 전혀 다른 정보를 제시한다.

이리하여 우리는 두 개의 인식론적 세계, 즉 P_1과 타키투스 그리고 현대의 독자인 우리 자신이 공유하고 있는 '현실'의 세계 W_0와 화자인 P_1이 자신이 이야기하고 있는 여러 인물과 사건에 부여하고 있는 정보로 구성된 세계 $W_{nc}t_{-3}$을 마주하고 있는 셈이다. 화자 P_1은 자신과 숙부가 마치 25년 전에 함께 이상한 구름을 보고 명제 p(그런데 이 명제 p는 인식론적 세계 $W_{nc}t_{-3}$의 내용에 다름 아니다)를 믿은 듯이 이야기하고 있다.[6]

간단히 말해 조카는 A. D. 104년에, 자신과 숙부가 A. D. 79년 8월 24일에는 알지 못했던 사실, 즉 어마어마한 크기의 그 구름은 베수비오 산에서 분출된 것으로 유독 가스와 그 외의 다른 유해한 물질로 구성되어 있다는 사실을 알고 있는 셈이다. 그 구름은 P_1에게는(그리고 타키투스에게는) 간단히 말해 죽음의 사신이었던 반면 P_2에게는(그리고 숙부에게는) 뭔지 제대로 해명할 수 없는 기이한 현상이었다.

그런 다음 파블라는 서사 세계 $W_{nc}t_{-3}$의 개인들에 관해 이야기하는데, 이 세계는 P_2, O(숙부), M(어머니)뿐만 아니라 N(구름, nube) 그리고 V(베수비오 화산)로 구성되어 있다. 그런데 이 세계는 최소한 이들의 지식과 신념을 대변하는 인식론적 하위세계 W_{nc}를 하나는 갖고 있다(우리는 8월 24일에 조카와 숙부뿐만 아니라 어머니도 동일한 인식론적 세계를 공유하고 있었다고 가정해볼 수 있다). 그러한 인식론적 하위 세계에서는 아직 구름이 베수비오 화산과 연결되지 않으며, 따라서 기이한 현상이지만 아직 위험하지는 않으며, 특히 앞으로 숙부를 죽음으로 몰고 갈 일과는 전혀 무관해 보인다.

이와 달리 A. D. 104년의 P_1과 그의 모델-독자의 인식세계에서도 앞서와 똑같은 개인들이 움직이고 있지만 개인적으로뿐만 아니라 상호 간의 관계에서도 과거와는 전혀 다른 속성을 갖고 있다 — 이제 숙부는 죽은 과학자이자 제독이며, 구름은 화산에서 나왔으며 베수비오가 숙부의 죽음의 원인이거나 근인이다.

이 두 세계 간의 이러한 차이를 주목할 필요가 있다. 왜냐하면 t_{-3}에서 숙부는 구름은 무해하다고 믿고 있으며, 베수비오가 자신이 바라보고 있는 구름과 관련 있으리라고는 추호도 의심치 않으며(숙부는 베수비오를 자그마한 휴화산으로 생각하고 있다) 무엇보다 먼저 자신이 곧 죽게 되리라는 사실을 알지 못하기 때문이다. 이 모든 요소는 만약 그 후 사건이 어떻게 진행될지를 예견할 수 있는 능력이나 자신이 본 현상을 해석할 수 있는 섬세한 능력을 갖고 있었다면 그처럼 무모할 정도로 대담하게 그 장소로 가려는 결심을 크게 누그러뜨렸을 것이다 — 적어도 지금 우리가 보기에는 그렇다.

따라서 우리는 두 개의 서로 다른 서사 세계를 보고 있는 셈이다. P_1이 묘사하고 있는 이야기의 등장인물들의 생각이 들어 있는 세계인 $W_{nc}t_{-3}$(우리는 간단히 하기 위해 — 크게 보아 별반 다른 바 없는 — 조카와 어머니의 생각이 아니라 숙부의 견해만을 살펴보기로 한다)과 P_1과 타키투스가 알고 있는 바의 이야기 세계인

$W_0 t_0$가 그것이다.

그러면 이제 이 두 세계를 『렉토르 인 파불라』에서 규정한 대로 S-필수적인 속성 즉 구조에 필수적인 속성에 따라 구조화된 세계로 고찰해 보기로 하자. 이를 통해 하나의 세계에 속하는 두 명의 개인 또는 그 이상의 개인은 이러한 속성 때문에 한 개인이 다른 사람을 구분할 수 있도록 해주거나, 아니면 하나의 개인이 그러한 세계의 구조화에 필수적인(S-필수적인) 이러저러한 관계를 통해 다른 사람과 관계를 맺음으로써 개인들이 서로 상호종속적인 관계를 맺을 수 있는 것이다.

이리하여 우리는 다음과 같은 개인과 S-필수적인 관계에서 시작해 이 두 세계의 정식 또는 행렬의 개요를 그려볼 수 있다.

O = 숙부.
$\mathcal{N}$ = 구름.
$\mathcal{V}$ = 베수비오

$n\mathcal{R}_0$ = t_{-3}에서 실제로 숙부가 생각하는 대로 구름을 규정하고 있는 관계.

$n\mathcal{R}_v$ = 구름을 베수비오 화산의 분출에 의해 생긴 것으로 규정하고 있는 관계.

$n\mathcal{R}_0$ = 베수비오를 숙부의 죽음의 원인제공자로 묘사하고 있는 관계.

이로부터 아래와 같은 행렬이 나온다.

$W_{nc}t_{-3}$	nR_0	nR_v	vR_0
N_1	+	−	
O_1	+		−
V_2		−	−

W_0t_0	nR_0	nR_v	vR_0
N_2	+	+	
O_2	+		+
V_2		+	+

우리는 즉시 첫번째 세계의 개인 중 두번째 세계의 개인과 동일한 S-필수적인 속성을 갖고 있는 사람은 아무도 없다는 사실을 간파할 수 있다. 개인 N_1, O_1, 그리고 V_1은 개인 N_2, O_2, 그리고 V_2와 똑같은 이름으로 표시되지만 단지 이름만 같을 뿐이다. 일종의 발음상의 기만 때문에 — 편지 전체는 구름과 화산 얘기로 가득 차 있다 — 우리는 똑같은 개인이라고 믿는 것이다. 하지만 두 개의 상이한 세계의 구조적 일치라는 관점에서 볼 때 두 세계에서 똑같은 이름으로 불리는 개인도 때로는 전혀 다른 개인일 수 있다. 25년 전에 숙부가 생각했던 구름은 25년 후에 타키투스가 발견한 세계의 구름과는 전혀 다르다. 이러한 차이는 계속 이어진다.

그런데 『렉토르 인 파불라』에서 자세히 설명했듯이 상이한 S-필수적인 속성을 가진 개인들이 상주하는 두 개의 서사 세계는 상호접근이 불가능하다(또는 서로 수용할 수 없다).[7] 신의 아들도 아니며, 베들레헴의 마리아에게서 태어나지도 않았고, 결정적으로는 십자가에서 죽기는커녕 카프리에 있는 티베리우스(Tiberius) 황제의 별장에서 홍청망청 먹고 마시다가 당뇨병으로 죽은 예수라는 사나이의 이야기를 전하고 있는 이교적인 복음서가 있다고 해보자. 도발적인 목적에서 똑같은 이름을 사용하고는 있지만 이러한 복음서는(그 예수가 우연히 나자로의 친구이고 필라투스에 의해 유죄판결을 받는다 할지라도) 결코 표준 복음서가 이야기하고 있는 바로 그 개인의 이야기를 그대로 전달해줄 수 없다는 데에는 모든 사람이 의견을 같이 할 것이다.

필요한 몇몇 수정을 가해야 하지만 p_1(그리고 타키투스)의 인식론적 세계와 P_2(그리고 숙부)의 인식론적 세계에서도 이와 마찬가지다.

담론의 전략

그러면 이제 P_1이 이야기하고 있는 P_2의 이야기의 담론의 표면으로 되돌아가 보자. P_1은 A. D. 79년 8월 24일의 세계에서 등장인물들이 믿었던바 그대로를 충실하게 보고하고 있음에 주목하라. 그는 P_2와 숙부가 인식론적 세계 $W_{nc}t_{-3}$을 공유하고 있음을 분명히 하고 있다. 등장인물의 심리 및 현실과 환상 간의 변증법 내지 비극적인 차이에 관심을 갖고 있는 훌륭한 이야기꾼인 그는 이러한 불협화음을 장황하게 늘어놓을 수밖에 없었다 — 소포클레스가 이와 비슷한 상황 즉 선지자 테이레시아스와 독자들에게는 아주 명백한 진실을 제대로 볼 수 없는 오이디푸스 이야기를 얼마나 강렬하게 극적으로 형상화하고 있는가 생각해보라.

그런데 P_1의 담론 전략은 무엇인가? 편지의 첫번째 부분에서 에고는 타키투스에게 추정컨대 타키투스도 아주 잘 알고 있는 사실 즉 숙부가 엄청난 자연의 재앙 때문에 목숨을 잃었고 숙부의 위명(偉名)을 영구히 살아남게 해주어야 한다는 점을 상기시킨다. 그렇다면 왜 조카는 이처럼 타키투스도 익히 알고 있을 백과사전적 정보를 굳이 강조하는 걸까? 조카는 여기서 분명히 모델-독자에게 W_0t_0에서 얻게 된 지식을 포기하지 않고 $W_{nc}t_{-3}$의 세계로 들어갈 준비를 시키고 있다.

조카는 불완전시제를 통해 장면을 전환하고 있다. 시제의 전환은 — 말하자면 일종의 플래시백(과거의 회상장면으로의 전환 — 옮긴이) 효과를 낳으며, 이를 통해 모델-독자는 다시 자신이 살고 있는 세계보다 이전 단계로 되돌아가게 된다. 하지만 이러한 이전 단계에 등장하는 사람들은 독자의 지식과는 일치하지 않는 생각을 갖고 있다.

언뜻 보기에 조카는 아주 정직한 사람으로 (25년 전에) 자신뿐만 아니라 숙부도 구름이 어디에서 솟아났는지를 몰랐다고 이야기한다. 하지만 즉시 그는 괄호를 친 다음 타키투스에게 그 구름은 베수비오 화산에서 나왔다는 사실을 상기시킨다. 이러한 괄호는 동사의 시제가 "나중에 베수비오라고 알려지게 되었습니다"(cognitum est postea ...... Vesvium fuisse)로 전환된 데서 잘 보이듯 새로운 시간적-인식론적 장면전환을 가져와 다시 t_0의 시점으로 되돌아가게 된다(앙브레아주). 하지만 이러한 전환은 문법의 측면에서는(의미론적 관점에서뿐만 아니라 통사론적 관점에서도) 아주 정확하지만 전혀 예기치 못한 화용론적인 효과를 가져온다. P_2와 숙부의 인식론적 세계의 중심에 갑자기 P_1과 타키투스의 인식론적 세계가 다시 나타난다. 이제부터 모델-독자는 한점 의혹도 없이 그 구름은 N_2라고 생각할 수밖에 없게 된다(이야기의 등장인물들에게는 어쩔 수 없이 아직도 N_1으로 나타나게 된다).

계속 이어지는 두번째의 전환은 한층 더 흥미롭다. P_2와 숙부는 구름을 바라보고 있는데, "어떤 때는 하얗게 보였다가 어떤 때는 얼룩지고 또 더러워"(candida interdum, interdum sordida et maculosa) 보이는 이 구름은 의문의 여지 없이 N_1의 우연적 속성이다. 하지만 저자(이 경우 그는 에고 P_2처럼 보이지만 시점이 갑작스럽게 t_0로 전환되었기 때문에 실제로는 P_1이다)는 "구름에 들어 있는 흙과 재의 양으로 보아"(prout terram cineremve sustulerat) 구름이 그렇게 보였다고 말한다. 베수비오에서 솟구치고 있는 아주 위험한 구름인 이 구름은 이제 N_2의 전형적인 특징을 보이기 때문에 N_1과는 무관하게 된다.

하지만 이번의 시간적-인식론적 전환은 따로 괄호로 표시되지 않으며, 이와 정반대로 불안전 시제가 텍스트 전체를 지배하고 있는데(diffundebatur, vanescebat) 반해 이 부분에서 대과거(sustulerat)를 사용함으로써 시제상의 혼란을 한층 심화시키고 있다. 먼저 이전에 흙과 먼지가 솟구치고 난 다음에야 비로소 그 구름이 각각 **하얗게** 보였다가 다시 **더러운** 형태로 나타나기 때문에 파불라의 관점에서는 정확하다. 하지만 이처럼 W_0의 파불라의 관점에서는 올바르지만 이 모든 사실을 **나중에야 비로소** 알게 되는 P_2

의 인식론적 세계에서 볼 때는 전혀 그렇지 않다. 따라서 여기서 P_1은 자신의 진실을 이야기하고 있다. 이러한 진실은 우연히 모델-독자의 진실과 일치하나 P_2와 불운한 그의 숙부의 진리와는 사뭇 다르다. (우리가 지금 하고 있는 것처럼) 원하기만 한다면 독자는 이처럼 미묘한 뉘앙스를 간파할 수 있다. 하지만 이처럼 세련되고 간곡한 앙브라와지-데브라아주의 유희 앞에서 즉시 그러한 장난질을 간파해내라고 어떻게 요구할 수 있단 말인가? 시제 전환과 담론적 삽입의 그처럼 세련되고 설득력 있는 유희에 직면해 어떻게 한 번 읽고 즉각 그러한 사실을 간파할 수 있단 말인가?

그러면 이러한 유희의 목적은 무엇인가? 이 지점에서 이제까지 관대하게 협력해온 모델-독자들은 t_{-3}에서 숙부는 골프라도 치러가는 듯 용감무쌍하게 '불 보듯 뻔한' 운명을 맞이했다고 믿지 않을 수 없다. 이처럼 이러한 전환을 통해 이중의 유희가 이루어지게 된다. 따라서 독자는 마치 베수비오 산을 배경으로 한 한 편의 기록영화를 즉 후일의 우리의 백과사전이 한 치 의혹도 없이 그대로 기록하게 될 A. D. 79년 8월 24일의 사건영화를 본 듯한 인상을 받게 된다. 모델-독자는 그러한 화면을 바라보지만 숙부는 자꾸 멀어져만 가 결국 더이상 볼 수 없게 된다.

따라서 (언제나 P_2인 양 행동하는) P_1은 아무 어려움 없이 숙부는 렉티나가 "공포에 사로잡혔기 때문에" 계획을 바꾸었다고 말하게 된다. "숙부님께서는 원래의 계획, 즉 왕성한 탐구정신을 갖고 시작하려던 일을 한쪽으로 밀쳐놓고 이제 영웅적 용기를 발휘하셨습니다"(Vertit ille consilium et quod studioso animo incohaverat obit maximo). 따라서 렉티나의 전갈을 받은 바로 그 순간 혹시 숙부는 전모를 파악하지는 않았나 하고 의심해볼 수도 있다. 하지만 그 순간 그 구름이 베수비오 화산에서 솟구쳐 올라왔다는 사실을 알았더라도 분명히 베수비오가 그에게 어떤 의미를 갖는지(vR_0)는 알고 있지 못했다. 아무튼 텍스트는 뻔뻔하게 주장한다. "예리한 학문적 통찰력을 갖고 계신 숙부께서는 즉시 이 일이 좀더 자세히 살펴볼 만큼 아주 중요한 사건이라는 것을 간파해내시고는"(rectumque cursum recta gubenacula in periculum tenet adeo solutus metu) — 숙부는 위험을 무시하고(바로 자신이 위험한데도 말이다!) (죽음을 두려워하지 않고) 즉시 현장으로 배를 몰고 달려 나갔다. P_1에 따르면 폼포니아누스에 도착한 다음 아무 일 없는 듯이 잠자러 간 바로 그 숙부가 말이다!

하지만 그래도 얼마간 솔직하게 말하려는 P_1은 진실에 대해 전적으로 침묵할 수 없는 모양이다 "조만간 밀어닥칠 것은 분명했지만 아직 위험하지는 않았습니다"(quqmquam nondum periculo adpropinquante). 숙부는 즉시 위험하다고는 느끼지 않았으며, 이제 막 상륙한 폼포니아누스 만도 아직은 상대적으로 안전했다. 하지만 독자는 다름 아니라 바로 이 장소가 숙부가 목숨을 잃은 장소라는 사실을 알고 있다. 그리고 숙부가 $W_{nc}t_{-3}$에서 W_0t_0를 향해 배를 몰고 나가는 순간 독자들은 어쩔 수 없이 덕(德)과 지(知)를 찾아 헤라클레스의 기둥을 가로질러 목숨을 건 항해에 나서는 오디세이를 떠올리게 된다.

시제의 전환으로 가득 찬 이 이야기는 동시에 신속한 장면전환과 전망의 전환으로도 가득 차 있다. 독자들은 이리저리 움직이는 조명이 순서를 바꾸어 가며 두 개의 서로 다른 인식론적 세계에 빛을 던져 ─ 마치 영화 관람객이 급속하게 이어지는 개별적인 화면을 완결된 하나의 장면으로 바라보듯 ─ 일종의 시각적 속임수 효과 때문에 어떤 세계가 조명되고 있는지를 깨닫지 못하게 된다. 그리고 실제로는 결코 하나로 합쳐질 수 없는 두 개의 이야기가 이야기되고 있지만 하나의 이야기만을 듣고 있는 듯한 인상을 받게 된다. 또는 "세 벌 카드 마술"과 비슷한 효과를 볼 수 있는데, 마술사가 재빨리 카드를 섞기 때문에 막상 처음에 고른 카드가 어디에 있는지 모르게 된다. 실로 플리니우스 2세(또는 텍스트)는 자신이 원하는 대로 독자들을 좌지우지하고 있다.

세번째 부분에 들어 있는 타키투스에의 마지막 호소는 기만성의 명작이라 할만하다. "이상으로 접겠습니다"(Finem ergo faciam). 이제 나, P_1은 이제까지와는 달리 그대에게 P_2와 아저씨 이야기는 그만 하기로 하겠다(이 얼마나 엄청난 거짓말인가!). 다시 현재로 돌아와(이제까지 한 번도 되돌아오지 않은 듯이 말이다), 친애하는 타키투스여, 지금까지 우리는 전혀 다른 세계에 있었으니 이제 우리가 살고 있는 세계로, 오랫동안 먼 과거로 끌고 갔던 기억의 경계선을 넘어 다시 이 세계로 되돌아오기로 합시다……(이것이 바로 "Finem ergo faciam"의 수사학적 기능이다). 그런데 이제까지 내가, P_1이 이야기한 내용은 당시 내가 목격한 내용과 당시 내가 알고 있던 내용, 그리고 당시 숙부와 함께 믿고 있던 내용, 그리고 직접 다른 사람에게서(한마디 더 덧붙이자면 분명히 t_{-3}에서는 숙부보다 조금이라도 많은 내용을 알고 있었다) 들은 이야기뿐이다.

그러니, 타키투스여 나의 정직한 편지, 이처럼 사심 없고 객관적인 보고를 문화적 기념비로 가다듬어, 책임지고 당신이 쓰고 있는 역사책의 한 장 속에 편입시켜주길 바라오. 물론 해석은 당신에게 달렸소

친구에게 보낸 사신(私信)과 후세를 위한 역사서술 간에는 커다란 차이가 있기 때문이니 말이오(아마 이것이 플리니우스 2세가 진짜 하고 싶은 이야기일 것이다).

하지만 여기서 후세를 위해 역사를 쓰고 해석하고 있는 사람은 바로 플리니우스 2세이다. 그는 자신의 보고가 타키투스의 담론을 통해 후세에 전해지리라 오산하고는 음험하게 자신이 이러한 담론의 유형을 정해보려고 시도하고 있다. 하지만 그러한 담론은 만들어지지도 그리고 전해지지도 않았다. 하지만 역사는 플리니우스의 편지를 통해 서술되었으니, 편지는 뜻하는 바를 달성한 셈이다 — 현대의 백과사전을 보라. 플리니우스 1세는 과학의 영웅이다.

실제로 이제 우리 모두가 잘 알고 있듯이 이 편지는 후세를 위해 씌어졌다. 하지만 보다 효과적으로 목적을 달성하려고 했다면 모델-독자에게는 목적을 감추었어야 했다.

다행히 모든 텍스트는 언제나 최소한 두 종류의 모델-독자를 겨냥한다. 하나는 텍스트의 내용을 현실화하기 위해 협조한다고 가정된다. 두번째 종류의 독자는 첫번째의 모델-독자가 텍스트적

으로 생산되는 전략을 묘사하고 즐긴다.

우리는 플리니우스 2세는 그의 장난에 손쉽게 놀아나는(플리니우스 1세를 위한 기념비) 독자와 그의 설득전략을 제대로 간파할 수 있는(플리니우스 2세를 위한 기념비) 독자 중 어떤 쪽에 의해 더 높이 평가될까를 자문해보게 된다. 세련되고 기발한 거짓말을 하는 경우 언제나 진리를 이야기하고 있다고 확신하지만 곧 정체가 폭로되어 세련된 속임수가 드러나게 된다. 살인자가 무의식중에 범죄와 관련된 내용을 털어놓아 탐정이 그의 범행을 알아차리는 경우도 있다.

멋진 수사학을 구사할 줄 아는 플리니우스 2세는 두 종류의 독자 모두를 위해 이 편지를 쓴 듯하다. 그리고 아마 타키투스 또한 자신보다는 자신에게 정보를 제공한 사람이 역사를 훨씬 더 잘 서술하고 있다고 생각했기 때문에 침묵한 것 같다.

(1979)

4 피란델로 리덴스 — 웃음에 관해

1907년에 피란델로(Luigi Pirandello)는 "유머(리즘)"를 주제로 한 소논문과 강연록을 발표하기 시작했다. 이것은 1908년에는 한 권의 책으로 묶여 나오며, 1920년에는 베네데토 크로체(Benedeto Croce)의 문제제기를 논박하는 일련의 논쟁적 글을 첨가한 신판이 나왔다.[1]

자신이 이미 희극과 유머에 대해 확실하게 규정한 바 있어서인지 크로체는 피란델로의 에세이를 간단하게 해치워버린다. 이 두 개념은 미학적 규정과는 무관하며 이러저러한 상황을 규정하는 데 필요한 심리학적 개념이다(크로체는 어떤 문제를 사이비 문제라고 선언해버림으로써 문제를 해결하는 데 도사였다. 그는 단지 이미 해결책을 알고 있는 문제만을 제기하였다).

그러한 식의 처리방식이 피란델로의 마음에 들 리 만무했다. 그는 언제나 그 누구도 해결할 수 없는 문제를 제기하는 쪽을 훨씬 더 마음에 들어 했으니 말이다.

유머 문제를 제기하면서 피란델로는 실로 커다란 만족감을 느낄 수 있었다. 피란델로가 볼 때 희극성이라는 문제(유머는 이 문제에 비해 의문의 여지 없이 이종이나 변종에 불과하다)는 이 문제를 규정하려는 철학자들을 언제든지 골탕 먹일 수 있는 장점을 갖고 있다.

유머 또는 희극성에 대한 모든 철학적 규정은 다음과 같은 특징을 갖고 있다.

1. 그러한 규정은 벌써 코믹, 유머(리즘), 아이러니 등 천차만별의 이름으로 불리듯 매우 불명확한 현상을 다루고 있다. 그처럼 다양한 명칭이 서로 다른 경험을 가리키는지 아니면 동일한 기본 경험의 변주 형태인지는 아무도 알 수 없다. 사람들은 이러한 경험이 최소한 심리적 등가물 즉 웃음을 갖고 있다고 믿지만, 굳이 웃음으로 이어지지 않는 희극적 상황도 무수히 많다.

2. 이처럼 너무나 불명확하기 때문에 희극성과 유머에 관한 연구 속에는 결국 상식적으로는 희극이라기보다는 비극이라고 불러야 하는 경험조차 포함되어버리고 만다. 따라서 역설적이게도 울음조차 희극의 구성요소가 되어버린다.

3. 희극을 논한 저자들 가운데 희극작가는 하나도 없었다. 아리스토파네스뿐만 아니라 몰리에르(Jean-Baptista Moliére)도, 루키안(Lukian von Samosata)뿐만 아니라 라블레도, 그리고 그루초 막

스(Groucho Marx)도 희극에 대해서는 글을 쓰지 않았다. 이와 달리 a) 아리스토텔레스처럼 진지한 사상가는 비극에 관한 논의의 말미에서나마 희극을 논하고 있다. 하지만 불행하게도 희극을 논하고 있는 『시학』의 일부가 망실되어 버리고 말았다. 우연이라고? "유머스런" 가정을 하나 해보기로 하자. 아리스토텔레스는 막상 마음먹은 대로 생각을 명증하게 드러내지 못한 『시학』의 그 부분을 빼버리기로 결심했다고 말이다. b) 칸트처럼 엄격한 경건주의자. c) 헤겔처럼 원대한 동시에 — 비록 냉소주의로 기울고 있지만 — 칸트만큼 엄격한 철학자. d) 보들레르와 같은 후기낭만주의의 괴팍한 시인. e) 키에르케고르처럼 우울하게 실존에 대해 고민하고 있는 사상가. f) 립스(Theodor Lipps)처럼 그리 유쾌하지 않은 심리학자. g) 프랑스의 모든 현대 철학자 가운데 위트 있고 사교성 있는 알랭(Allain)이 아니라 형이상학적인 베르그송과 사회학적인 랄로(Charles Lalo). h) 그리고 마지막으로 죽음에의 충동을 드러낸 프로이트와 같은 사람들이 웃음과 희극에 대해 논하는 역설적 상황이 벌어져왔다.

피란델로는 호인이다. 사람은 누구나 다 똑같다. 우리네 삶이 피란델로가 묘사하는바 그대로라면 웃을 일은 별로 없다. 그런데 이런 피란델로가 유머(리즘)에 관해 글을 쓰고 있다. 왜 그런가를 이해하려면 웃음에 관한 보들레르의 규정을 잠깐만 살펴보아도 충분하다. 웃음은 철저하게 인간적이며 따라서 악마적이다. 천사는 웃지 않는다(오히려 천사는 믿기지 않을 정도로 어마어마하게 많은 일을 처리하느라 안절부절 못하고 있다). 하지만 악마는 웃는다.

악마는 시간이 남아돌기 때문에 세상만사에 대한 자신의 불쾌감을 다른 사람에게도 그대로 전염시키기 위해 사방을 분주하게 돌아다닌다.

희극에 관한 나름의 이론을 내놓은 사람들이 이처럼 노골적으로 불쾌감을 드러내는 걸 볼 때 희극과 불쾌감 사이에 밀접한 관계가 있음을 추정해볼 수 있다.

4. 유머 이론을 시험에 들게 하는 마지막 특징. 너무 협소하게 규정해 모든 현상형태를 포괄하지 못하거나(베르그송이나 프로이트를 보라) 너무 포괄적으로 규정해버리면 상식적으로 희극으로 인정되고 있는 내용보다 훨씬 많은 내용을 포괄하게 된다. 피란델로를 보라. 유머에 관한 그의 에세이는 두루뭉술한 일종의 형이상학 논문이 되어버리고 만다. (우리가 곧 보게 되겠지만) 그가 규정하지 않은 것은 자신의 유머뿐이다.

따라서 우린 애매모호하고 다의적인 텍스트를 마주하고 있는 셈이다. 그는 유머를 규정하려고 하는 듯이 보이지만 실제로는 희극과 아이러니에 관한 자기 나름의 규정을 제시한 다음 곧장 예술 일반 또는 최소한 피란델로 자신의 예술 일반에 관한 규정으로(그리고 이와 함께 시학으로) 나아가버리고 만다. 결국 (우리가 곧 살펴보겠지만) 그러한 에세이는 그의 희극과 비극에 다름 아니며, 이러한 희극과 비극이 실수로 그러한 에세이의 형태를 취하고 있음을 알 수 있다. 따라서 이 에세이를 세 개의 상이한 관점에 따라 세 부분으로 나누어 읽어보기로 하자.

1. 유머에 관한 부정확하고 결함이 많은 규정으로.
2. 피란델로의 시학의 서술로.
3. 불가능한 규정의 괴기극으로.

유머에 대한 규정

유머(리즘)에 관한 유명한 이론들을 개괄하면서 이탈리아 문학에서 나타나고 있는 유머리즘을 분석하는 데 이를 응용하고 있는 이 에세이의 제1부는 피란델로가 끊임없이 주제를 놓치고 있다는 인상을 준다. 그는 유머에 대해 논하기 시작해놓고는 희극에 대해 규정해버리고 만다. 희극에 대해 말하지만 부지불식중에 아이러니를 염두에 두고 있는 듯이 보인다. 제2부에서는 이론적으로 규정하려고 애쓰고 있다. 하지만 그는 그러한 목표를 제대로 달성하지 못하며 스스로도 그러한 규정을 포기하는 것 같다. 왜냐하면 곧 살펴보겠지만 그는 뭔가 다른 것 말하자면 예술과 삶 일반을 규정하려고 하기 때문이다.

그러면 미학적 사실이란 무엇인가 그리고 유머스런 태도가 예술의 창작과정에 통합되는 방법은 어떠한가 하는 문제에 대한 피란델로의 논지를 요약해보기로 하자. 예술은 상상력이 빚어내는 형상을 "유기적으로" 질서 지우고 조직해 조화로운 형식을 낳는 창조행위다. (전통과 언어, 문화 일반에서 유래하는) 규칙과 규정이 있는 경우 상상력은 이러한 규칙을 파괴하고 일종의 분석 불가능한 충동을 통해 규칙을 재수립한다. 그리하여 살아 있는 존재처럼 새롭고 유기적이며 조화로운 형식이 나타나게 된다.

피란델로가 "의식" 또는 "반성"이라고 부르는 것이 이러한 과정 전체를 통제하고 이끈다. 이러한 반성은 마치 거울처럼 매단계마다 상상력을 비판적으로 비추어주며, 이를 통해 상상력의 운동을 통제한다. 유머(리즘)의 창조과정에서는 이러한 반성이 주도권을 쥐게 된다. 이러한 과정에 직접적으로 개입해 상상력을 노골적이고 적극적으로 통제하며, 상상력의 운동을 수천 개의 다양한 부분으로 미세하고 꼼꼼하게 나누어 버린다.

달리 말하면 반성은 상상력이 발걸음을 옮길 때마다 앞을 막아나선 다음 "주의해라, 너는 모든 일이 네게 보이는 그대로이고 또 네가 생각하는 대로 진행되는 줄 믿고 있지만 세상일은 그렇지 않다"라고 말한다. 반성은 끊임없이 상상력을 붙들어 세운 다음 모든 것은 외양과는 정반대라고 이야기한다.

이리하여 우리는 아베르티멘토 델 콘트라리오(avvertimento del contrario. 반대되는 것에 대한 간파 — 옮긴이)에, 따라서 피란델로의 희극에 도달하게 된다.

이러한 의미에서 그는 고전적인 희극이론을 그대로 따르고 있다고 할 수 있다. 아리스토텔레스가 보기에 희극은 어떤 사건이 통속적인 순서와는 다르게 전개될 때 나타나는데, 아무튼 결함이 있는 장르이다. 칸트가 보기에 웃음은 긴장된 기대를 일거에 무너뜨리는 터무니없는 상황에 의해 터져 나온다. 하지만 이러한 "실수"에 대해 웃을 수 있으려면 그러한 사건에 연루되거나 사로잡혀

선 안 된다. 따라서 다른 사람의 실수에 대해 스스로는 초연해야 한다(우리 자신은 이러한 실수를 범하지 말아야 한다). 헤겔이 보기에 희극의 본질은 자신만이 진리를 알고 있다고 굳게 믿고는 우쭐해하면서 다른 사람의 자가당착적인 모습을 비웃는 데 있다. 약자의 불행에 대해 웃도록 만드는 이러한 자신감은 당연히 악마적이다. 이 점에 관해서는 이미 보들레르가 모든 것을 이야기해 두었다. 익살의 전형적인 예는 밀레스 글로리오수스(miles gloriosus. 허풍선이 병사 — 옮긴이)인데, 그는 호언장담하며 의기양양하게 사방을 활보하다가 바나나 껍질에 미끄러지고 만다. 전혀 그러한 결과를 기대하지 않았고 또 우리 자신은 미끄러지지 않았기 때문에 우리는 악마적으로 또 편안한 마음으로 깜짝 놀라, 고소해하며 배꼽을 잡는다.

피란델로는 처녀처럼 화장한 다음 머리도 염색하고 소녀처럼 옷을 차려입고 집을 나서는 꼬부랑 할머니를 예로 들고 있다. 그는 다음과 같이 말한다. "나는 이처럼 치장한 할머니는 존경할만한 할머니의 모습과는 정반대의 모습이라는 사실을 간파한다."[2] 이처럼 돌발적인 사건과 마주치거나 통상적인 기대와 우월감 간에 균열이 생길 때(다른 사람의 실수를 알아채는) 우리는 웃게 된다.

그런데 피란텔로에 따르면 이처럼 정반대되는 것에 대한 간파는 정반대되는 것에 대한 느낌(sentimento del contrario)으로 이어진다. 이리하여 새로운 반성(反省)이 시작된다. 그 할머니가 잃어버린 젊음을 되찾겠다는 헛된 희망에서 그처럼 치장하는 이유를 이해하려고 노력한다. 다른 사람은 더이상 나와 분리되지 않으며,

나는 입장을 바꾸어놓고 생각해보게 된다.

그러는 와중에 나는 이제 나도 다른 사람처럼 될 수 있다고 생각하기 때문에 우월감을 잃어버리게 된다. 이리하여 웃음은 동정심과 뒤섞이며 웃음은 미소가 된다. 이리하여 나는 희극에서 유머(리즘)로 넘어가게 된다. 피란델로는 유머로 넘어가려면 ― 희극의 전형적인 특징인 ― 거리감과 우월감을 포기해야 한다는 점을 매우 명확히 인식하고 있다.

가장 멋진 예는 세르반테스이다. 돈키호테가 저지르는 모든 행위는 희극적이다. 하지만 세르반테스는 풍차를 거인으로 착각하는 바보에 대해 웃도록 만들지만은 않는다. 세르반테스는 본인이 돈키호테가 될 수도 있다는 점을 충분히 이해하고 있다 ― 아니 바로 그가 돈키호테이다. 돈키호테가 풍차 날개에 맞서 싸웠듯이 그도, 이제는 회의적으로 바라보게 되었지만 한때 자신이 그토록 열렬히 따랐던 이상에 대한 믿음에서 터키인들에 맞서 싸웠지만, 아무런 명예도 얻지 못하고 한쪽 손과 자유만을 잃어버렸다.『돈키호테』가 위대한 유머리즘 로망스인 것은 이 때문이다. 이와 달리 일단 아스돌포가 천마(天馬)를 타고 하늘을 날아다니게 한 다음(영웅적인 동화의 한 장면이다) 넌지시 그와 정반대되는 사실을 암시하기 위해서만 세련된 아이러니를 구사하는 아리오스토의『광란의 오를란도』는 전혀 유머스럽지 않다. 아스돌포는 매일 밤마다 안장에서 내려 여인숙으로 잠자러 간다(영웅적인 모습과는 정반대되는 범속함이며, 특출함과는 정반대되는 일상적인 모습으로, 유랑하는 기사와 정반대되는 출장점원의 모습과 진배없다).

피란델로의 규정을 보다 완벽하게 다듬어보기로 하자. 희극적 상황에 직면해 왜 그러한 상황이 벌어지게 되었는가를 곰곰이 생각하는 경우 유머(리즘)가 생긴다. 또는 아직은 희극적이지 않은 상황에 직면해서(밀레스 글로리오수스는 아직도 허풍을 칠 수 있다) 우리의 기대가 어느 순간에든 무너져 우스꽝스런 상황이 벌어지리라는 확신이 들 때도 마찬가지다.

그렇다면 유머는 거리감이나 우월감은 포기하고 현재와는 정반대되는 상황이 나타날 여지를 남겨둔 채 희극적인 상황이 벌어지기 전이나 후에 행하는 반성인 셈이다. 거리감을 잃고 희극적 사건에 사로잡히게 되면(바나나 껍질에 미끄러지게 되면) 웃음이 아니라 울음이 나오게 된다. 따라서 유머는 항상 우리의 과거나 미래하고만 관계하게 된다. 그렇다면 유머가 (피란델로의 에세이가 증명하려는 대로) 현재와도 관련되어 있다고 어떻게 얘기할 수 있을까? 따라서 우리는 피란델로의 규정을 다음과 같이 보충해야 한다. 유머는 우리가 지금 비극적인 것으로 체험하고 있는 현재의 특정한 상황을 이미 일어난 일 또는 이제 막 벌어지려고 하고 있는 일로, 아무튼 우리와는 무관한 일처럼 이야기함으로써 거리감과 우월감을 다시 끌어들일 수 있다.

하지만 피란델로는 분명하게 이론적으로 그런 이야기를 하지 않는다. 하지만 참으로 흥미롭게도 작품에서는 그대로 이를 실천하고 있다. 피란델로의 기법을 이론화한 사람은 그가 아니라 브레히트였다. 여기서 소격효과(Verfremdung) 문제가 제기된다. 내가 겪고 있는 일을 마치 내게 일어나지 않은 듯이, 사실이 아닌 듯이,

아니면 다른 사람에게 일어난 듯이 묘사해야 한다.

피란델로는 어떻게 하는가? 먼저 그는 등장인물과 배우를 구분한다. 그리고 실제로 사건이 진행되도록 하지만 그러한 사건이 배우들의 연기에 의해 재구성되도록 하거나, 아니면 배우들이 연기하도록 하지만 이러한 연기는 연기가 아니라 실제로 이들 배우에게 일어난 일일지도 모른다는 의구심을 일깨운다.

그런데 이 지점에서 익살과 유머리즘의 몇몇 범주를 보다 분명하게 구분하고, 피란델로의 유머리즘은 피란델로 본인에 의해서는 충분히 서술되지 않았다는 점을 밝히기 위해 이를 좀더 자세히 구분할 필요가 있다(피란델로는 이러한 일을 하고 있지 않다).

우스꽝스러움. 세상사의 자연스러운 질서와 위배되는 사건이 벌어지는 경우 우리는 웃게 된다. 나의 일도 아니고(거리감), (예를 들어 소녀처럼 화장한 할머니보다) 우월하게 느끼기 때문이다.

유머리즘 1. 희극적인 일과는 전혀 무관하지만 그러한 일이 벌어질 수 있다는 점을 간파한다. 미인을 보면서, 유머스럽게 삼십 살만 되면 그녀도 소녀처럼 화장한 할머니나 진배없겠지 하고 곰곰이 생각하는 경우도 그렇다. 그러한 일은 나의 간절한 기대와는 달리 그 여자에게뿐만 아니라 나의 미래에도 밀어닥친다. 다른 사람의 익살스런 모습은 나 자신의 익살스런 모습을 비추는 거울이다. 이러한 반성은 나의 순간적인 환상과는 정반대되는 나의 다른 모습을 상상할 수 있도록 해준다.

유머리즘 2. 희극적인 일이 벌어지지만 나는 거리감과 우월감을 포기하고 그러한 일을 당하는 사람의 심정을 이해하려고 한다 (나는 할머니를 이해하고, 또 결코 바보가 아니라 어찌 보면 나의 환상과 하등 다를 바 없는 환상의 희생자인 돈키호테를 이해한다).

유머리즘 3. 나는 비극적 상황에 처해 있다. 나는 배반당한 약혼자거나 자포자기한 아버지거나 박해받지만 "어쩔 수 없이" 불행을 고지(告知)할 수밖에 없는 선지자이다. 나는 자신을 다른 사람과 똑같이 보려 한다. 나는 스스로를 "소원하게 만든다". 나는 자신과 유희를 벌인다. 나는 반성을 거울로, 현실을 반성의 거울로, 거울의 거울을 거울의 거울의 거울로 이용한다. 한편으로 나는 이야기에 참여하며 따라서 희극적이라고 생각하면서도 이러한 이야기를 유머를 갖고 고찰한다. 다른 한편 이야기에 참여하지 않으며 따라서 어떤 의미에서는 외적이며, 소원하며 우월감을 느낀다. 이 때문에 그 이야기가 희극적인 듯이 이야기할 수 있다.

피란델로는 유머리즘에 관한 이 세번째 규정을 분명하게 제시하지 않는다. 왜? 이러한 규정을 더이상 유머리즘 형태로 파악할 수 없기 때문에. 피란델로가 이 에세이를 두 개의 한 단계 높은 차원으로 끌어 올릴 수 있는 것은 다름 아니라 거울과의 이러한 유희가 가능하기 때문이다. 그는 유머를 규정하는 대신 예술 일반 그리고 삶을 규정하고 있다.

피란델로의 시학

제1부에서 피란델로는 유머리즘(시의 전통적인 주제에 응용된 대중적이고 유희적인 시 형태)을 수사학적 도식을 깨버리기 위한 하나의 방법으로 묘사하고 있다. 고래부터 일종의 처방전으로 이탈리아 문학을 무겁게 짓눌러온 전통적 수사학이란 무엇인가? 일종의 약호, 규칙체계이다. 유머는 무엇을 하는가? 낡은 형태를 모방하지 않고 새로운 형태를 창조한다. 어떻게? 기존의 약호를 해체하고 추월하는 작업을 통해.

하지만 제2부에서 이러한 규정은 더이상 수사학과 유머가 아니라 낡은 예술과 새로운 예술 간의 차이에 적용되고 있다. (전통적인) 예술은 무엇을 하는가? 파악할 수도 없고 규정할 수도 없는 사건의 연속적 흐름인 삶에 누구나 이해할 수 있는 형태를 부여함으로써 고정된 형태, 유형으로 삶을 고정시켜버릴 뿐이다.

이와 함께 전통적 예술은 논리학과 마찬가지로 비합리적이고, 불변적인 형태와는 무관한 것에 합리성이라는 허상을 부여하려 하기 때문에 오류를 범하게 된다.

"예술 일반(하지만 여기서 피란델로는 자신보다 앞선 시대의 예술에 대해 논하고 있다)은 추상화하고 집약한다. 그리고 사물과 개인의 본질적이며 특징적인 이상형을 파악해 있는 그대로 묘사한다."[3] 만약 이런 식이라면 예술이 수사학이 되는 것은 식은 죽 먹기다. 그리고 이와 함께 다시 새로운 약호가 된다.

유머리즘은 무엇을 하는가?(이 지점에서 유머리즘은, 페르 텔릭

스쿨파[결점이 흠이 되지 않아 —옮긴이], 피란델로와 동시대의 그리고 그 이후의 예술이 되어버린다) 유머리즘은 약호들을 위반한다. 유머리즘은 예기치 못한 방식으로 사물을 고찰하며, 정형과 논리학의 가면을 찢어버리고 그 아래 감추어져 있는 삶의 모순을 발견해낸다.

따라서 다음과 같이 말할 수 있다. 만약 예술이 콜리지(Samuel Tylor Coleridge)의 말대로 의심하는 마음을 연기하는 태도를 함축하고 있다면 유머리즘(피란델로가 보기에 이것만이 새롭고 참된 예술이다)은 이처럼 의심하려는 마음을 연기하려는 태도를 연기하는 것을 함축하고 있다. 따라서 유머리즘은 유예된 불신성에 대한 믿음을 제거하고 의구심을 끌어들인다. 예술은 믿지 않으려는 자세를 함양하기 위한 지속적인 연습이다. 예술은 기존의 약호를 의문시하며, 이와 함께 세계와 삶도 의문시한다. 예술은 "임금님은 발가벗었다"라고 말한다.

하지만 정확히 말해 이것은 유머리즘에 관한 규정이 아니라 예술 자체에 대한 규정이다. 이것은 현대 미학이 예술에 대해 내리고 있는 규정이다. (앰프슨William Empson부터 야콥슨에 이르는) 애매모호함으로서의 예술, 정보와 비례하는 예술(이와 함께 약호가 우리에게 부과하는 반복과 "훌륭한 형식"의 체계로부터의 단절로서의 예술)이라는 이론을 보라. 그리고 통상적인 언어법칙의 단절로서의 예술과 이러한 체계를 깨버리는 동시에 이러한 파괴의 원인을 곰곰이 생각해보는(그리고 갑자기 나타난 무질서에 대한 희극적 경악 효과를 함축하고 있을 뿐만 아니라 이처럼 혼란이 야기되는 이유를 비판적으로 반성하도록 해주는) 행동을 통해 우리의 기대체계를 무너뜨려 버리는 것이 예술이라는 이론도 마찬가지다.

피란델로에겐 유머에 대한 규정이 예술에 대한 유일하게 진실한 규정이다. 하지만 이러한 규정 속에서 "유머"라는 통상적인 개념은 어떻게 될까? 여기서 유머에 관한 에세이는 형이상학적인 또는 실존철학적 에세이가 되어버린다. 이와 함께 우리는 마지막 검토사항, 즉 이 에세이의 제3부를 독해하는 과제로 나가게 된다.

불가능한 규정의 괴기극으로서의 에세이

원칙적으로 삶에 대해 말할 수 있는 유일한 방법은 유머스러운 방법뿐이다. 왜냐하면 삶 자체가 희극적이기 때문이다(삶이란 기대나 바람이 끊임없이 무너져가는 과정에 다름 아니다). 하지만 이러한 점을 이해하고도 삶에 특정한 형식을 부여하려 한다면 예술은 이제까지 항상 범해온 오류를 범하게 된다.

유머작가(즉 예술가들)의 전형적인 징표는 더이상 어느 측에 서 있을지 모르며, 어찌할 바 몰라 결단을 내리지 못하는 상태를 끝내 벗어나지 못하는 점에서 찾을 수 있다. "유머작가에겐 현실이 마음에 들지 않아야 한다! 거의 맘에 차지 않아야 하며, 조금이라도 마음에 들 경우에는 그 이유에 대해 집중적으로 반성하면서 그러한 상태에서 벗어나야 한다."[4] 하지만 피란델로의 이 문장은 다음과 같이 번역되어야 한다. "유머작가는 삶을 유머스럽게 규정해서는 안 된다! 전혀 유머스럽게 규정할 필요가 없으며, 그러한 규정에 대해 집중적으로 반성하면서 그것을 파괴해 버려야 한다." 반성은 "신랄하고 재기발랄하게 모든 것 속으로 파고 들어가 모든 것, 즉 모든 이미지와 감정을 전복시켜버린다" — 그렇다면 유머가 "반대되는 것에 대한 느낌"(그리고 "공감"과 "자신의 생각" 그리고 "자신의 고통"에 대해 웃어젖힐 수 있는 능력)이어서 안 될 무슨 이유라도 있단 말인가? 유머는 이러한 반성의 전복적인 활동을 견뎌내기 위한 무슨 특별한 장치라도 갖고 있단 말인가? 그렇다면 삶이 왜 유머 앞에서 안도의 숨을 내쉬어야 한단 말인가?

하지만 무엇보다 먼저 피란델로에게 삶이란 무엇인가? 나는 이 문제만큼은 (키치적이고 낭만주의적인 조야함을 벗어나지 못하고 있으나) 조프레 루델(Jaufré Rudel) 같은 사람에게 맡기는 것이 좋다고 생각한다. 하지만 이것은 (이 에세이에서) 모든 문제를 앞에서 설명한 식으로 제기한 피란델로가 책임질 문제다(피란델로는 막상 희극에서는 이 문제를 전혀 다른 식으로 바라보고 있다). 따라서 왜 삶이 특히 유머리즘적인 처리에 적합해 보이는지를 살펴보기로 하자.

— 현실은 환각에 불과하다. 우리는 다른 사람들이 의당 그러리라고 생각하는 모습이나 우리가 원하는 모습과는 다른 사람이다.
— 사회적 삶은 속임수와 거짓말을 요구한다.

― 사회는 원하는 바와는 다르게 행동하도록 만든다.
― 사회가 아니라 무의식의 힘이 우리를 규정하고 있다. 이러한 힘은 우리의 논리적이고 합리적인 노력을 무화(無化)시켜버린다.
― 따라서 우리는 하나의 영혼 또는 하나의 인격이 아니라 다수의 영혼과 인격을 갖고 있다.
― 그렇다면 삶이란 지속적인 흐름이며, 논리학의 형식은 이러한 흐름을 멈추려고 하지만 결정적인 순간에는 그러한 시도에도 불구하고 삶의 본모습, 즉 가면을 드러낸다.

이러한 주장의 철학적 진부함은 그냥 눈감아주기로 하자. 이러한 주장을 내놓으며 피란델로는 즉시 당대 철학의 3/4을 패러디하려 한다. 그리고 문체 또한 마찬가진데, 본문은 월터 페이터(Walter Pater)의 『르네상스 연구』부터 카를로 미켈스타에드터(Carlo Michelstaedter)의 『설득과 수사학』에 이르는 온갖 책의 인용문으로 가득 차 있다. 물론 후자의 비극적 긴장감은 찾아볼 길이 없다. 하지만 바로 그 때문에 철학자로서의 피란델로는 니체도, 그렇다고 하이데거도 아니게 된다. 우리도 이러한 유희에 동참해 그렇다면 도대체 ― 이러한 맥락에서 ― 예술가란 무엇인가 하고 자문해야 할까?

유머리즘 형식의 진가를 확인한 사람은 바로 피란델로이다. 그는 삶의 진상을 그려 보이고 밝혀내면서, 관습을 파괴하고 가면을 벗겨버리며 메타(meta)-언어적인 형태를 갖고 화석화된 언어에 충격을 가했다. 이러한 형태는 (논리학적-도덕적 가면 뒤에 가려져 있는) 우리의 모습과는 정반대되는 모습을 희극적으로 보여 주었다. 그리고 이와 동시에 이처럼 희극적으로 보이는 이유를 파악하려 하기 때문에 그러한 형태는 유머스런 반성이 된다.

하지만 이러저러한 상황에 **붙잡혀 있을** 때는 도대체 웃을 이유가 없듯이, 예술이 우리를 인간과 배우, 배우와 개인으로 갈라놓으면서 그러한 상황에서 **떼어놓고 소원하게** 만드는 경우에도 하등 웃을 이유가 없다.

즉 얼마든지 웃을 수 있지만 웃는 이유는 우는 이유와 하등 다를 바 없게 된다. 왜냐하면 유머는 원래 우리네 삶이 그러하며, 삶이란 희로애락의 반복에 불과하다는 점을 보여주기 때문이다. 따라서 희극과 유머리즘은 존재하지 않는 셈이다. 존재한다고 해도 비극과 동일하다. 이처럼 유머와 정반대되는 것을 통해 유머를 규정하는 방법 자체가 참으로 유머스럽지 않은가.

피란델로는 이 에세이의 서두에서 라블레의 글을 인용하고 있다.

> pour ce que le lire est le propre d'homme(왜냐하면 웃음은 인간에게만 고유하니까 — 옮긴이).

이 문장이 스콜라 철학의 토포스를 인용하고 있다는 사실을 피란델로가 알고 있는지는 알 길이 없다. 이러한 "프로프리움(proprium. 속성 — 옮긴이)"은 종(種)의 특정한 구성요소들이 서로 혼동되지 않도록 종에 따른 다른 규정을 보충해주고 있다. 예를 들어 인간은 짐승이다. 동물이지만 그는 이성을 부여받은 동물(animal rationale)이다. 하지만 그는 리덴스(ridens. 웃는 — 옮긴이)라는 프로프리움도 갖고 있다(이성을 부여받은 다른 동물이 있다고 가정하더라도 웃을 수 있는 동물은 인간뿐이다).

인간이 합리적이지만은 않은 짐승이라는 점을 입증할 생각이었다면 피란델로는 동시에 인간은 웃지 않는다는 점도 입증해야 했다. 하지만 그는 — 논박의 여지가 없는 — 다음과 같은 사실 즉 인간만이 유일한 애니멀 리덴스(animal ridens)라는 점을 입증하기 위해 장문의 에세이를 썼다. 피란델로의 에세이 전체는 오직 한 가지 목적만을 갖고 있다(이 목적은 무의식적으로 설정되고 있으며 또 자기모순적이다). 즉 웃을 수 있는 유일한 동물은 다름 아니라 비합리적이며, 이러한 비합리성을 합리화하길 원하나 늘 좌절할 수밖에 없기 때문에 하등 웃을 이유가 없는 인간들이라는 점 또는 보다 정확히 말하면 극히 비극적인 이유에서 그리고 오직 그러한 이유에서만 웃는 사람들이라는 점을 입증하는 데 있다.

아마 사람들이 다른 사람을 웃게 만드는 것은 이 때문이리라. 하지만 이것이 결론이라면 유머에 관한 피란델로의 이 에세이는 유머를 규정하는 대신 오히려 자체를 그의(유머리즘적인?) 희극의 후속편으로 규정하고 있는 셈이다.

(1969)

■ 주

우크바르에서의 유괴 ― 보르헤스의 공상과학 소설과 새로운 글쓰기

1) 호르헤 루이스 보르헤스/아돌프 비오이 카사레스, 전집 제1권, 『돈 이시드로 파로디의 여섯 가지 임무』, 뮌헨, 한저, 1983(이 글은 이 책의 후기로 쓰어졌다).
2) 에미르 로드리게스 모네갈, 『J. L. 보르헤스, 문학적 전기』, 뉴욕, 더튼, 1978.
3) 1970년 9월 19일자 『뉴요커』.
4) 하버드 대학 출판부, 1931~1958.
5) 퍼스의 유추와 셜록 홈스의 방법, 과학의 방법론 그리고 문학적 해석 간의 관계에 대한 일련의 연구에 대해서는 움베르토 에코, Th. A. 세벡(Eds), 『제3의 기호』, 인디애나대학 출판부, 1983을 참조하라.
6) 『버서스』 30호(1981)에 들어 있는 나의 논문 「추론: 아리스토텔레스부터 셜록 홈스까지」와 『제3의 기호』에 들어 있는 M. 본판티니(Bonfantini)와 G. 프로니(G. Proni)의 「추리할 것인가 말 것인가」를 참조하라.

플리니우스 2세의 초상으로서의 플리니우스 1세의 초상
― 어떻게 명성을 쌓을 것인가?

1) 알지르다스 J. 그레마스와 J. 쿠르테, 『기호학: 언어이론 사전』, 파리, 하세트, 1979. 이 점에 대해 아마 이들은 "진실의 계약"이라고 말할 것이다.
2) 이 논문에서 나는 『렉토르 인 파불라』에서 서술한 서사적으로 가능한 세계라는 이론을 응용하기로 한다. 물론 조금만 끈기가 있어도 그 책을 읽지 않고도 이 논문을 이해할 수 있지만, 나의 모델-독자들은 그 책을 읽었음에 틀림없으리라고 확신한다.
3) 가이우스 플리니우스 카에실리우스 세쿤두스, 『서간집』, VI, 16, G. 비탈리 판, 볼로냐, 차니첼리, 1968에서 인용한다. 3부분으로 나눈 것도 필자이고, 문장의 군데군데에 나오는 고딕체도 필자의 것이다.
4) A. N. 셔윈-화이트, 『플리니우스 서한집』, 옥스포드, 클라렌돈, 1966.
5) G. 제네트, 『형상 III』, 파리, 세이유, 1972.
6) 독자들의 편의를 위해 『렉토르 인 파불라』에서 서술한 내용을 아래와 같이 요약해 보기로 하겠다. W_0는 사람들이 실재한다고 이해하는 관련세계를 가리킨다. W_n

는 서사 세계 또는 파불라의 세계로 다양한 시점(t_n …… t_1,)에서 분석될 수 있다. W_{nc}는 이야기의 특정한 시점에 W_n의 특정한 인물의 신념체계, 희망, 사견(私見)(규범적인 태도)의 세계다. 따라서 나는 W_0에서 서사적 세계 W_n의 빨간 모자를 쓴 소녀 이야기를 할 수 있는데, 이 빨간 모자 소녀는 특정한 시점에서는(W_n에 있는 사람들은 침대에 누워 있는 것이 늑대라는 것을 알고 있지만) 침대에 누워 있는 사람은 할머니라고 생각하는 등 환상의 세계 $W_{nc}t_n$을 그대로 믿을 수 있다.
7) 『렉토르 인 파불라』, pp. 212 ff를 참조하라.

피란델로 리덴스 — 웃음에 관해
1) 루이지 피란델로, 『유머(리즘)』. 독일어 역으로는 『유머 에세이』, 요하네스 토마스 역, 민델하임, 사혼, 1986(유머리즘이라는 이탈리아어는 유머와 유머리즘을 동시에 의미한다 — 옮긴이).
2) 앞의 책, p. 161을 참조하라.
3) 앞의 책, p. 204를 참조하라.
4) 앞의 책, p. 188을 참조하라.

이 책을 번역하고 나서

> 번역은 문학작품과 달리 언어의 숲 한가운데 있지 않고,
> 언어의 숲 가장자리에서 언어의 숲을 바라보고 있으며
> 또 언어의 숲 속에 발을 들여놓지 않고도 원문의 메아리가
> 울려 퍼지는 그 유일한 장소에서 원문을 불러들일 수 있다.
> 발터 벤야민, 「번역가의 과제」

이 책은 움베르토 에코의 『거울과 그 밖의 다른 현상에 관해: 기호, 재현, 환상, 상상 Sugli Specchi e altri saggi. il segno, la rappresentazione, i'illusione, l'immagine』 중 에코가 이탈리아어 권 밖의 독자들을 위해 따로 한 권의 책으로 묶어 놓은 독일어판 선집을 옮긴 것이다. 옮긴이는 주로 독일어판을 참고로 해서 옮겼으며, 문맥이 제대로 확인되지 않는 경우에만 짧은 이탈리아어 실력으로 이탈리아판을 참조했다. '미국식'으로 개작된 영어판 번역본과는 달리 '유럽식 사고'의 기조를 그대로 유지하고 있는 독일어판 선집은 이탈리아어판을 아주 충실하게 옮기고 있다. 따라서 중역의 부담이 없지 않으나 이 책에 실려 있는 에코의 에세이의 특성상 번역원본이 굳이 이탈리아 원본이 아니어도 번역상 큰 하자가 발생하지는 않으리라는 판단과 독일어의 충실한 번역상태가 그러한 부담감을 상당히 경감시켜 주었다. 그리고 몇몇 논문에서는 영어 번역본도 함께 참조했다(「새로운 중세를 꿈꾸기」와 「플리니우

스 2세의 초상으로서의 플리니우스 1세의 초상 — 어떻게 명성을 쌓을 것인가」 등이 그렇다).

그리고 책 제목은 본문에 실려 있는 논문의 제목을 따서 『글쓰기의 유혹』으로 했다. 논문의 순서 또한 옮긴이가 재배치했다. 일부 논문의 부제는 에코 본인의 것이 아니라 옮긴이가 덧붙인 것이다.

이탈리아 판에는 이 책에 들어 있는 논문 이외에도 기호학에 관한 여러 글이 실려 있지만 다소 전문적인 내용이어서인지 독일어판 선집에서는 빼버렸다. 그리고 「거울에 관해」라는 논문은 이 선집에서 가장 많은 분량을 차지하고 있기는 하나 전문적인 기호학 논문인데다가 이미 국역본 『기호학과 언어철학』(서우석/ 전지호 옮김, 청하)에 들어 있기 때문에 이 번역본에는 싣지 않았다.

부제인 '기호, 재현, 환상, 상상'은 이 책이 기술복제시대의 예술적 상상력 문제를 다루고 있으며, 따라서 앞서 출간된 『포스트모던인가 새로운 중세인가』나 『철학의 위안』과는 같은 궤에 있지만 다소 다른 문제의식을 집약하고 있음을 보여준다.

에코의 책을 제대로 번역하려면 정말 지독한 인내심이 필요하다. 그리고 한시라도 기존의 사고방식에 대한 경계를 게을리했다간 낭패를 보기 십상이다. 사방에 생경한 용어가 지뢰처럼 묻혀 있어 하나만 오역해도 부비트랩과 같은 연쇄효과를 가져오기 때문에 '소박한 옮긴이'가 제대로 번역하기에는 요령부득이다. 비판적 옮긴이라도 백과사전의 용량이 제대로 구비되어 있어야 그래도 오역만은 면할 수 있는데 아무래도 국어사전 정도의 지식을 갖고 브리태니커 사전을 번역한 느낌이다. 또는 전자계산기를 갖고 최신기종인 파워 PC의 프로그램을 운용하려고 한 듯한 꺼림칙한 기분을 지워버릴 수 없다. 독자들도 책을 읽어나가면서 확인할 수 있겠지만 러시아 형식주의 이론이나 미국의 철학자 퍼스의 기호학 이론 등을 제대로 이해하지 못하고서는 문맥의 흐름에 따른 좋은 번역은 기대 무망처럼 보인다. 그리고 예를 들어 「표정의 언어」에서는 자그마치 헤겔의 『정신현상학』부터 롬브로소의 범죄학까지 뒤적거려야 했으며, 미니멀 아트와 개념예술이라는 용어 때문에 난데없는 미술공부를 했으나 턱도 없는 짓임은 불문가지리라. 그리고 '가능한 세계'(이는 무엇보다 '사고 실험'을 떠올린다)나 그와 연관된 '백과사전' 등의 개념은 무엇보다 먼저 비트겐슈타인이나 분석철학을 모르고서는 제대로 문맥을 잡아 번역하기가 쉽지 않으나 이 역시 옮긴이의 능력 밖의 일이었다.

독자들 또한 에코의 글을 읽으면서 이러한 곤궁에 처하리라 생각된다. 따라서 일일이 용어에 대한 해제를 달아야 하나 옮긴이의 능력부족 말고도 책이 한참 두꺼워지는 물리적 부담 때문에 최소한의 용어 해설에 그쳤다(용어해설에서는 주로 『소설학 사전』, 한용환 지음, 고려원을 참조했다).

에코는 실천적으로는 63그룹이라는 문화 '운동'에 참여했을 뿐만 아니라 러시아 형식주의와 미국의 퍼스의 철학을 토대로 독특한 이론을 구축한 학자로 평가되고 있다. 이 책에서 예를 들어 미학이라는 용어보다는 시학이라는 용어를 사용하고 그의 기본 논지를 구성하고 있는 여러 개념 또한 러시아 형식주의의 핵심개념이라는 사실은 그의 이러한 사고의 궤적을 어스름히 보여주고 있다(몇몇 논문의 서론 부분에서 에코가 끊임없이 시비를 걸고 지나가는 크로체는 문학주의와 미학주의의 완성자였다). 이처럼 에코가 걸어 나간 "미학"에서 기호학으로의 길은 동시에 현대 예술이론의 새로운 모색의 길을 보여주기도 한다.

에코는 러시아 형식주의와 퍼스의 기호학을 새롭고 독창적으로 변주함으로써 이탈리아의 새로운 문화운동에 이론적 근거를 제공해주었을 뿐만 아니라 프랑스를 중심으로 한 대륙의 주류적 흐름과 끊임없이 길항작용을 함으로써 세계적 명성을 획득한 독특한 사상가이다. '열려 있는' 작품이라는 에코의 미학과 기호학의 기본 논지는 그가 자신과 마찬가지로 러시아 형식주의와 소쉬르의 이론을 기초로 '의미는 닫혀 있는 구조에 의해 생산된다'는 논지를 주조해낸 프랑스의 구조주의와는 정반대의 길로 걸어 나갔음을 보여준다. 그 때문인지 그의 논지의 그물망 속에 포착되는 모든 사실과 이론은 기존의 맥락에서 벗어나 새로운 의미를 얻게 된다. 그리하여 모든 분석대상은 낯설게 하라는 기법에 따라 전혀 새로운 모습으로 열려진다. 이처럼 그의 기호학 이론과 글쓰기 전략은 완벽하게 일치하고 있다.

따라서 소박한 독자가 아니라 비판적 독자가 되려면 이러한 배경적 지식이 요구되지만 아마 그러한 사전지식 없이도 무난하게 읽을 수 있는데 에코의 글의 매력이 있는 것 같다. 그것은 아마 그의 글이 난해한 이론의 미궁 속으로 우리를 몰고 가 온갖 현란

한 용어나 개념을 들이대면서 우리의 넋을 빼놓는 것이 아니라, 그러한 개념이 바로 우리의 일상적인 삶과 직결되어 있음을 보여주기 때문일 것이다. 에코 기호학의 양축의 하나인 미국의 기호학자 퍼스(C. S. Peirce)는 자신의 철학적 사유는 "Peirce-everence" "Peirce-istence"의 산물이라고 재미있게 말한 바 있다. 움베르토 에코 또한 러시아의 형식주의나 프랑스의 구조주의와 같은 주류적 흐름을 힘겹게 버텨 읽는 가운데 독창성을 확보한 독특한 사상가라고 할 수 있다. 20세기의 지적 흐름의 거장 로만 야콥슨을 독특하게 변주하고 레비-스트로스와 논전을 벌이는 등 에코는 숲의 한가운데가 아니라 이탈리아라는 숲의 가장자리(또는 제국의 변방)에서 "원문의 메아리가 울려 퍼지는 그 유일한 장소에서 원문을 불러들이는" 독특한 사유의 진경을 보여준다. 에코가 재미있는 이유는 이처럼 변방적 사유가 제국의 논리를 독특하게 소화해내는 방법에서도 찾을 수 있다. 그러니 에코의 책을 읽는 독자들 또한 응당 그만한 "인내심"과 "버텨 읽기"의 예를 갖춰야 마땅하지 않을까? 그람시는 경이의 눈으로 바라보고 말았고 마피아는 총으로 지하세계를 석권했지만 이제 에코는 자신의 독특한 사유 하나만으로 미국이라는 문화 제국의 시장을 공략하고 있는 셈이니 말이다.

이와 동시에 이 글의 여러 부분에서 소박한 독자와 비판적 독자를 구분하면서 에코가 텍스트 해석에서는 이들 독자의 역할이 핵심적인 요소 중의 하나라고 강조하고 있듯이(『렉토르 인 파불라』의 부제가 '서사텍스트의 해석에서의 공조共助'이며 이 책의 일부를 번역해놓은 영어판 논문집의 제목은 『독자의 역할』이다) 독자는 텍스트와 맞서가면서 비판적이고 의식 있는 주체로 스스로를 구성해야 할 책임이 있다.

아래의 글은 용어를 자세하게 해제하지 못한 죄를 탕감하기 위해 옮긴이 나름의 독서 전략을 제시함으로써 독자들에게 '하나의' 안내지도를 제시하기 위한 시론에 불과하다. 따라서 서문보다는 후기의 형식을 택해 이 책을 끝까지 읽은 독자들이 자신의 독후감과 옮긴이의 독후감을 비교해가면서 상호유희를 즐길 수 있는 형태를 취했다.

예술과 매스미디어 우주의 시리즈 문제: 미학에서 시학으로

이 논문은 현대의 매스미디어 문화가 제기한 몇 가지 예술적-미학적 문제를 검토하면서 이러한 매스미디어 문화를 조망할 수 있는 새로운 문제틀을 정식화하고 있는 매우 흥미롭고도 중요한 글이다. 동시에 이 글은 이러한 문화를 해석하는 데서 기호학이 갖는 의미도 함께 검토하고 있다.

아직 고전 예술의 감수성을 크게 벗어나지 못하고 있는 우리 문화는 재탕, 베끼기, 패스티시 등의 용어만을 들어도 알레르기 반응을 일으키지만 주말연속극이나 대하드라마 등 이미 우리 생활의 많은 부분은 반복적인 도식에 중독당해 무감각 상태에 있다. 아직까지 문학 하면 주로 지식인의 자기수양으로 이해하는 우리 문화에서 베끼기라는 말 자체가 대단한 거부감을 일으키는 점은 충분히 이해되나 비디오와 TV 그리고 광고에서는 이러한 반복적 도식의 눈사태에 휩싸이고 온갖 도식의 공습을 피할 수 없게 된다. 주로 이처럼 새로운 문화 현상을 배경으로 하고 있는 포스트모더니즘 논의 또한 이념적 시비에 걸려 본격적인 토론으로 이어지지 못하고 있다. 일전의 문학에서의 (일본문학) 베끼기 논쟁 또한 도덕적 정당성 논쟁을 크게 넘어서지는 못한 것 같다. 물론 그러한 베끼기가 예술적 실험보다는 상업적 투기와 결탁되어 자행되기 때문에 논의를 한층 어렵게 만든 측면이 있기는 하나 그러한 베끼기 전략의 메커니즘이나 그러한 베끼기의 예술적 가능성에 대한 본격적인 논의는 아직까지 찾아보기 힘든 실정이다.

아무튼 이러한 문학의 영역을 벗어나면 우리의 삶 자체가 단조로운 일상의 반복으로 가득 차 있듯이 우리가 보고 듣게 되는 모든 정보나 담론 또한 상투적이고 뻔한 속성을 갖고 있다. 하지만 우리가 내일의 새로운 삶에 대한 미련을 끝까지 버리지 못하듯 일상적으로 부딪히는 정보나 메시지는 항상 새로움과 신선함으로 위장한 채 자기위안을 삼도록 우리를 끈질기게 유혹한다. 뻔할 뻔 자지만 TV나 광고 등 다양한 설득 메커니즘에 의해 언제나 새롭고 독창적인 것으로 느끼도록 강요당한다고 하는 쪽이 더 정확할지도 모르겠다.

에코의 이 논문은 이처럼 일상생활에서는 늘 부딪히면서도 별다른 문제의식 없이 대하는 문제를 새롭게 조명하고 있다. 에코는 먼저 이러한 반복성에도 기본적인 흐름과 경향이 있으며 그러한 반복적 성격은 어느 시대나 지역에서도 발견되는 예술과 문화의 기본적인 흐름이라는 점을 밝히면서 이처럼 전혀 새로운 현상과 관련된 문제를 전체를 새롭게 짜낸다. 그런 다음 그러한 성격이 시대에 따라 어떻게 변주되는가를 추적하면서 그러한 반복적 성격의 예술적 가능성을 탐구한다. 특히 동일한 토포스가 모더니즘과 포스트모더니즘에서 어떻게 인용되는가를 밝히고 있는 부분은 이 논문의 백미로 소위 포스트모더니즘과 그 이후의 예술의 가능성을 진지하게 검토하고 있는 흥미로운 논의를 보여준다.

아마 현재의 우리의 문화논의가 침체되어 있는 이유 중의 하나는 '진보적인 문화'를 둘러싼 논의가 주로 문학을 중심으로 진행되던 와중에 문화 시장의 메커니즘이 급격하게 변하고 매스 미디어와 대중문화의 등장으로 상징되듯 글쓰기 문화에서 (TV나 비디오) 시각매체로 문화의 중심이 급격하게 이동하는 데서 찾을 수 있을 것 같다. 그리고 주로 1980년대에 논의되던 미학적-예술적 범주(예를 들어 '당파성'이나 고색창연한 '문학성')를 갖고는 이러한 변화를 따라잡을 수 없는 데 우리의 고민이 있는 것 같다. 아마 이러한 흐름에 올바로 대응하려면 넓은 의미의 텍스트의 미세한 구조를 해명할 수 있는 방법을 새롭게 모색하고 그러한 텍스트를 사회라는 보다 커다란 맥락(Context)에서 조망할 수 있는 광의의 사회학이 요구될 것이다. 아마 전자는 (좁은 의미의) 미학에서 시학 또는 기호학으로의 방향전환에서 하나의 가능성을 모색해볼 수 있을 것 같고 후자는 포스트모더니즘과 반봉건적 의식이 공존하는 우리 사회에 대한 사회학을 통해 새로운 방향을 모색해볼 수 있을 것이다. 따라서 이 글을 전자의 맥락에서 놓고 읽으면 한층 흥미롭게 읽힐 것이다.

새로운 중세를 꿈꾸기: 왜 중세인가?

아마 포스트모더니즘이 주장하는 "중심의 부재" 또는 권력의 편재론(遍在論)과 "다원적 사회"의 가장 전형적인 모델은 중세시대라고 할 수 있을 것이다.

'팍스 로마나'라는 로마제국의 전성기는 곧 귀족의 토지겸병 때문에 대제국을 건설하는 동력이었던 기병, 즉 자영농의 경제적 토대가 붕괴되고 용병제가 도입되는 등 군사적-경제적 토대가 붕괴함으로써 사방에서 균열되기 시작한다. 따라서 로마제국의 5현제 다음에는 벌써 몰락의 기운이 도처에 넘쳐흘러 로마에는 페스트가 창궐하고 이민족인 게르만족이 로마제국 안으로 들어서기 시작했으며 클라시우스의 반란이 시작된다.

이리하여 5현제의 하나인 아우렐리우스는 자포자기라도 한 듯 벌써 영혼의 안일을 위해 『명상록』을 쓰기 시작하며, 사람들의 의식은 금욕주의와 회의주의 또는 "불행한 의식"(종말론인 기독교) 속으로 떠밀려 들어가기 시작한다(물론 이와 정반대로 아우구스티누스는 오늘날의 AIDS나 만성 피로징후군, 또는 "오렌지족"의 등장과 유사한 이러한 종말론적 현상에 직면해 비관주의로 치닫지 않고 방탕과 타락으로 찌들었던 과거의 삶과 종교적 방황을 청산하고 새로운 시대, 즉 중세를 철학적으로 준비했다).

중세에는 정치체제에서는 일국의 국가권력이라는 중심 권력이 부재했고 봉건 영주의 지방 할거주의가 득세했다. 경제면에서는 생산-소비의 일치와 다품종 소량생산주의가 우세했다. 그리고 문화에서는 마치 현대의 자크 데리다처럼 새로운 창조보다는 이전의 전적(典籍)에 대한 주석 넣기와 각주작업이 지배적이었으며, 다양한 문화중심이 공존했다. 그리고 무엇보다 먼저 문화나 이데올로기의 영향력이 어느 시대보다 컸으며, 이데올로기나 시각적 상징이 압도적인 힘을 발휘했다. 그리고 전적은 아주 희귀하고 값이 비싸 성경의 소유 자체가 부와 권력의 상징이 될 정도였다. 마치 오늘날 우리가 의식적-무의식적으로 다가오는 상징조작에 의해 끊임없이 중독되고 있듯이 당시에는 종교 이데올로기가 일상생활의 거의 모든 과정을 지배했다. 또 오늘날 거리가 온통 광고로 뒤덮여 있듯이 당시에는 교회를 비롯한 모든 건물이 성경의 가르침에 대한 은유와 직유였다. 아마 봉건시대와 우리 시대만큼 상징과 이데올로기가 인간의 모든 면을 지배했던 적도 드물 것이다(물론 중세의 모든 논리나 행동의 이면에는 신이 자리 잡고 있었던 반면 현대에는 자본의 논리와 상품이 그 자리를 대신하고 있는 차이가 있지만 말이다).

마스트리히트 조약이나 그에 뒤이어 등장한 유럽연합 등 현재의 유럽의 많은 징후는 적어도 유럽이 새로운 중세로 접어들고 있음을 예견케 하고 있다. 앞으로 탄생될 유럽 연합은 아마 앞에서 역사적 비유를 통해 제시해본 중세의 모습과 대동소이할 것이다. 즉 신성로마 제국과 유사한 중앙권력인 유럽연합이 존재하지만 실권은 주로 지방에 할거하고 있는 '영주'들의 수중에 분산되어 들어갈 것이다.

그리고 유럽연합의 동쪽에는 이 공동체의 식민지가 되어버린 동구 유럽이 버티고 있다. 다시 그 너머에는 한층 광활한 소련이 버티고 있다. 마치 회교가 종교적으로는 기독교와 같은 뿌리를 가졌지만 역사적으로는 유럽과 전혀 다른 길을 걸어갔듯이 이들은 문화나 종교적으로 모두 유럽 문화와 같은 뿌리를 갖고 있지만 서구와는 전혀 다른 문화전통과 종교를 발전시켜온 '이민족' 들이다. 그리고 이들은 아랍의 회교도들처럼 전통적으로 유럽의 불안요소였다. 로마 시대에 이 지역의 이민족이 로마제국을 멸망시켰으며 20세기 초에는 러시아혁명이 "세계를 뒤흔들었다". 20세기 말에는 소련의 변화가 다시 한 번 세계를 뒤흔들고 있다. 최근의 독일의 극우 테러를 유발하고 있는 이들 "이민족"의 유럽 이주는 유럽의 안정을 뒤흔들고 있다. 최근의 소규모의 이민족의 유입만으로도 독일과 프랑스에서는 극우 민족주의가 판치고 있는데, 이들의 배후에는 이들 이민족의 본거지가, 특히 이제부터 본격적인 격동에 휩싸일 광대한 러시아가 버티고 있다. 이들 동유럽과 러시아는 유럽연합(보다 구체적으로는 독일)의 이민족 식민지가 될 것으로 보인다. 하지만 그것은 결국 유럽연합의 불안요소 또한 점증되어간다는 이야기에 다름 아니다.

특히 러시아는 페레스트로이카로 인한 급격한 파괴 이후 급격한 변화의 와중에 있다. 그리고 이러한 변화는 동구에 다시 커다란 파장을 미칠 것이다. 이러한 두 개의 커다란 서진(西進)의 물결은 다시 서유럽에 큰 파도를 일으킬 것이다. 러시아의 변화는 당연히 경제개혁의 향방과 함께 민족분규에 의해 좌우될 것이다. 경제개혁의 경우 이미 형성되어 있는 자본의 분배(소위 소유의 다원화)가 핵심적인 문제로 제기되고 있다. 따라서 소유문제를 둘러싸고 격렬한 계급대립이 벌어질 수밖에 없다. 지금의 상태로 간다면 "블랙마피아"(구공산당 관료와 이들을 등에 업은 신흥 자본가들)에 의한 자본 독과점과 대다수 국민의 무산자화의 방향으로 나갈 수밖에 없을 것이다. 특히 회교공화국들의 동향이 아직 미정이나 내부의 민족분규는 러시아가 얼마든지 내전을 벌이고 있는 유고의 확대판이 될 가능성이 있음을 추측케 한다. 아마 경제개혁의 추이가 이러한 가능성을 현실성으로 전화시키는 불꽃이 될 것이다. 특히 회교권은 고래로 러시아의 불안요인이었다. 소련이 국제적인 고립을 감수하면서까지 아프가니스탄을 침공한 이유가 "제국주의가 사주한 회교권의 소련 포위전략"을 돌파하기 위한 고육지책이었을 정도니 말이다. 아무튼 새로운 중세로 나가고 있는 유럽연합의 외부에서는 이처럼 '이교도'들의 본거지가 격변에 휩싸여 있다.

여기에 덧붙여 '비단길'의 출발지인 동방의 엄청난 격변은 호기심과 함께 두려움을 가져다주고 있다. 지금 중국에는 약 12억의 인구 중 약 10억은 농촌에, 2억은 도시에 머물고 있다고 한다. 소위 중국의 사회주의 제1단계 축적기는 자본주의의 본원적 축적기처럼 이러한 인구 비율을 완전히 역전시켜 10억은 도시에, 나머지 2억은 농촌에 남기기 위한 전대미문의 계획이라고 할 수 있다. 인류 역사상 가장 거대한 변동이 중국 대륙에서 용틀임하고 있는 셈이다. 따라서 이처럼 거대한 변화가 유럽인들에게는 소위 황화(黃禍)에 대한 두려움과 함께 엄청난 시장이라는 매력으로 다가들 수밖에 없을 것이다.

이러한 가설적이고 잠정적인 스케치는 에코가 왜 자꾸 새로운 중세를 논하는가를 옮긴이 나름대로 정리해 그의 텍스트를 현실의 역사적 맥락에 위치시켜 보기 위한 작은 시도에 불과하다. 물론 이러한 가설적인 서술은 역사적 비유에 불과하기 때문에 세부적인 내용의 타당성 여부보다는 기본 맥락에 따라 글을 읽는 데 참조하기 바란다.

제1부 세계를 얼마나 다양하게 서술할 수 있을까?

세계를 얼마나 다양하게 서술할 수 있을까? 당연히 무수히 많다. 먼저 장르와 매체에 따라 글쓰기 방식이 다를 뿐만 아니라 같은 장르 안에서도 다양한 글쓰기가 공존하면서 서로 유희하고 있다. 특히 특정 장르나 매체의 글쓰기 방법이 다른 장르나 매체로 이식될 경우 원래의 장르에서와는 전혀 다른 효과를 낳기 때문에 당연히 그럴 수밖에 없다.

첫번째 글인 「거짓말의 전략 — 닉슨의 서사전략과 TV의 영상전략」은 제1부의 문제의식을 집약적으로 보여준다. 세 가지 차원의 서로 다른 담론전략 간의 경합과 상호유희를 재미있게 보여주는 동시에 이러한 서사전략이나 글쓰기 전략이 매체를 달리하는 경우 어떻게 변주되는가를 기막히게 분석해내고 있다. '구텐베르크 은하계'의 서사세계에서라면 분명히 닉슨이 승리를 거둘 수도 있었을 테지만 서사전략과는 전혀 무관하게 '표정의 언어'가 모든 서사전략을 무화시켜 버리고 마는 매스미디어의 위력에 대한 에코의 분석은 현대의 여러 담론의 상호격돌과 상호반전 그리고 상호유희를 재미있게 보여준다. 이 글은 전통적인 서사전략에 덧붙여 이처럼 전혀 새로운 시각(visio. 視覺)의 전략을 동시에 구사하는 현대의 매스미디어를 새롭게 분석할 수 있는 단초를 마련해주고 있다.

「글쓰기의 유혹」은 글쓰기 자체가 곧 (미시) 권력의 탄생지인 동시에 진리와 문화의 기록처임을 재미있게 보여주고 있다. 결국 글쓰기나 그 결과인 텍스트는 권력에의 유혹과 권력에의 저항이 공존하는 게임의 장(場)이자 진리와 허위가 술래잡기 놀이를 하는 마당인 셈이다. 예를 들어 『사기』를 집필한 사마천이나 그 밖의 동양의 사관을 염두에 두면서 이 글을 읽으면 글쓰기(또는 기록)가 권력과의 이중의 유희라는 명제를 보다 흥미롭게 이해할 수 있을 것이다. 동시에 이 글은 고전의 매력이 어디에 있으며 또 고전을 어떻게 읽어야 하는가에 대해서도 일정한 시사점을 마련해준다. 예를 들어 공자의 유가사상을 윤리적-종교적 체계로 읽는 동시에 당대 사회의 권력투쟁의 만화경으로 읽을 때만이 고전 본래의 맛이 살아날 것이다.

또 『삼국지』는 복고주의자들의 역사에의 복수라는 점을 전제하고 읽어야만 복고주의자인 유비와 '악당이자 역신'인 조조 간의 도덕극이 아니라 동양의 정치학의 축도로 이 책을 읽을 수 있을 것이다. 예를 들어 학정과 굶주림에 지쳐 봉기에 나선 농민에 다름 아닌 황건적에 대한 부정적인 묘사는 삼국지를 쓴 사람들의 복고주의적이고 왕건주의적인 권력놀이를 그대로 보여주는 대목이며, 도덕정치의 화신으로 그려지고 있는 유비와 패도정치가의 화신으로 그려지고 있는(하지만 동양이 내놓은 몇 안 되는 탁월한 현실정치가인) 조조의 대조적인 성격묘사는 명분론을 중시하는 유교적인 정치관의 투영이라는 점을 간파해야 한다. 결국 글읽기란 이처럼 권력과의 이중적인 유희를 전제하며, 좋은 글읽기란 결국 이러한 이중의 유희를 포착하는 힘겹고도 흥겨운 대화인 셈이다. 그리고 독자들이 주도하는 '리얼리즘의 승리'의 또다른 모습에 다름 아니게 된다.

「마르코 폴로 — 미지의 세계에 대해 글쓰기」는 문화의 다원화나 '문명충돌론'과 같은 현대의 화두와 관련하여서도 흥미롭게 읽힌다. '국경 없는 경제'라는 새삼스런 명제처럼 세계는 넓어지고 노동 분업의 가속화에 따라 세대나 사회의 각 집단 간의 이질화 또한 심화되고 있다. 이러한 현대 세계에서 이처럼 서로 다른 상대방의 세계를 진정으로 이해하고 상호교류의 다리를 놓는 일이 아주 중요해지고 있다. 현대 세계에 들어와 문화의 비중이 점차 높아져 가는 것 또한 이 때문일 것이다. 폴로의 글은 다른 세계에 대한 글쓰기의 본령은 실상은 자신의 세계에 대한 글쓰기이며 (문화적) 상대주의라는 가혹한 연옥의 불을 통한 자기정화와 반성의 길에 다름 아니라는 사실을 상기시킨다. 또 폴로에 관한 이 글은 이국주의에의 함몰이 아니라 자기성찰이 바로 근대성의 출발점이라는 사실을 재미있게 보여주기도 한다. 그리고 '늑대와 승냥이가 살고 있는' 우리의 북한을 마르코 폴로식으로 그려 보일 수 있는 성숙된 의식이 우리 사회에 자리 잡기를 같이 기대하게 된다.

「조악한 회화에 대해」는 서사전략과 영상전략 간의 넘나들기를 보여 주었던 「거짓말의 전략」과 달리 글쓰기 전략이 연극과 회화라는 서로 다른 장르에서는 서로 어떻게 영향을 주고받는가를 보여준다. 또다른 회화론인 「리얼리즘 환상」은 스스로 표방하는 이념이나 구호가 아니라 기본적인 예술적 형성방식을 기준으로 예술을 평가해야 함을 잘 보여주고 있다. 「연극과 기호」는 연극이라는 장르의 특징을 살피면서 기호의 본질과 함께 연극의 특징을 살펴보고 있다.

제2부 실험과 소비 사이에서

현대의 광고나 시각디자인 등은 현대의 예술 '혁명'이 어디서 벌어지는가를 분명하게 보여주는 동시에 그러한 혁명이 상업적 소비에 얼마나 접근하고 있는가를 보여준다. 마야코프스키가 소위 전단지 시를 내놓고 아방가르드 운동가들이 모나리자의 코 밑에 수염을 달아 새로운 예술 작품이라고 내놓은 이래 '고전적인 예술의 죽음과 새로운 예술의 탄생'은 이미 충분히 예견되고 있었다. 이러한 경향은 만화나 마릴린 먼로의 사진을 이용해 예술 작품을 만들어내는 팝 아트나 예술성 자체를 없애버림으로써 새로운 예술을 만들어내려는 역설적인 목표를 추구하는 미니멀 아트 등에 이르기까지 끊임없이 이어져왔다. 그리고 도시 전체를 예술 작품으로 만들려고 한 러시아의 아방가르드 운동에서부터 강철문명을 예술화하기를 갈망한 이탈리아의 미래주의 운동까지 이처럼 새로운 예술적 실험은 동시에 삶과의 통일을 추구했기 때문에 제2부의 제목대로 실험과 소비는 거의 동시적인 현상이 되어버리고 만다. 에코는 제2부에서 실험과 소비 간의 내적인 연관관계를 차분히 분석하고 있다.

첫번째 글인 「'몽테크리스토백작'을 찬양함」은 낭만주의 이후의 글쓰기가 얼마나 시장 메커니즘에 긴박되어 있으며, 그러한 메커니즘이 작가의 사회적 위치뿐만 아니라 글쓰기 자체까지 완전히 장악하고 있는지를 보여준다. 낭만주의적인 문학관에 따르면 작가는 고독한 창조자로, 자신만의 우주에서 새로운 우주를 만들어내는 신과 같은 위치에 있다.

하지만 시집을 내놓고 "어느 날 깨어보니 유명해졌다"라는 바이런의 말대로 이미 낭만주의 시대부터 작가들은 새로운 시장이라는 가혹한 신에게 몸을 팔 수밖에 없었다. 작가는 창조자이기는커녕 원고 한 줄당 얼마씩 받는 고료로 목숨을 부지하는 '생산자'에 불과하게 되어 버리고 만다. 사방을 코르크 마개로 틀어막고 글쓰기에 몰두한 프루스트나 예술을 위해 정신적 망명을 택한 다음, 아무도 읽을 수 없게끔 자그마치 십여 개 국어로 『피네건의 경야』를 내놓아 이러한 시장 메커니즘에 정면으로 도전한 조이스의 모더니즘에 이르기까지 작가의 이러한 사회적 위치와 소설 창작 메커니즘은 크게 변하지 않는다.

이 글이 대중문화의 소비 메커니즘이 예술적 창조의 영역과 어떠한 관계를 주고받는가를 보여준다면, 두번째 글인 「63그룹」은 1960년대 이후의 이탈리아의 문화의 특수성을 되짚어 보면서 현대예술의 기본 경향인 실험주의와 아방가르드가 이탈리아 정신의 두 흐름 즉 계몽주의 그리고 관념론과 어떠한 관계를 맺고 있는가를 반성적으로 되짚어보고 있다. 이 글은 에코가 주도적으로 참여해 일종의 이론가 역할을 했던 63그룹의 궤적을 보여주면서 (에코의 『열린 예술 작품』은 동시에 이 그룹의 선언서이기도 하다) 정신적으로 남부와 북부로 갈려 있는 이탈리아의 정신적 지형도와 함께 에코의 지적인 성장과정을 흥미롭게 보여준다.

제3부 세계에 대해 요모조모 생각해보기

3부의 글 중 공상과학 소설을 다루고 있는 앞의 두 글은 퍼스의 용어 말고는 크게 어렵지 않을 것이라 생각된다. 그리고 「플리니우스 2세의 초상으로서의 플리니우스 1세의 초상 ― 어떻게 명성을 쌓을 것인가」는 기본적으로는 러시아 형식주의나 기호학의 기본개념을 이해해야 본래의 맛을 즐기며 읽을 수 있지만 에코 본인도 지적하고 있듯이 크게 어렵지는 않을 것이다. 어려운 용어가 나와도 미리 질색하지 말고 본문 속에서 그러한 용어의 의미를 차분히 재구성해 나가면서 읽어나가면 된다.「피란델로 리덴스」는 피란델로의 희곡을 통해 희극과 유머의 본질뿐만 아니라 삶의 본질에 대한 귀중한 통찰을 보여주는 글이다.

퍼스의 용어의 경우 아직 국내에는 확정적인 번역이 없기 때문에 번역이 잠정적이라는 점을 덧붙이고 싶다. 퍼스(1839~1914)는 잘 알려져 있다시피 실용주의라는 미국의 정신을 주조해낸 미국의 철학자이다. 이뿐만 아니라 그는 대표적으로는 이탈리아의 에코와 독일의 아펠(Karl-Otto Apel)과 하버마스 그리고 소련 내에도 많은 추종자를 거느린 현대 사상의 대가이다. 예를 들어 로만 야콥슨은 "퍼스는 1940년대 이래 나의 가장 강력한 영감의 원천"이라고 말할 정도다. 하지만 이와 동시에 그가 재직했던 존스 홉킨스 대학의 총장은 뉴욕에 들렀다가 퍼스가 같은 호텔에 묵고 있는 걸 알자 "그처럼 비도덕적인 사람하고는 하루도 같은 지붕에 머물 수 없다"고 급히 떠날 정도로 학계와 일반인들에게서 철저하게 고립된 삶을 산 불행한 사람이기도 했다. 1914년에 죽었지만 이제까지 전기가 하나도 나오지 않다가 80여 년이 지난 1993년에야 비로소 전기가 출간되었을 정도다. 하지만 이와 동시에, 그처럼 세인의 오해 속에 묻혀 있었는데도 사후 70여 년이 지난 1982년부터 2만여 페이지에 이르는 수고가 전집으로 재편집되고 있을 정도로 시대의 흐름에 따라 빛을 발하고 있는 사상가가 되었다. 그리고 미국에서는 구레나룻이 무성한 그의 얼굴이 T-셔츠에 새겨질 정도로 이제는 대중적인 인물이 되었다.

평생을 고독 속에서 살면서 그래도 자신을 인정해주고 일자리를 주선해준 제임스와 듀이가 자신의 철학을 프래그머티즘(Pragmatism)이라고 부르자 Pragmaticism이라는 신조어를 동원해 자신은 다르다는 주장을 굽히지 않은 데서 잘 보이듯 퍼스는 신조어의 귀재에다가 통상적인 용어를 다시 재주조해 완전히 다른 의미로 사용하기 때문에 그의 글을 번역하는 일은 여간 어렵지 않다. 예를 들어 도상(Icon)-지표(Index)-상징(Symbol)으로 이루어지는 기호3분법의 경우 상징은 우리가 통상적인 의미로 사용하는 상징과는 전혀 다른 의미인 반면(이는 대략 성경의 로고스 정도에 해당된다) 지표가 통상적인 의미의 상징에 해당된다. 그리고 이러한 기호3분법은 중세 철학에 기반하고 있기 때문에 현대철학의 관점에서 퍼스의 기호학을 이해하기가 쉽지가 않다. 연역-귀납-유추의 3분법 또한 마찬가지다. 특히 abduction을 유추라고 번역해보았는데, 적절한지는 모르겠다. 퍼스는 이 용어를 retrospecting 또는 guessing으로도 바꾸어 사용하기 때문에 크게 틀린 번역은 아니리라 믿는다.

전통적인 글쓰기의 극한과 글쓰기의 새로운 문법을 보여주면서 환상(또는 상상)과 현실 간 경계의 소멸현상을 보여준 보르헤스를 논하고 있는 글에서는 무엇보다 패러디라는 용어와 돈 이시드로 파로디라는 탐정 이름의 병치를 주목해서 읽어야 한다. 그리고 에코가 탐정이 수인이 되는 상징적인 상황설정을 통해 드러나듯 기존의 문법과 문학을 모두 뒤집어버리는 보르헤스의 글에 대해 보이는 애증병립적인 태도를 훔쳐보면서 읽으면 한층 흥미로울 것이다. 그리고 아르헨티나의 작가로 『허구들』 특히 「바벨의 도서관』이라는 작품을 남긴 이 보르헤스는 동시에 『장미의 이름』의 그 보르헤스 수도사라는 사실과 이 보르헤스가 패러디되는 방법을 염두에 두고 읽으면 한층 재미있을 것이다. 사실 『장미의 이름』은 '바벨의 도서관'을 연상시키는 도서관부터 시작해 작가 보르헤스의 작품과 글쓰기 이론에 대한 풍자와 패러디가 사방에 넘쳐나고 있는 작품이기도 하다.

이번에도 역시 새물결 편집부는 옮긴이에게 한 판 모질게 당한 꼴이 되었다. 묵묵히 인내로써 옮긴이를 격려해준 출판사의 편집부에게 마음속으로 깊은 감사를 드린다. 그리고 불시에 전화로 자신의 지식을 훔쳐내는 데 군말 없이 협력해준 여러 동학들에게도 깊은 감사의 인사를 전한다. 아무튼 이 책이 '상호텍스트적 대화주의'를 통해 부박한 우리 문화를 살찌우는 데 좋은 참고 서적이 되길 바란다. 그리고 오역이나 번역문으로서의 그 밖의 하자에 대해서는 독자 여러분의 따끔한 질정을 바라마지 않는다.

1994년 4월 1일 만우절에 옮긴이 識